Conscien

Hector Malot

Alpha Editions

This edition published in 2024

ISBN : 9789361474293

Design and Setting By
Alpha Editions
www.alphaedis.com
Email - info@alphaedis.com

Contents

PREMIÈRE PARTIE

I

Lorsque le bohème Crozat était sorti de la misère par un bon mariage qui le faisait bourgeois de la rue de Vaugirard, il n'avait pas rompu avec ses anciens camarades; au lieu de les fuir ou de les tenir à distance, il avait pris plaisir à les grouper autour de lui, très content de leur ouvrir sa maison, dont le confortable le jetait loin de la mansarde de la rue Ganneron qu'il avait si longtemps habitée, et le flattait agréablement.

Tous les mercredis, de quatre à sept heures, il y avait réunion chez lui à l'*Hôtel des Médicis*, et c'était un jour sacré pour lequel on se réservait: quand une idée nouvelle germait dans l'esprit d'un des habitués, elle était caressée, mûrie, étudiée en silence, afin d'être présentée dans sa fleur au cénacle. «J'en parlerai chez Crozat»; les lèvres prenaient un sourire d'espérance, et l'on s'endormait tranquillement en écoutant déjà le tapage qui se ferait dans la petite salle basse de l'hôtel où Crozat, les mains tendues, la figure ouverte, recevait ses amis.

Elle était aimable cette réception, simple comme l'homme, cordiale de la part du mari ainsi que de celle de la femme, qui ayant été comédienne, avait gardé la religion de la camaraderie. Sur une table, on trouvait des cruchons de bière et des chopes; à longueur de bras, un vieux pot en grès de Beauvais, plein de tabac. La bière était bonne, le tabac sec; les chopes ne restaient jamais vides; on pouvait mettre ses pieds crottés sur les barreaux des chaises en causant librement entre hommes, et cracher sans gêne autour de soi.

Et ce n'était point de niaiseries ou de futilités qu'on s'entretenait, de bavardages mondains, de commérages sur les amis absents, ou de potins de coteries, mais des grandes questions philosophiques, politiques, sociales, religieuses, qui règlent l'humanité.

Formé d'abord d'amis ou tout au moins de camarades qui avaient travaillé et traîné la misère ensemble, le cercle de ces réunions s'était peu à peu élargi, et si bien qu'un jour la salle de l'hôtel des Médicis était devenue une «parlotte» où les prêcheurs d'idées et de religions nouvelles, les penseurs, les réformateurs, les apôtres, les politiciens, les esthéticiens et même simplement les bavards en quête d'oreilles plus ou moins complaisantes se donnaient rendez-vous; venait qui voulait, et, si l'on n'entrait point là tout à fait comme dans une brasserie, il suffisait d'être amené par un habitué pour avoir droit à la pipe, à la bière et à la parole.

Mais, quoiqu'une certaine liberté réglât l'ordre du jour de cette parlotte, on n'était pas toujours certain d'arriver à placer le discours préparé pour lequel on était venu; car Crozat qui, selon ses propres expressions, «poursuivait la conciliation de la science moderne avec les religions, quelles qu'elles fussent», usait et même abusait de sa qualité de maître de maison pour ne pas laisser les discussions s'écarter des sujets qui le passionnaient.

D'ailleurs, eût-il faibli en cédant à des considérations de bienveillance, de politesse, ou même de faiblesse qui étaient assez dans son caractère, que le plus assidu de ses habitués, le père Brigard, eût montré de la fermeté pour lui.

C'était une sorte d'apôtre que Brigard, qui s'était acquis une célébrité en mettant en pratique dans sa vie les idées qu'il professait et prêchait: comte de Brigard, il avait commencé par renoncer à son titre qui le faisait vassal du respect humain et des conventions sociales;—répétiteur de droit, il eût pu facilement gagner mille ou douze cents francs par mois, mais il avait arrangé le nombre et le prix de ses leçons de façon que sa journée ne lui rapportât, que dix francs, pour n'être pas l'esclave de l'argent;—vivant avec une femme qu'il aimait, il avait toujours tenu, bien qu'il en eût deux filles, à rester avec elle «en union libre» et à ne pas reconnaître ses enfants, parce que la loi eût affaibli les liens qui l'attachaient à elles et amoindri ses devoirs; c'était la conscience qui sanctionnait ces devoirs; et la nature comme la conscience faisaient de lui le plus fidèle des maris, le meilleur, le plus affectueux, le plus tendre des pères. Grand, fier, portant dans sa personne et ses manières l'élégance native de sa race, il s'habillait comme le commissionnaire du coin, remplaçant seulement le velours bleu par le velours marron, couleur moins frivole. Habitant Clamart depuis vingt ans, il n'était jamais venu à Paris qu'à pied, et les seules concessions qu'il accordât au superflu ou au bien-être consistaient l'hiver, à faire le chemin en sabots, l'été à porter sa veste sur son bras.

Ainsi organisé, il lui fallait des disciples, et il en cherchait partout, dans les rues, où il retenait par le bouton les gens qu'il avait pu agripper sous les arbres du Luxembourg, et le mercredi chez son ami, son vieux camarade Crozat. Combien n'en avait-il pas eu! Par malheur, la plupart avaient mal tourné; quelques-uns étaient devenus ministres; d'autres s'étaient laissés ensevelir dans les hautes places de la magistrature inamovible; il y en avait qui remuaient des millions; deux étaient à Nouméa; l'un prêchait dans la chaire de Notre-Dame.

Une après-midi d'octobre, la petite salle était pleine; la fin des vacances avait ramené les habitués et pour la première fois on se trouvait à peu près en nombre pour ouvrir une discussion utile. Crozat, près de la porte, souriait aux arrivants en donnant des poignées de main «retour de vacances»; et Brigard, son chapeau de feutre mou sur la tête, présidait, assisté de ses deux disciples préférés en ce moment, l'avocat Nougarède et le poète Glady qui, eux, ne tourneraient pas mal, il en était certain.

A la vérité, pour ceux qui savaient regarder et voir, la mine blême de Nougarède, ses lèvres minces, ses yeux inquiets et une austérité de tenue et de manières qui jurait avec ses vingt-six ans, faisaient croire à un ambitieux plutôt qu'à un apôtre. De même, quand on savait que Glady était propriétaire d'une belle maison à Paris et d'immeubles en province qui lui rapportaient une centaine de mille francs de rente, on imaginait difficilement qu'il continuât le père Brigard.

Mais voir n'était pas la faculté dominante de Brigard, c'était raisonner, et le raisonnement lui disait que l'ambition ferait bientôt de Nougarède un député, comme la fortune ferait un jour de Glady un académicien, et alors, bien qu'il détestât les assemblées autant que les académies, ils auraient deux tribunes élevées d'où la bonne parole tomberait sur la foule avec plus de poids. On pouvait compter sur eux. Quand Nougarède avait commencé à venir aux réunions du mercredi, il était creux comme un tambour, et, s'il parlait brillamment sur n'importe quel sujet avec une faconde imperturbable, c'était pour ne rien dire. Dans le premier volume de Glady, on n'avait trouvé que des mots savamment arrangés pour le plaisir des oreilles et des yeux. Maintenant, des idées soutenaient les discours de l'avocat, comme les vers du poète disaient quelque chose—et ces idées, c'étaient les siennes; ce quelque chose, c'était le parfum de son enseignement.

Depuis une demi-heure que les pipes brûlaient avec un tirage forcé, la fumée ne s'élevait plus que lourdement au plafond, et c'était dans un nuage qu'on voyait Brigard, comme un dieu barbu, proclamant sa loi, le chapeau sur la tête, car, s'il avait pour règle de ne jamais l'ôter, il le manoeuvrait continuellement pendant qu'il parlait, le mettant tantôt en avant, tantôt en arrière, à droite, à gauche, le relevant, l'aplatissant selon les besoins de son argumentation.

Il est incontestable, disait-il, que nous éparpillons notre grande force, quand nous devrions la concentrer.

Il enfonça son chapeau.

—En effet,—il le releva—l'heure est venue de nous affirmer comme groupe, et c'est un devoir, pour nous, puisque c'est un besoin pour l'humanité....

A ce moment, un nouveau venu se glissa dans la salle, sans bruit, discrètement, avec l'intention manifeste de ne déranger personne; mais Crozat, qui était assis près de l'entrée, l'arrêta au passage et lui serra la main:

—Tiens, Saniel! bonjour, docteur.

—Bonsoir, cher monsieur.

—Approchez de la table: la bière est bonne aujourd'hui.

—Je vous remercie: je serai très bien ici.

Sans prendre la chaise que Crozat lui désignait de la main, il s'accota contre le mur: c'était un grand et solide garçon d'une trentaine d'années, aux cheveux fauves tombant sur le collet de sa redingote, à la barbe longue, frisante, à la figure énergique, mais tourmentée, ravagée, à laquelle des yeux bleu pâle donnaient une expression de dureté que précisait encore une mâchoire osseuse et son allure décidée: en tout un Gaulois, un vrai Gaulois des temps passés, fort, crâne et résolu.

Brigard continuait:

—Il est incontestable,—c'était sa formule, car tout ce qu'il disait était incontestable pour lui, par cela seul qu'il le disait,—il est incontestable que, dans le désarroi où l'humanité se débat, il importe d'établir le dogme de la conscience, ayant pour unique sanction le devoir accompli et la satisfaction intérieure....

—Le devoir accompli envers qui? interrompit Saniel se détachant du mur pour faire un pas en avant.

—Envers soi-même.

—Alors commencez par établir quels sont nos devoirs, et pour cela codifiez ce qui est bien et ce qui est mal.

—C'est facile, dit une voix.

—Facile si vous admettez un respect en quelque sorte inné de la vie humaine, de la propriété et de la famille. Mais vous reconnaîtrez que tous les hommes n'ont pas ce respect. Combien ne croient pas que c'est une faute de prendre la femme de leur ami, un crime de s'approprier une chose dont ils ont besoin, de supprimer un ennemi! Alors où sont les devoirs de ceux qui raisonnent et sentent ainsi? Que vaut leur satisfaction intérieure? C'est pourquoi je n'admets pas que la conscience soit un instrument de précision propre à qualifier ou à peser nos actions.

Il s'éleva quelques exclamations que Brigard réprima.

—A quelle règle obéira l'humanité, je vous prie? demanda-t-il.

—A celle de la force, qui est le dernier mot de la philosophie de la vie....

—....Ce qui conduit à une extermination progressive et savante. Est-ce là ce que vous voulez?

—Pourquoi non? Je ne recule pas devant une extermination qui allège l'humanité des non-valeurs qu'elle traîne sans pouvoir avancer et se dégager, succombant à la peine. N'y a-t-il pas tout profit pour elle à se débarrasser de ces non-valeurs qui obstruent son chemin?

—Au moins l'idée est bizarre chez un médecin, interrompit Crozat, puisqu'elle supprime les hôpitaux.

—Mais pas du tout: je les conserve pour l'étude des monstres.

—En mettant la société sur ce pied d'antagonisme aigu, dit Brigard, vous supprimez la société même, qui repose sur la réciprocité, sur la solidarité, et vous créez ainsi pour vos forts un état de méfiance qui les paralyse. Carthage et Venise ont pratiqué cette sélection par la force, et elles se sont effondrées.

—Vous parlez de force, mon cher Saniel, interrompit une voix; où prenez-vous ça, la force des choses, le *fatum*; il n'y a pas d'initiative, pas de volonté; ce sont les événements qui veulent pour nous, le climat, le tempérament, le milieu.

—Donc, répliqua Saniel, il n'y a pas de responsabilité, et cet instrument, la conscience, qui devrait tout peser, ne sert à rien. Sans compter que les conséquences des événements, que le succès ou la défaite viennent encore le fausser, car tel acte que vous avez cru condamnable en l'accomplissant peut servir à l'espèce, tandis que tel autre que vous avez cru bienfaisant peut nuire; d'où il résulte qu'on ne devrait juger que les intentions et qu'il n'y a que Dieu qui peut sonder les coeurs.

Il se mit à rire:

—Le voulez-vous? Est-ce là votre conclusion?

Un garçon de l'hôtel entra portant des cruchons de bière sur un plateau, et la discussion fut forcément interrompue, tout le monde entourant la table où Crozat emplissait les chopes.

Alors des conversations particulières s'établirent, ceux qui avaient été en vacances racontant ce qu'ils avaient fait à ceux qui étaient restés à Paris.

Saniel était venu serrer la main de Brigard, qui l'avait accueilli assez froidement; puis il s'était rapproché de Glady avec l'intention manifeste de chercher à l'accaparer; mais celui-ci avait annoncé qu'il était obligé de partir, et Saniel alors avait dit qu'il ne pouvait pas rester non plus et qu'il n'était entré qu'en passant.

Quand ils furent tous deux sortis, Brigard, s'adressant à Crozat et à Nougarède, en en moment près de lui, déclara que Saniel l'inquiétait:

—C'est un garçon qui se croit plus fort que la vie, dit-il, parce qu'il est solide et intelligent; qu'il prenne garde qu'elle ne l'écrase!

II

Quand Saniel et Glady se trouvèrent sur le trottoir de la rue de Vaugirard, la pluie qui tombait depuis le matin, fouettée par des rafales de l'ouest, venait de s'arrêter, et l'asphalte brillait propre et luisant comme un miroir.

—Il fait bon marcher, dit Saniel.

—La pluie va reprendre, répondit Glady en regardant le ciel tout chargé de gros nuages noirs qui passaient sur la face de la lune, balayés par le vent.

—Je ne crois pas.

Il était évident que Glady ne demandait qu'à prendre une voiture; mais, comme il n'en passait pas en ce moment, il fallut bien qu'il marchât à côté de Saniel.

—Savez-vous, dit-il, que vous avez blessé Brigard?

—Sincèrement, je le regrette; mais la salle de notre ami Crozat n'est pas encore tout à fait une église, et je n'imaginais pas que la discussion y fût défendue.

—Nier n'est pas discuter.

—Vous me dites cela comme si vous étiez fâché contre moi.

—N'allez pas le croire; je suis fâché que vous ayez blessé Brigard, cela et rien de plus!

—C'est déjà trop, car j'ai pour vous une sincère estime et, si vous me permettez de le dire, une réelle amitié.

Mais Glady ne paraissait pas désirer que la conversation prit cette tournure.

—Je crois que voici une voiture vide, dit-il en apercevant un fiacre qui venait sur eux.

—Non, répondit Saniel, je vois la lueur d'un cigare derrière la vitre.

Glady eut un geste d'impatience auquel il ne s'abandonna pas, mais que Saniel, qui l'observait, devait d'autant mieux remarquer qu'il le guettait.

Riche et fréquentant les besoigneux, Glady vivait dans la crainte des emprunteurs. Il suffisait qu'on parût vouloir l'entretenir en particulier pour qu'il crût aussitôt qu'on allait lui demander cinquante louis ou vingt francs, si bien que tout ami ou tout camarade était un ennemi contre qui il devait défendre sa bourse. Dans une réunion, s'il sentait que des regards le cherchaient, aussitôt il entrait en défiance. Dans la rue, si l'on se dirigeait vers lui, tout de suite il se mettait sur ses gardes. On lui souriait: il avait peur, et plus grande peur encore quand on lui tendait la main, ne sachant jamais si c'était pour serrer la sienne ou pour qu'il mît quelque chose dedans. Et, pour n'y rien mettre, il était aux aguets comme si on allait lui sauter dessus, l'oeil ouvert, l'oreille tendue, les deux mains sur ses poches. De là, son attitude avec Saniel, en qui il flairait une demande d'argent, et sa tentative pour y échapper en prenant une voiture. Le guignon voulait qu'il n'en trouvât point, il tâcha de se défendre autrement:

—Ne soyez pas surpris, dit-il avec volubilité, en homme qui parle pour qu'on ne puisse pas placer un mot, que j'aie été peiné de voir Brigard prendre à coeur une sortie qui, évidemment, n'était pas dirigée contre lui.

—Ni contre lui, ni contre ses idées.

—Je le reconnais; vous n'avez pas à vous défendre; mais j'ai tant d'amitié, tant d'estime, tant de respect pour Brigard que tout ce qui le touche retentit en moi. Et comment en serait-il autrement, quand on sait ce qu'il vaut et quel homme il est? N'est-elle pas admirable, cette vie de médiocrité qu'il s'est faite volontairement, pour assurer sa liberté? Quel plus bel exemple!

—Tout le monde ne peut pas le suivre.

—Vous croyez qu'on ne peut pas se contenter de dix francs par jour.

—Je veux dire que tout le monde n'a pas la chance de gagner dix francs par jour.

Les craintes vagues de Glady, qui ne reposaient que sur un pressentiment, se précisèrent par ce mot. Après avoir descendu la rue Férou, ils étaient arrivés à la place Saint-Sulpice.

—Je pense que je vais enfin trouver une voiture, dit-il précipitamment.

Mais cette espérance ne se réalisa pas: il n'y avait pas une seule voiture à la station; du coup, l'impatience s'accentua; il était pris et forcé de subir l'assaut de Saniel sans pouvoir se dérober.

Ce fut ce que Saniel formula:

—Vous voilà obligé de faire route avec moi, et, franchement, je m'en réjouis, car j'ai à vous entretenir d'une affaire... sérieuse... dont dépend mon avenir.

—Nous sommes bien mal ici pour causer sérieusement.

—Je ne trouve pas.

—Nous pourrions prendre un rendez-vous.

—A quoi bon, puisque le hasard nous le donne?

Il fallait se résigner et mettre au moins, en attendant, de la bonne grâce dans les formes.

—Je suis tout à vous, dit-il, d'un ton gracieux qui contrastait avec ses premières résistances.

Saniel, si pressant quelques instants auparavant, resta un moment silencieux, marchant à côté de Glady, qui regardait le bitume brillant; enfin, il se décida:

—Je vous ai dit que de l'affaire dont je désirais vous entretenir dépendait mon avenir; la voici en un mot: si je ne trouve pas à me procurer 3,000 francs avant deux jours, je suis obligé de quitter Paris, de renoncer à mes études, à mes travaux en train, pour aller m'enfouir dans mon pays natal et devenir médecin de campagne.

Glady ne broncha pas; car, s'il n'avait pas prévu le chiffre, il attendait la demande: il continua de regarder le bout de ses pieds.

—Vous savez, continua Saniel, que je suis fils de paysans: mon père était maréchal, tout petit maréchal dans un pauvre village de l'Auvergne. A l'école je fis preuve d'une certaine aptitude pour le travail que mes camarades n'avaient pas au même degré. Notre curé me prit en affection et voulut m'apprendre ce qu'il savait, ce qui ne fut pas bien long. Alors il me fit entrer au petit séminaire. Mais je n'avais pas la docilité d'esprit et la soumission de caractère qu'il faut pour cette éducation, et après quelques années de tiraillements, si on ne me renvoya pas, on me fit comprendre qu'on serait bien aise de me voir partir. J'entrai alors comme maître d'étude dans une petite pension, sans appointements, bien entendu, pour la nourriture et le logement. Je passai de bons examens, et je préparais ma licence quand, à la suite d'une discussion, je quittai cette pension. J'avais gagné quelque argent à donner des leçons particulières et je me trouvais à la tête d'environ quatre-vingts francs. Je partis pour Paris, où j'arrivai, un matin de juin, à cinq heures, sans y connaître personne. J'avais une petite caisse, avec quelques chemises dedans, qui m'obligeait à prendre une voiture. Je dis au cocher de me conduire à un hôtel du quartier Latin. Quel hôtel? dit le cocher. Cela m'est égal.—Voulez-vous l'hôtel Racine? Va—pour l'hôtel Racine: le nom me plaît. Nous roulions depuis assez longtemps quand le cocher arrêta son cheval et voulut revenir en arrière. Qu'est-ce qu'il y a? J'ai dépassé l'hôtel Racine.—Continuez. Je ne tiens pas plus à l'hôtel Racine qu'à un autre.—Voulez-vous l'hôtel du Sénat?—Le nom me va mieux encore; c'est peut-être un présage.» Il me conduisit à l'hôtel du Sénat, où avec ce qui me restait de mes quatre-vingts francs, je payai un mois d'avance. J'y suis resté huit ans.

—C'est drôle.

—Que faire? Je connaissais le latin et le grec aussi bien qu'homme en France, mais pour le reste j'étais ignorant comme un cuistre. Le matin même, je cherchai à tirer parti de ce que je savais, et m'en allai chez un éditeur de livres classiques dont j'avais entendu parler par mon professeur de littérature grecque. Après m'avoir interrogé, il me donna à préparer un Pindare avec des notes en latin et m'avança trente francs qui me firent vivre un mois. Ce qui m'avait amené à Paris, c'était l'envie de travailler, mais sans que je me fusse dit à l'avance à quoi je travaillerais; j'allai partout où des cours étaient ouverts: à la Sorbonne, au Collège de France, à l'École de droit, à l'École de médecine, et ce ne fut qu'après un mois que je me décidai: les subtilités du droit m'avaient déplu; au contraire, l'enseignement de la médecine reposant sur l'observation des faits m'attirait: je serais médecin.

—Tout à fait un mariage de raison, allez.

—Non, un mariage d'amour; car la raison, si je l'avais consultée, m'aurait dit qu'épouser la médecine quand on n'a rien, ni famille pour vous soutenir, ni relations pour vous pousser, c'est se condamner à une vie d'épreuves, de luttes et de misère, dans laquelle les mieux trempés laissent lambeau après lambeau la santé physique aussi bien que la santé morale, leur force comme leur dignité. Mon temps d'études fut heureux; je travaillais; et avec quelques leçons de latin que je donnais j'avais de quoi manger. Quand je touchai comme interne six cents francs, huit cents francs, neuf cents francs, je crus que c'était la fortune, et je serais resté interne toute la vie si j'avais pu. Reçu docteur, je dus quitter l'hôpital. Riche de quelques milliers de francs, j'aurais suivi rigoureusement la voie que mon ambition avait rêvée, celle des concours. Mais je n'avais pas un sou pour attendre. En soignant la maîtresse d'un de mes camarades, j'avais connu un tapissier qui me proposa de meubler un appartement que je payerais plus tard....

—Comme pour une cocotte.

—Justement. Je me laissai tenter. N'oubliez pas que j'avais passé huit ans à l'hôtel du Sénat et que je ne savais rien de la vie parisienne; chez moi! dans mes meubles! un domestique dans mon antichambre, j'allais être quelqu'un. Mon tapissier aurait pu m'installer dans son quartier qu'il m'aurait peut-être trouvé des malades dans la clientèle de la haute noce; mais il n'en eut pas l'idée, jugeant sans doute qu'avec ma tournure lourdaude je n'étais pas fait pour réussir dans ce monde-là: arrivé, c'est une originalité d'être paysan, on vous trouve fort; en route, c'est une honte. Ce fut rue Louis-le-Grand, dans une maison d'aspect grave, qu'il me choisit l'appartement qu'il meubla: un salon magistral avec six fauteuils et deux canapés Louis XIV de grand style, un cabinet austère et confortable à la fois, rien dans la salle à manger, un petit lit en fer et une chaise de paille dans la chambre. Me voilà donc prêt à descendre dans la lutte avec dix mille francs de dettes derrière moi, les intérêts, les très gros intérêts de cette somme, un loyer de deux mille quatre cents francs, pas un sou en poche, pas une relation...

—C'était de la bravoure.

—Je ne savais pas que dans Paris tout se fait par relations, et j'imaginais que des bras solides suffisent à un homme intelligent pour s'ouvrir une trouée. L'expérience allait m'instruire. Quand un nouveau médecin arrive quelque part, ce n'est généralement pas avec sympathie que ses confrères l'accueillent: «Que veut cet intrus? n'étions-nous pas déjà assez nombreux!» On le surveille, et, au premier malade qu'il perd, on tire parti de son ignorance ou de son imprudence, de façon à lui rendre la place difficile. Chez les pharmaciens de mon quartier, auxquels je devais aussi une visite, la réception ne fut pas plus chaude; on me fit sentir la distance qui sépare un honorable commerçant d'un crève-la-faim, et je dus comprendre qu'on ne me protégerait que si j'ordonnais les spécialités qu'on exploitait, le fer de celui-ci, le goudron de celui-là. En commençant, je n'eus donc pour clients que les gens du quartier, dont le principe était de ne pas payer leur médecin, attendant l'arrivée d'un nouveau pour quitter l'ancien,—et l'espèce en est nombreuse partout. Le hasard avait voulu que mon concierge fût Auvergnat comme moi, et il considéra que c'était un devoir pour lui de me faire soigner gratis tous nos pays, qu'il racola dans le quartier et partout, de sorte que j'eus la satisfaction patriotique de voir tous les charbonniers de l'Auvergne se carrer dans mes beaux fauteuils. A la fin, en restant religieusement chez moi les dimanches d'été, pendant que mes confrères étaient aux champs; en me levant vivement la nuit toutes les fois que ma sonnette tintait, je finis par accrocher quelques clients moins fantaisistes. J'obtins un prix à l'Académie. En même temps je faisais, au rabais, des cours d'anatomie dans les pensions de la banlieue; je donnais des leçons, j'entreprenais tous les travaux anonymes de librairie et de journalisme que je pouvais me procurer. Je dormais cinq heures par jour, et en quatre ans j'arrivais à diminuer ma dette de sept mille francs. Mon tapissier aurait voulu être payé: j'en serais venu à bout, mais telle n'était pas son intention: ce qu'il veut, c'est reprendre ses meubles, qui ne sont pas usés, et garder ce qu'il a reçu. Si je ne paye pas ces trois mille francs d'ici quelques jours, je suis dans la rue. A la vérité, j'ai à toucher un millier de francs, mais les clients qui me doivent ne sont pas à Paris ou ne payeront qu'en janvier. Voilà ma situation: désespérée, car je n'ai personne à qui m'adresser; ceux à qui j'ai fait appel ne m'ont pas écouté; je vous ai dit que je n'avais pas de relations, je n'ai pas non plus d'amis... peut-être parce que je ne suis pas aimable. C'est alors que j'ai pensé à vous. Vous me connaissez. Vous savez qu'on croit que j'ai de l'avenir: avant trois mois, je serai médecin des hôpitaux; mes concurrents admettent que je ne raterai pas l'agrégation; j'ai en train des expériences qui me feront peut-être un nom; voulez-vous me tendre la main?

Glady la lui tendit.

—Je vous remercie de vous être adressé à moi, c'est une preuve de confiance qui me touche,—il serra chaleureusement la main qu'il avait prise;—je vois que vous avez deviné les sentiments d'estime que vous m'inspirez.

Saniel respira.

—Malheureusement, continua Glady, je ne pourrais faire ce que vous désirez qu'en me mettant en contradiction avec ma ligne de conduite. En entrant dans la vie, j'ai obligé tous ceux qui s'adressaient à moi, et, quand je n'ai pas perdu mes amis, j'ai perdu mon argent. Je me suis donc juré de refuser tout prêt. C'est un serment auquel je ne puis manquer. Que diraient mes vieux amis s'ils apprenaient que j'ai fait pour un jeune ce que je leur ai refusé?

—Qui le saurait?

—Ma conscience.

Ils arrivaient sur le quai Voltaire, où stationnaient des fiacres.

—Voici enfin des voitures, dit Glady, pardonnez-moi de vous quitter, je suis pressé.

III

Glady était monté si vivement en voiture, que Saniel restait sur le trottoir, interloqué; ce fut seulement quand la portière se referma qu'il comprit:

—Sa conscience! murmura-t-il; les voilà donc! Tartufes!

Après un moment d'hésitation, il continua son chemin et prit le pont des Saints-Pères; mais il marchait à pas hésitants, en homme qui ne sait où il va. Bientôt il s'arrêta et, appuyant ses deux bras sur le parapet, il regarda la Seine couler rapide, sombre, avec de petites vagues qui se frangeaient d'écume blanche à la circonférence des remous. La pluie ne tombait plus, mais le vent soufflait toujours en rafales, soulevant la rivière et balançant dans l'obscurité les feux rouges et verts des bateaux-omnibus. Des passants allaient et venaient, et plus d'un l'examinait du coin de l'oeil, se demandant ce que faisait là ce grand corps et s'il n'allait pas se jeter à l'eau.

Et pourquoi pas? Quoi de mieux à faire?

C'était, en effet, ce que Saniel se disait en regardant l'eau couler: un plongeon, et il en finissait avec la lutte écrasante engagée follement depuis quatre ans et qui, à la fin, affolait son esprit.

Ce n'était pas la première fois que cette idée d'en finir le tentait, et il ne l'avait écartée qu'en inventant sans cesse de nouvelles combinaisons qui, semblait-il au moment même où elles lui venaient à l'esprit, pouvaient le sauver. Pourquoi s'abandonner avant d'avoir tout essayé, tout épuisé? Voilà comment il en était arrivé à Glady. Il le connaissait cependant et savait que sa réputation d'avarice, dont tout le monde plaisantait, reposait sur des faits certains; mais il s'était dit que, si le propriétaire refusait obstinément tout prêt amical, qui ne devait servir qu'à payer des dettes de jeunesse, le poète pouvait très bien vouloir remplir le rôle de la Providence et sauver du naufrage, sans rien risquer, un homme d'avenir qui, plus tard, lui rendrait ce service reçu. Et c'était dans ces conditions qu'il avait risqué sa demande. Le propriétaire avait répondu; le poète s'était tu. Maintenant, rien à attendre de personne. Celui-là était le dernier.

En expliquant sa situation à Glady, il en avait plutôt atténué la misère qu'il ne l'avait exagérée. Ce n'était pas seulement à son tapissier qu'il devait, c'était aussi à son tailleur, à son bottier, au charbonnier, à son concierge, à tous ceux avec qui il était en relations. En réalité, ses créanciers ne l'avaient pas trop harcelé jusqu'à ce jour, parce qu'ils comptaient être payés, mais il n'en allait plus être de même quand ils le verraient poursuivi: eux aussi mettraient les huissiers en marche; alors comment se défendrait-il? Comment vivrait-il? Il n'aurait d'autre ressource que de retourner à l'hôtel du Sénat, où ils ne le laisseraient pas tranquille, ou bien de s'en aller dans son pays natal se faire médecin de campagne. Dans l'un comme dans l'autre cas c'était le renoncement à toutes ses ambitions. Mieux ne valait-il pas la mort?

A quoi était bonne la vie si elle ne lui donnait rien de ce qu'il avait rêvé et de ce qu'il voulait?

Comme beaucoup de ceux qui sont en contact habituel avec la mort, la vie était en soi peu de chose pour lui, la sienne aussi bien que celle des autres. Avec Hamlet il disait: «Mourir... dormir, rien de plus», mais sans ajouter: «Mourir... dormir, rêver peut-être», bien certain que les morts ne rêvait pas; et qu'y a-t-il de meilleur que de dormir pour ceux dont la route a été dure?

Il restait ainsi absorbé dans sa pensée, lorsqu'un corps, s'interposant entre lui et le bec de gaz vacillant, projeta une ombre sur sa tête qui machinalement le fit se redresser. Qui était là? Simplement un sergent de ville qui était venu s'adosser au parapet sur lequel lui-même s'appuyait, il comprit: assurément son attitude était celle d'un homme qui va se jeter à la rivière et le sergent de ville se postait là pour l'en empêcher.

—Merci! dit-il au sergent de ville ébahi.

Et il reprit sa route, marchant vite, mais entendant distinctement l'homme de police qui lui emboîtait le pas, le prenant pour un fou qu'il faut surveiller.

Quand il quitta le pont des Saints-Pères pour la place du Carrousel, cette surveillance cessa, et il put revenir à ses réflexions librement, au moins aussi librement que le permettaient son trouble et son découragement:

—Ce sont les faibles qui se tuent; les forts luttent jusqu'à leur dernier souffle.

Et, si bas qu'il fût, il n'en était pas encore à ce dernier souffle.

Lorsqu'il s'était décidé à s'adresser à Glady, il avait hésité entre celui-ci et un usurier appelé Caffié qu'il ne connaissait pas personnellement, mais dont il avait souvent entendu parler comme d'un vrai coquin s'occupant de toute sorte d'affaires, des mauvaises de préférence aux bonnes, de successions, de mariages, d'interdictions, de chantages; et, s'il n'avait-point été à lui, c'était autant par crainte d'être refusé que par peur de se mettre dans de pareilles mains, au cas où elles voudraient bien l'accepter. Mais ces scrupules et ces craintes n'étaient plus de saison: puisque Glady lui manquait, coûte que coûte et quoi qu'il pût en advenir, il fallait bien se retourner du côté du coquin.

Il savait que Caffié demeurait rue Sainte-Anne, mais il ignorait son numéro: il n'eût qu'à entrer chez un de ses clients, marchand de vin, rue Thérèse, pour le trouver en consultant le *Bottin*. C'était à deux pas; et tout de suite il décida de risquer l'aventure; l'affaire pressait. Découragé par toutes les démarches qu'il avait essayées jusqu'à ce jour, rebuté par les espoirs trahis, irrité par les rebuffades reçues, il ne s'abusait pas sur les chances de cette dernière tentative, mais enfin il devait la faire, si peu solides que fussent ces chances.

C'était une vieille maison de la butte des Moulins qu'habitait Caffié et qui, autrefois, avait dû être un hôtel particulier: elle se composait de deux corps de bâtiment, l'un sur la rue, l'autre sur une cour intérieure. Une porte cochère donnait accès dans cette cour, et sous sa voûte, après un escalier, se trouvait la loge du concierge. Ce fut vainement que Saniel frappa à cette porte: fermée à clef, elle ne s'ouvrit point; il dut attendre quelques instants et, dans son impatience nerveuse, il se mit à marcher en long et en large dans la cour. Enfin, une vieille femme cassée et voûtée parut, un rat-de-cave à la main, et s'excusa: seule, elle ne pouvait pas être partout en même temps, à garder sa loge et à allumer dans l'escalier de la propriétaire. C'était au premier étage que demeurait Caffié, dans le corps de bâtiment sur la rue.

Saniel monta au premier et sonna; un temps assez long, ou tout au moins qui parut très long à son inquiétude, s'écoula avant qu'on lui répondît; à la fin, il entendit un pas lent et traînant sur le carreau, et la porte s'entr'ouvrit, mais retenue par la main et par le pied:

—Qui demandez-vous?

—M. Caffié.

—C'est moi. Qui êtes-vous?

—Le docteur Saniel.

—Je n'ai pas appelé de médecin.

—Ce n'est pas comme médecin que je me présente, c'est comme client.

—Ce n'est pas l'heure de me consulter.

—Puisque vous êtes chez vous.

—Au fait!

Et Caffié, se décidant à ouvrir la porte, livra passage à Saniel, puis il la referma.

—Entrez dans mon cabinet.

Ils étaient dans une toute petite pièce encombrée de dossiers, qui n'avait pour tout mobilier qu'un vieux bureau et trois chaises; elle communiquait directement avec le cabinet de l'homme d'affaires, plus grand, mais meublé avec la même simplicité et tout encombré de paperasses, qui dégageaient une odeur de moisissure.

—Mon clerc est malade en ce moment, dit Caffié, et quand je suis seul je n'aime pas à ouvrir.

Cette excuse donnée, il montra une chaise à Saniel et, s'asseyant lui-même devant son bureau, éclairé par une lampe dont il avait enlevé l'abat-jour, il dit:

—Docteur, je vous écoute.

Il remit l'abat-jour sur la lampe.

Saniel exposa sa demande, non avec tous les développements dans lesquels il était entré pour Glady, mais succinctement: il devait trois mille francs au tapissier qui lui avait fourni son mobilier et, comme il ne pouvait payer en ce moment, il était sous le coup de poursuites imminentes.

—Quel est ce tapissier? demanda Caffié en tenant sa joue gauche dans sa main droite.

—Jardine, boulevard Haussmann.

—Connu. C'est son industrie de reprendre ainsi les meubles qu'il a vendus quand ils sont aux trois quarts payés, et elle l'a enrichi. Quelle somme lui avez-vous déjà versée sur ce mobilier de dix mille francs?

—Avec les acomptes et les intérêts, près de douze mille.

—Et vous en redevez trois mille?

—Oui.

—C'est gentil.

Caffié parut plein d'admiration pour cette façon de procéder.

—Quelles garanties avez-vous à offrir pour cet emprunt de trois mille francs?

—Pas d'autres que ma position présente, je l'avoue, et surtout mon avenir.

Sur un signe de Caffié, il expliqua quel était cet avenir, tandis que l'homme d'affaires, sa joue dans sa main, écoutait en poussant, de temps en temps, un soupir étouffé, une sorte de plainte.

—Hum! hum! dit Caffié quand Saniel fut arrivé au bout de son explication; vous savez, mon cher monsieur, vous savez:

> Ma foi, sur l'avenir bien fou qui se fiera: Tel qui rit vendredi,
> dimanche pleurera.

Vous en êtes à dimanche, mon cher monsieur.

—Mais je ne suis ni au bout de ma vie, ni au bout de mon énergie, et je vous assure que cette énergie me rend capable de beaucoup de choses.

—Je n'en doute pas; je sais ce que peut l'énergie: dites à un Grec crevant de faim de monter au ciel, il y va:

> Greculus esuriens in caelum, jusseris, ibit.

Mais je ne vois pas que vous soyez parti pour le ciel.

Caffié eut un mauvais sourire accompagné d'une grimace: avant d'être l'usurier de la rue Sainte-Anne dont tout le monde parlait comme d'un coquin, il avait été avoué en province, juge suppléant, et si des malheurs immérités l'avaient obligé à se démettre, pour venir cacher ses désagréments à Paris, il ne perdait jamais l'occasion de montrer qu'il était, par l'éducation, au-dessus de sa situation présente trouvant dans ce nouveau client un érudit, il était bien aise de placer quelques citations qui devaient lui valoir de la considération.

—C'est peut-être parce que je ne suis pas Grec, répondit Saniel; mais je suis Auvergnat, et les gens de mon pays ont les reins solides.

Caffié secoua la tête:

—Mon cher monsieur, je dois vous dire franchement que je ne crois pas l'affaire possible: je la ferais bien moi-même, parce que, par l'intelligence que je lis sur votre physionomie, la résolution qui se montre dans toute votre personne, vous m'inspirez confiance; mais je n'ai pas de fonds à mettre dans ces sortes d'opérations; je ne puis être, comme toujours, qu'un intermédiaire, c'est-à-dire proposer cet emprunt à un de mes clients, et je ne vois pas qui se contentera de garanties ne reposant que sur un avenir plus ou moins problématique; il y a tant de médecins à Paris qui sont dans votre position!

Saniel se leva.

—Vous partez! s'écria Caffié.

—Mais....

—Asseyez-vous donc, mon cher monsieur. Il ne faut pas ainsi jeter le manche après la cognée. Vous m'adressez une proposition, je vous montre les difficultés qu'elle rencontrera selon moi, mais je ne dis pas qu'il n'y a pas un moyen de vous tirer d'embarras; c'est à chercher. Il n'y a que quelques minutes que je vous connais, mais il ne faut pas longtemps pour apprécier les gens comme vous, et franchement vous m'inspirez un très vif intérêt.

Où voulait-il en venir? Saniel n'était pas un naïf qui se laisse prendre au premier mot, et il n'était pas davantage un fat qui accepte bouche béante les compliments qu'on lui adresse. Pourquoi inspirait-il ainsi un intérêt subit à ce coquin, qui avait la réputation de pousser la dureté des hommes d'affaires jusqu'à la férocité. C'était à voir. En attendant il devait se tenir sur ses gardes.

—Je suis très touché de votre sympathie, dit-il.

—Je veux vous prouver qu'elle est réelle et qu'elle peut devenir efficace. Vous venez à moi parce que vous avez besoin de trois mille francs. Que je vous les trouve—et je vous promets de les chercher, bien que cela me paraît difficile, très difficile—ils assureront votre repos présent; mais assureront-ils votre avenir, c'est-à-dire vous permettront-ils de continuer les travaux importants dont vous venez de me parler et sur lesquels votre ambition compte? Non. Les luttes dans lesquelles vous vous débattez et vous usez, recommenceront bientôt. Et c'est de ces luttes que vous devez vous débarrasser pour vous assurer la liberté de travail qui vous est indispensable si vous voulez marcher droit et vite. Pour cela, je ne vois qu'un moyen:—vous marier.

IV

Saniel, qui était sur ses gardes et s'attendait à quelque rouerie de la part de l'agent d'affaires, n'avait pas du tout prévu que ces témoignages d'intérêt aboutiraient à une proposition de mariage; une exclamation de surprise lui échappa. Mais elle se perdit dans le tintement de la sonnette.

Caffié se leva:

—Quel ennui de n'avoir pas de clerc! dit-il.

Il mit à aller ouvrir la porte un empressement qu'il n'avait pas eu pour Saniel, et qui prouvait que, n'étant pas seul, il n'avait plus les mêmes craintes d'introduire quelqu'un chez lui.

Ce fut un garçon de banque qui entra.

—Vous permettez, dit Caffié, revenant dans son cabinet et s'adressant à Saniel; c'est l'affaire d'un instant.

Sous la lampe, le garçon de banque cherchait dans son portefeuille; il en tira une traite qu'il présenta à Caffié.

—Les fonds sont faits, dit celui-ci.

—Avec vous, monsieur Caffié, les fonds sont toujours faits.

Caffié avait tiré de la poche de son gilet une clef avec laquelle il avait ouvert la caisse en fer placée derrière son bureau, et tournant le dos à Saniel ainsi qu'au garçon de banque, il comptait des billets dont ils entendaient le flat-flat. Il se redressa bientôt et, repoussant la porte de sa caisse, il posa sous la lampe les liasses qu'il venait de compter. A son tour, le garçon les compta, et, les ayant placées dans son portefeuille, il salua.

—Tirez la porte en sortant, dit Caffié qui avait déjà repris son fauteuil.

—N'ayez crainte.

Le garçon de banque parti, Caffié s'excusa pour cette interruption.

—Reprenons notre entretien si vous le voulez bien, mon cher monsieur. Je vous disais donc qu'il n'y avait pour vous qu'un moyen d'être tiré à jamais de vos embarras, et que ce moyen vous le trouveriez dans un bon mariage qui mettrait *hic et nunc* une somme raisonnable à votre disposition.

—Mais ce serait folie à moi de me marier en ce moment, quand je n'ai pas de position à offrir à ma femme.

—Et votre avenir, dont vous parliez tout à l'heure avec tant d'assurance, n'y avez-vous pas foi?

—Une foi absolue, aussi ferme aujourd'hui que quand je suis entré dans la lutte, mais plus éclairée. Cependant, comme les autres n'ont pas les mêmes raisons que moi pour espérer et croire ce que j'espère et crois, je trouve tout naturel qu'on doute de cet avenir: ce que vous avez fait vous-même, à l'instant, en ne le trouvant pas bon pour garantir un simple prêt de trois mille francs.

—Prêt et mariage ne sont pas même chose: un prêt ne vous tire d'embarras que momentanément, en vous laissant bien des chances pour que vous soyez obligé d'en contracter successivement plusieurs autres: ce qui, vous en conviendrez, atténue singulièrement les garanties que vous pouvez offrir; tandis qu'un mariage vous ouvre tout de suite la route que votre rêve ambitieux s'est promis de parcourir.

—Je n'ai jamais pensé au mariage.

—Si vous y pensiez?

—Pour cela il faudrait tout d'abord une femme.

—Si je vous en proposais une, que diriez-vous?

—Mais....

—Vous êtes surpris, n'est-ce pas?

—Je l'avoue.

—Mon cher monsieur, je suis l'ami de mes clients et pour plusieurs,—j'ose le dire,—un père. C'est ainsi qu'ayant beaucoup d'affection pour une jeune dame—et la fille d'une de mes amies, j'ai pensé, en vous voyant et en vous écoutant, que l'une ou l'autre pourrait être la femme qu'il vous faut; toutes deux ont de la fortune; elles sont intelligentes et elles possèdent des avantages physiques qu'un homme, un bel homme comme vous, est en droit d'exiger. Au reste, j'ai précisément leurs photographies, et vous pouvez voir vous-mêmes ce qu'elles sont.

Il ouvrit un tiroir de son bureau et en tira un paquet de photographies dans lesquelles il se mit à chercher. Saniel, qui le suivait des yeux, remarqua que toutes ces photographies étaient des portraits de femmes; enfin il fit son choix et présenta deux cartes à Saniel.

L'une représentait une femme de trente-huit à quarante ans, de forte corpulence, d'apparence robuste, toute couverte d'une quincaillerie d'horribles bijoux dont elle s'était parée pour se faire portraiturer; l'autre, une jeune personne d'une vingtaine d'années, assez jolie, habillée simplement, élégamment, et dont la physionomie distinguée et discrète contrastait avec celle du premier portrait.

Pendant que Saniel regardait ces portraits, Caffié l'examinait, cherchant à deviner l'effet que produisaient ses deux sujets.

—Maintenant que vous les avez vues, dit-il, parlons-en un peu. Si vous me connaissiez mieux, mon cher monsieur, vous sauriez que je suis la franchise même et qu'en affaires j'ai pour principe de tout dire: le bon et le mauvais, de façon que mes clients aient seuls la responsabilité de la décision qu'ils prennent. En réalité il n'y a rien de mauvais sur ces deux personnes, car s'il y en avait, je ne vous les proposerais pas; mais enfin il y a des cotés que ma délicatesse m'oblige à vous signaler, ce que je fais sans inquiétude, bien certain qu'un homme comme vous n'est pas l'esclave d'étroits préjugés.

Il fit une grimace douloureuse et, de nouveau, se prit la mâchoire à deux mains.

—Vous souffrez? demanda Saniel.

—Oui, des dents, cruellement, pardonnez-moi de le laisser paraître; je sais par moi-même que rien n'est plus agaçant que le spectacle de la douleur d'autrui.

—Pas pour les médecins, en tout cas.

—Enfin, laissons cela et revenons à mes clientes. Celle-ci,—il présenta le portrait de la femme aux bijoux,—est, comme vous l'avez deviné, une veuve, une très aimable veuve. Peut-être a-t-elle quelques années de plus que vous, mais ce n'est pas là, me semble-t-il, un grief sérieux que vous puissiez soulever, votre expérience de la vie vous ayant assurément appris que l'homme qui veut être aimé, tendrement aimé, choyé, caressé, gâté, doit prendre une femme plus âgée que lui, qui le traitera en mari et en fils. Son premier mari était un commerçant habile qui, s'il eût vécu, eût fait une belle fortune dans la boucherie,—cela fut mâché plutôt que nettement prononcé,—mais qui, bien que mort au moment où ses affaires se développaient, a laissé vingt belles mille livres de rente à sa femme. Comme je dis le bon, je dois dire aussi le regrettable. Entraîné par les fréquentations que nécessitait son commerce, cet homme très intelligent avait pris des habitudes d'intempérance fâcheuses que, du dehors, il avait apportées dans son intérieur et qu'il avait en quelque sorte imposées à sa femme. J'ai tout lieu de croire qu'elle s'en est corrigée; mais, s'il en était autrement, vous pourriez facilement, vous médecin, l'en guérir....

—Vous croyez?

—Sans doute. Cependant, comme le contraire est possible, vous n'auriez alors qu'à l'abandonner à son vice qui l'emporterait dans un assez bref délai, et, comme le contrat serait réglé par moi en vue de cette éventualité, vous vous trouveriez investi de la fortune et débarrassé de la femme.

—Si nous passions à l'autre? dit Saniel, qui avait écouté sans interrompre ce curieux exposé de situation que Caffié faisait avec la plus parfaite bonhomie; si graves que fussent les circonstances, il ne pouvait pas ne pas s'amuser de cette diplomatie cousue de fil blanc.

—J'attendais votre demande, répondit l'homme d'affaires avec un sourire grimaçant, et, si je vous ai parlé de cette aimable veuve, c'est plutôt par acquit de conscience que dans l'espoir de réussir: quelque dégagé de préjugés qu'on soit, on en garde toujours quelques-uns. Je comprends les vôtres, et je dirai plus, je les partage. Heureusement celle dont j'ai à vous entretenir maintenant ne donne pas prise à des griefs de ce genre. Prenez sa photographie, mon cher monsieur, et regardez-la pendant que je parle. Physionomie charmante, n'est-il pas vrai? Éducation supérieure, faite dans un couvent à la mode. En un mot, une perle dont vous vous parerez. Maintenant, je vais aller à la paille, car il y en a une. Qui n'en a pas? Fille de comédienne, d'une de nos plus gracieuses comédiennes de genre. A sa sortie du couvent, la jeune fille a vécu chez sa mère. C'est là, dans ce milieu... hem! hem! je dirai capiteux, si vous voulez bien... qu'il lui est arrivé un accident. Bref, un enfant, un délicieux petit garçon, que le père aurait sûrement reconnu, tant il estimait la mère, si lui-même n'avait été marié. Au moins a-t-il assuré son sort par une donation de

200,000 francs, de sorte que celui qui épousera la mère et légitimera l'enfant par mariage subséquent aura la jouissance légale de ces deux cent-mille francs jusqu'à la majorité du gamin... si celui-ci y arrive: ces petits êtres sont si fragiles! vous, médecin, vous le savez mieux que personne. Dans le cas d'un malheur, le père hériterait de son fils pour moitié; et, s'il est cruel pour un vrai père d'hériter de son vrai fils, la situation change du tout au tout quand c'est d'un étranger qu'on reçoit une fortune. Voilà l'affaire, mon cher monsieur, nette et franche, et je ne vous fais pas l'injure de supposer que vous n'en voyez pas les avantages sans qu'il soit besoin d'insister. Si je ne me suis pas plus clairement expliqué....

—Mais rien n'est plus clair.

—....La faute en est à cette fluxion qui me paralyse.

Il se prit la mâchoire en geignant.

—Vous avez une dent qui vous fait souffrir? demanda Saniel sur le ton d'un médecin qui interroge un malade.

—Toutes les dents me font souffrir. A vrai dire, elles m'abandonnent.

—Vous avez consulté un médecin?

—Ni médecin, ni dentiste. Certainement je crois à la médecine; mais; quand je me suis adressé à des médecins, ce qui ne m'est arrivé que rarement, j'ai remarqué qu'ils pensaient à leurs propres affaires beaucoup plus qu'à ce que je leur disais, et cela m'a éloigné d'eux; moi, mon cher monsieur, quand un client me consulte, je me mets à sa place et j'entre dans sa peau.

Pendant qu'il parlait, Saniel l'examinait, ce qu'il n'avait pas fait jusqu'à ce moment, et il constatait en lui des signes d'un amaigrissement rapide tout à fait caractéristiques; il flottait dans ses vêtements, faits pour un homme moitié plus gros qu'il ne l'était maintenant; son visage était rouge et luisant comme s'il eût été recouvert d'une couche de sucre de cerise.

—Voulez-vous me montrer vos dents? demanda Saniel; il serait peut-être possible de soulager vos douleurs.

—Vous croyez....

Son examen ne fut pas long.

—Vous avez la bouche sèche bien souvent, n'est-ce pas? demanda-t-il.

—Oui.

—Votre soif est vive?

—Vraiment gênante.

—Dormez-vous bien?

—Non.

—Vous avez des troubles dans la vue?

—Oui.

—Ne vous êtes-vous pas aperçu que vous mettiez des taches poisseuses à votre linge?

—Sans doute; mais je n'y ai pas attaché d'importance.

—Mangez-vous bien?

—Je dévore; et, plus je mange, plus je maigris; je tourne au squelette.

—Je vois que vous gardez à la nuque des cicatrices de furoncles.

—Ils m'ont fait assez souffrir, les coquins; mais ils sont partis comme ils étaient venus. Dame! on n'est plus jeune à soixante et onze ans, on a ses petits ennuis; car ce ne sont que des ennuis, n'est-ce pas?

—Assurément; avec quelques précautions et un régime que je vous indiquerai, si vous le voulez bien, vous vous en débarrasserez facilement. Je vais toujours vous faire une ordonnance pour calmer vos douleurs de dents.

—Nous reparlerons du reste, car nous allons avoir occasion de nous revoir si, comme je le présume, vous appréciez les avantages de la proposition que je vous ai faite.

—Je voudrais y réfléchir,

—Rien de plus juste; d'ailleurs il n'y a pas urgence.

—Où il y a urgence, c'est avec moi; car, si je ne paye pas Jardine, je me trouve dans la rue, ce qui n'est pas une position à offrir à une femme.

—Dans la rue, dans la rue! Les choses n'iront pas aussi vite que cela. Où en sont les poursuites?

—Elles vont commencer; Jardine m'en a menacé.

—Elles vont commencer; elles ne sont pas commencées. Si, comme je le présume, il procède par une saisie-revendication, nous aurons du temps avant le jugement. Devez-vous quelque chose à votre propriétaire?

—Le terme échu le 15.

—Ne le payez pas.

—Cela est facile; il n'y a même que cela qui me soit facile.

—C'est un obstacle dans les jambes de votre Jardine et qui peut l'arrêter un moment. Nous pourrons ainsi manoeuvrer plus aisément. L'essentiel est de m'avertir aussitôt que le feu commencera. Au revoir donc, cher monsieur.

V

Bien que Saniel n'eût aucune expérience des affaires, il n'était pas assez naïf pour ne pas comprendre que Caffié, en lui refusant ce prêt, voulait le tenir dans une dépendance étroite.

—Le calcul est simple, se dit-il, en descendant l'escalier; il se charge de ma défense et la conduit de telle sorte qu'un beau jour, qui n'est pas loin, je ne peux me sauver qu'en tendant la main à la jeune fille charmante. Quel gredin!

Cependant, telle était la situation, qu'il devait se trouver heureux d'obtenir le concours de ce gredin: au moins, c'était du temps gagné, et Jardine, en voyant qu'il n'avait plus devant lui un mouton disposé à se laisser égorger, accepterait peut-être un arrangement raisonnable; le tout était de manoeuvrer de façon que Caffié n'empêchât pas cet arrangement.

Par malheur, il se sentait peu propre à cette manoeuvre, ayant toujours été droit devant lui, l'oeil fixé sur son but, ne pensant qu'au travail qui le lui ferait atteindre;—et voilà que maintenant il fallait qu'il s'improvisât diplomate; en se pliant à des finesses, à des roueries qui n'étaient pas du tout dans sa nature brutale: il avait commencé en ne disant pas tout de suite à Caffié ce qu'il pensait de ses propositions; mais il est plus difficile d'agir que de se contenir, de parler que de se taire.

Que dirait-il, que ferait-il, quand le moment de l'action serait venu?

Il arriva chez lui sans avoir rien trouvé, et, comme il passait devant la loge du concierge, absorbé dans sa préoccupation, il entendit qu'on l'appelait:

—Monchieur le docteur, voulez-vous bien entrer un moment, je vous prie?

Il pensa que c'était quelque consultation qu'on voulait lui demander, un pays qui attendait son retour comme cela se produisait si souvent, et, bien qu'il ne fût pas en disposition d'écouter patiemment des bavardages imbéciles, il revint sur ses pas et entra dans la loge.

—C'est cha qu'on a apporté, dit le concierge en lui tendant une feuille de papier timbré couverte d'une écriture courue.

Cha, c'était le commencement du feu dont Caffié avait parlé. Sans la lire jusqu'au bout Saniel la mit dans sa poche et se prépara à sortir; mais le concierge le retint.

—Je voudrais dire deux mots à monchieur le docteur relativement à ce papier.

—Vous l'avez lu?

—Pour cha non, mais j'ai causé avec le clerc d'huissier qui me l'a remis «parlant à ma perchonne» et il m'a expliqué la situation. C'est-y malheureux, monchieur le docteur!

Il ne manquait plus à Saniel que d'être plaint par son concierge.

—Elle n'est pas ce qu'on vous a dit, répliqua-t-il avec hauteur.

—Allons, tant mieux! j'en suis bien content, pour vous et pour moi. Vous pourrez me payer ma petite note.

—Vous me la donnerez.

—Je vous l'ai déjà donnée deux fois, mais je l'ai refaite; la voilà.

La réclamation d'un créancier paralysait Saniel ou bien il restait bouche béante, étouffé par l'humiliation, ou bien il ne trouvait à répondre que des maladresses. Prenant la note que le concierge lui tendait, il la mit dans sa poche en balbutiant quelques mots.

—Voyez-vous, monchieur le docteur, faut que je vous dise ce que j'ai sur le coeur depuis longtemps. Vous êtes mon pays et je vous estime trop pour ne pas parler. En prenant votre appartement, en vous engageant avec votre tapissier vous avez fait plus que force: vous vous épuisez; quittez cet appartement, prenez celui d'en face qui coûte moitié moins, et ça ira. Vous ne serez pas forcé d'abandonner le quartier. Qu'est-ce que deviendraient les pays si vous nous quittiez? Vous êtes un bon médecin, tout le monde le reconnaît et le dit, les pays s'entend. Maintenant, pour ma petite note, il est convenu que je passerai le premier, n'est-ce pas, comme de juste?

—Aussitôt que j'aurai de l'argent, je vous payerai.

—C'est dit?

—Je vous le promets.

—Je vous remercie bien. Si ça pouvait être demain, cha ferait mon affaire; je ne suis pas riche, vous savez, et pourtant j'ai toujours payé le gaz de vos expériences.

Son papier timbré dans sa poche, Saniel retourna chez Caffié qu'il rencontra sous sa porte cochère, où il lui remit l'exploit de l'huissier.

—Je verrai ça ce soir, dit l'homme d'affaires; pour le moment, je vais dîner. Mais soyez tranquille, je ferai dès demain matin le nécessaire. Bonsoir; je meurs de faim.

Si Saniel ne mourait pas de faim, il eût cependant, lui aussi, dîné volontiers, mais trois jours auparavant il s'était saigné à blanc pour adoucir son tapissier par un acompte aussi fort qu'il avait pu le faire, ne gardant que cinq francs pour lui, et ce n'était pas avec les quelques sous qui lui restaient qu'il pouvait entrer dans un restaurant ni même dans une gargote, si misérable qu'elle fût. Il n'avait qu'à acheter un pain dont il souperait en travaillant comme cela lui était si souvent arrivé.

Mais en rentrant, il ne put pas, comme il le voulait, se mettre à l'article qu'il devait écrire et et livrer le soir même. Parmi les besognes dont il s'était chargé, il y en avait une, et non la moins fastidieuse; qui consistait à donner, par correspondance, des consultations aux abonnés d'un journal de modes ou, plus justement, à recommander, en empruntant la forme de conseils médicaux, tous les cosmétiques,—pâtes épilatoires, élixirs, eaux aromatiques, teintures, essences, huiles, vinaigres, laits, crèmes, savons, opiats, pommades, glycérines, vaselines, sachets, pastilles, dentifrices, fards; et aussi toutes les spécialités pharmaceutiques—vins fortifiants, pilules régénératrices, pâtes pectorales, goudrons, fers, sirops, purgatifs, auxquels leurs inventeurs voulaient donner une autorité que le public, qui se croit malin, refuse à l'annonce toute simple de la dernière page. Avec l'ambition qui était sienne et la carrière qu'il voulait suivre, il n'aurait jamais consenti à faire sous son nom cette correspondance; aussi pour ce travail n'était-il que le secrétaire d'un de ses confrères qui, simple médecin de quartier, n'avait pas les mêmes ménagements à garder et signait bravement ces consultations, trouvant que les clients comme l'argent étaient toujours bons à prendre, d'où qu'ils vinssent. Pour ça peine. Saniel remplaçait ce confrère les dimanches d'été, et de temps en temps recevait à titre gracieux une caisse de parfumerie ou de produits pharmaceutiques, qu'il vendait au rabais quand l'occasion s'en présentait.

Toutes les semaines, on lui donnait la liste des cosmétiques et des spécialités qui devaient figurer dans sa correspondance, et n'importe comment il fallait les recommander, soit en répondant aux lettres qui lui étaient réellement adressées, soit en inventant des questions lui permettant de les introduire plus ou moins à propos.

Il commençait à consulter cette liste et la liasse de lettres des abonnés que le journal lui avait envoyées, quand la sonnette de la porte d'entrée tinta; c'était peut-être un malade, le bon malade qu'il attendait vainement depuis quatre ans: il quitta son bureau pour aller ouvrir.

C'était son charbonnier qui venait pour sa petite note.

—Je passerai un de ces jours chez vous, dit Saniel; ce soir, je suis pressé.

—C'est que, moi aussi, je suis pressé: j'ai une échéance demain et j'ai compté sur M. le docteur.

—Je n'ai pas d'argent ici.

—Que M. le docteur me donne seulement un acompte.

—Je vous dis que je n'ai pas d'argent ici.

—Alors c'est donc vrai ce qu'on raconte que M. le docteur va être poursuivi par les huissiers, qu'on va le vendre, ou lui reprendre ses meubles. Il ne voudra pas me faire perdre mon argent; je suis un père de famille.

Saniel ne le savait que trop, qu'il était père de famille, ayant eu à soigner depuis quatre ans cette famille, composée d'une mère et de trois enfants constamment malades, sans qu'il eût jamais été question de lui payer ses visites.

Tant bien que mal, après une interminable discussion, il parvint à renvoyer le charbonnier, et rentra dans son bureau pour se mettre à son article.

La première lettre qu'il prit, signée: «Parfum de cyclamen», demandait des conseils pour les dents; il répondit:

«Parfum de cyclamen.—Abandonnez votre dentifrice, qui est dangereux et vous ferait perdre toutes vos dents avant cinq ans, adoptez celui de la pharmacie Durand, 215, rue Richelieu, dont je vous garantis les bons effets....

»Jeune femme pâle.—L'opération est radicale, sans danger pour la peau et pour la santé; mais elle doit être faite par une main habile à manier l'électricité. Adressez-vous à moi, 117, Chaussée d'Antin, de deux à quatre heures; j'aurai grand plaisir à vous voir.»

Moi, ce n'était pas lui Saniel, mais bien son confrère, celui qui signait cette correspondance et qui, par ces amorces, pêchait ainsi quelques clients.

Il allait passer à la troisième, signée: «Une affligée de vingt ans», lorsque la sonnette retentit de nouveau. Cette fois, il n'ouvrirait pas: encore un créancier sans doute. Et il écrivit son conseil.

Pourtant? Depuis quatre ans, il attendait que la chance tirât pour lui un bon billet à la loterie de la vie: une malade riche, atteinte d'un kyste ou d'une tumeur qu'il conduisait chez un chirurgien à la mode, lequel partageait avec lui les dix ou quinze mille francs, prix de l'opération. Alors il était sauvé.

Il courut à sa porte. La malade au kyste se présenta sous la forme d'un petit homme barbu, à la trogne allumée, portant par-dessus sa veste le tablier en grosse toile noire des marchands de vin. C'était en effet le marchand de vin du coin qui ayant, lui aussi, appris la vérité de l'huissier, venait toucher sa petite note pour fournitures de vin et de portions faites depuis trois mois pour les déjeuners de M. le docteur.

La scène qui s'était passée avec le charbonnier recommença plus vive, plus violente, et il fallut que Saniel se fâchât, menaçât, pour mettre à la porte le marchand de vin, qui ne partit qu'en promettant de revenir le lendemain avec son huissier.

Saniel reprit son article

«Une Parisienne en perspective.—Puisque vous viendrez bientôt à Paris, je diffère mon ordonnance jusqu'à votre arrivée: toutes les explications ne valent pas un coup d'oeil. Que votre première visite soit pour le 117 de la Chaussée-d'Antin: vous êtes certaine de me trouver de deux heures à quatre heures.

«*Entre perruche et ouistiti.*—Faites usage des sachets de toilette de la parfumerie du Magnolia, ils retarderont vos rides, que vous exagérez certainement, votre style le dit.»

Sa plume courait sur le papier, lorsqu'un bruit de pas lui fit lever la tête: ou bien il avait mal fermé sa porte sur le dos du marchand de vin, ou bien c'était son domestique qui venait d'entrer avec sa clef.... Alors que voulait-il? Ce n'était point toute la journée qu'il l'employait, mais seulement à l'heure de sa consultation, pour le ménage et pour ouvrir aux clients quand il s'en présentait.

Comme il allait se lever pour voir qui marchait ainsi, on frappa à sa porte: c'était en effet son domestique, à l'air penaud et embarrassé.

—Qu'est-ce qu'il y a, Joseph?

—J'ai pensé que je trouverais monsieur, et je suis venu.

—Pourquoi?

Joseph hésita; puis, prenant courage, il dit avec volubilité, en tenant ses yeux baissés:

—Je viens demander à monsieur de me payer mon mois qui est échu du 15, parce qu'il y a besoin d'argent à la maison tout de suite; s'il n'y avait pas besoin d'argent, je ne serais pas venu.

Saniel le regarda.

—Vous ne savez pas qu'un huissier a laissé du papier timbré chez le concierge.

—Qui est-ce qui a pu dire ça à monsieur?

—Le savez-vous ou ne le savez-vous pas?

—Eh bien, c'est vrai; alors, comme quand les huissiers sont quelque part ils raflent tout, j'ai pensé que monsieur, qui est si juste, ne voudrait pas que je perde mon pauvre argent que j'ai eu tant de mal à gagner. Alors je suis venu, et me voilà.

—Hé bien, je n'ai pas d'argent; si j'en avais eu, j'aurais payé l'huissier.

—Faut donc que je perde mes gages?

—Je vous payerai plus tard.

—Quand?

—Aussitôt que je pourrai.

—Est-ce que les huissiers vous laisseront faire? Ils vont tout vendre ici. Si monsieur voulait, je le tiendrais quitte....

—Comment?

—J'emporterais la redingote que monsieur m'a fait faire il y a deux mois; bien sûr qu'elle ne vaut pas ce qui m'est dû, mais ce serait toujours ça.

—Emportez la redingote.

Joseph eut vite pris sa redingote dans l'armoire de l'entrée où elle était accrochée, et il la roula dans un journal.

—Pour lors monsieur ne comptera pas sur moi demain, dit-il en déposant sa clef sur un coffre; il faut que je cherche une place.

—C'est bien, je ne compterai pas sur vous.

—Bonsoir, monsieur.

Et Joseph fila au plus vite.

Resté seul, Saniel ne se remit pas tout de suite au travail; mais, se renversant dans son fauteuil, il promena un regard mélancolique dans son cabinet et jusque dans le salon, dont la porte était restée ouverte: à la faible lueur de sa bougie, il voyait ses grands fauteuils méthodiquement alignés de chaque côté de la cheminée, les draperies des fenêtres noyées dans l'ombre et tout ce mobilier qui, depuis quatre ans, lui avait coûté tant d'efforts. C'était de ce Louis XIV de camelote qu'il avait été si longtemps prisonnier, et par qui maintenant il allait être exécuté. La belle affaire, vraiment, intelligente et habile! Tout cela n'avait servi qu'à de pauvres Auvergnats, sans que lui-même en jouît, n'ayant pas le goût bourgeois du bibelot, ni le besoin du bien-être. Un mouvement de colère et de révolte contre lui-même lui fit asséner un coup de poing sur son bureau: quel naïf il avait été!

De nouveau la sonnette tinta. Cette fois, il n'entendrait pas, ne comptant plus sur la cliente riche.

Après un court instant, on tambourina doucement sur la porte. Alors, se levant vivement, il courut ouvrir.

Une femme se jeta à son cou:

—Ah! mon chéri, que je suis contente de te trouver chez toi.

VI

Elle lui avait passé un bras autour de la taille, et, se serrant contre lui, se pelotonnant, ils étaient entrés dans le cabinet.

—Que je suis donc contente, répéta-t-elle; quelle bonne idée j'ai eue!

Et d'un brusque mouvement elle se débarrassa de la longue redingote en drap gris qui l'enveloppait jusqu'aux pieds.

—Et toi, es-tu content, dit-elle en se plaçant devant lui pour le mieux regarder.

—Peux-tu le demander?

—Simplement pour te l'entendre dire.

—N'es-tu pas ma seule joie, la douce lumière qui m'éclaire au fond du puits où je pioche jour et nuit!

—Cher Victor!

C'était une grande et svelte jeune femme aux cheveux châtains, qui la coiffaient de boucles épaisses jusque sur les sourcils. De beaux yeux sombres, un nez court, des dents superbes et des gencives couleur de fraise lui donnaient l'air d'un joli chien; elle en avait la gaieté, la vivacité, l'effronterie gracieuse, la caresse passionnée du regard. Habillée à la diable, en Parisienne qui n'a pas le sou, mais qui pare tout ce qu'elle porte, elle avait une désinvolture, une élégance naturelles qui charmaient: avec cela, un ton bon enfant, un rire joyeux et une expression de sensibilité répandue sur son visage frais.

—Je viens dîner avec toi, dit-elle gaiement, et j'ai une faim!...

Il laissa échapper un mouvement qu'elle saisit.

—Je te gêne? dit-elle inquiète.

—Mais pas du tout.

—Tu as à sortir?

—Non.

—Alors pourquoi as-tu fait un mouvement qui trahissait de l'ennui ou tout au moins de l'embarras?

—Tu te trompes, ma petite Philis.

—Avec un autre, je me tromperais peut-être; mais avec toi, est-ce que c'est possible? Tu sais bien qu'entre nous il n'est pas besoin de paroles, que je lis dans tes yeux ce que tu vas dire, sur ta physionomie ce que tu penses comme ce que tu sens. Est-ce qu'il n'en est pas toujours ainsi quand on aime... comme je t'aime?

Il la prit dans ses bras et longuement il l'embrassa; puis, allant à un fauteuil sur lequel en rentrant il avait jeté son pardessus, il tira d'une poche le pain qu'il avait acheté.

—C'est que voilà mon dîner, dit-il en montrant son pain.

—Oh! il faut que je te gronde: le travail te fait perdre la tête. Ne peux-tu prendre le temps de manger?

Il eut un triste sourire:

—Ce n'est pas le temps qui m'a manqué.

Il fouilla dans sa poche et en tira trois gros sous qui lui restaient:

—On ne dîne pas au restaurant avec six sous.

Elle se jeta sur lui:

—Oh! chéri, pardonne-moi, s'écria-t-elle. Pauvre cher martyr, cher grand homme, c'est moi qui t'accuse, quand je devrais embrasser tes genoux. Et tu ne me grondes pas; un triste sourire est toute ta réponse. Eh quoi, tu en es là: pas même de quoi manger!

—On mange très bien avec du pain; que ne suis-je assuré d'en avoir toujours!

—Eh bien, aujourd'hui je veux qui tu aies mieux et plus. Ce matin, en voyant le mauvais temps, il m'est venu une idée à laquelle tu étais associé: c'est bien naturel, puisque tu ne quittes ni mon coeur ni ma pensée: j'ai dit à maman que, si la bourrasque continuait, je coucherais à la pension. Tu t'imagines avec quelle émotion j'ai écouté le vent toute la journée, en regardant la pluie tomber mêlée aux feuilles et aux branches mortes qui passaient en tourbillons. Dieu merci, le temps a été assez mauvais pour que maman me croie bien tranquille à la pension; et me voilà à toi jusqu'à demain matin. Mais, comme nous ne pourrons pas rester à jeun jusque-là, en nous contentant de ton pain, je vais aller acheter à dîner; nous ferons la dînette au coin du feu, ce sera bien plus amusant que d'aller au restaurant.

Elle endossa vivement sa redingote.

—Mets la table pendant que je fais mes achats.

—J'ai mon article à finir qu'on va venir chercher à huit heures; pense que j'ai encore à recommander trois vins toniques, cinq préparations de fer, une teinture au henné, un lait mammaire, deux lotions capillaires, un opiat, je ne sais combien de savons et de poudres de riz, et il faut que, de force ou de bonne volonté, ils entrent dans mon article. Quel métier!

—Eh bien, ne t'inquiète pas de la table; nous la mettrons ensemble quand tu auras fini, ce qui ne sera que plus amusant.

—Tu prends tout par le bon côté, toi!

—Est-ce qu'il est meilleur de le prendre par le mauvais? A tout à l'heure!

Elle allait tirer la porte.

—Ne fais pas de folies, dit-il.

—Il n'y a pas de danger, répondit-elle en frappant sur sa poche.

Puis, revenant à lui, elle l'embrassa passionnément:

—Travaille.

Et elle partit en courant.

Il y avait deux ans qu'ils s'aimaient. A cette époque, Saniel allait toutes les semaines, aux environs de Paris, faire, dans une pension, un cours d'anatomie à l'usage des jeunes filles qui se préparaient aux examens de l'Hôtel de Ville, et chaque fois il se rencontrait avec une jeune femme qu'il n'avait pas pu ne pas remarquer: elle partait et revenait aux mêmes heures que lui, et donnait des leçons dans la pension rivale de celle où il professait: comme elle portait souvent sous le bras un grand carton ou quelquefois un moulage en plâtre, il avait conjecturé, sans avoir besoin pour cela d'un effort, que c'était le dessin qu'elle enseignait. Tout d'abord il n'avait pas fait attention à elle: que lui importait cette maîtresse de dessin; il avait autre chose en tête que les femmes. Mais peu à peu, précisément parce qu'elle était discrète et réservée, il avait été frappé par la vivacité et la gaieté de sa physionomie: il y avait vraiment plaisir à regarder cette jeune femme jolie et surtout plaisante. Cependant il n'avait rien laissé voir de ce qu'il pensait d'elle: si leurs yeux se souriaient lorsqu'ils se rencontraient c'était tout; eux, ils ne se connaissaient point. Quand ils descendaient de wagon ils ne s'en allaient point côte à côte; quand il prenait le trottoir de gauche, il était certain d'avance qu'elle prendrait celui de droite, et réciproquement. Les choses avaient continué plusieurs mois ainsi sans que jamais un mot fût échangé entre eux: seulement par la force des choses ils avaient l'un et l'autre appris qui ils étaient: elle, professeur de dessin comme il l'avait deviné, s'appelait mademoiselle Philis Cormier; elle était la fille d'un peintre mort depuis sept ou huit ans, qui avait eu une certaine réputation; lui était un médecin à qui on prédisait un bel avenir, un homme très fort qu'on verrait un jour à l'oeuvre; et naturellement leur attitude l'un envers l'autre était restée la même; il n'y avait pas là de raisons particulières pour qu'elle changeât. Le hasard avait fait naître ces raisons: un jour d'été que le temps s'était subitement mis à l'orage à l'heure où ils reprenaient ordinairement le train, Saniel, revenant au chemin de fer, avait rejoint en route mademoiselle Philis Cormier, qu'il voyait se hâter devant lui; ils avaient encore cinq ou six cents mètres à parcourir à travers une plaine sans maisons avant d'arriver à la station, c'est-à-dire plus que le temps d'être inondés si les nuages noirs que roulait le vent se décidaient à crever: lui avait un parapluie qu'on venait de lui prêter en quittant la pension; elle n'en avait point. Pour la première fois, il s'était décidé à lui adresser la parole:

—Il semble que l'orage va nous prendre avant que nous ayons gagné là station; vous n'avez pas de parapluie: voulez-vous me permettre de marcher près de vous? je vous abriterai avec celui qu'on vient de me prêter.

Elle avait répondu par un sourire, et ils s'étaient mis à marcher côte à côte jusqu'au moment où la pluie s'était abattue sur eux; alors elle s'était rapprochée de lui, et ils étaient entrés dans la gare en causant gaiement:

—Votre parapluie vaut mieux que la jupe de Virginie, dit-elle.

—Qu'est-ce que c'est que la jupe de Virginie?

—Vous n'avez pas lu *Paul et Virginie*?

—Non.

—Elle l'avait regardé avec un sourire un peu moqueur, se demandant ce que les gens très forts pouvaient bien lire.

Non-seulement Saniel n'avait pas lu le roman de Bernardin de Saint-Pierre, pas plus celui-là que d'autres d'ailleurs, mais encore il n'avait jamais aimé, les choses du coeur n'étant pas plus son fait que celles de l'imagination. Il faut du loisir pour les lectures d'agrément, et plus encore pour l'amour, comme il leur faut une liberté d'esprit et une indépendance de vie qu'il n'avait pas. Où aurait-il trouvé le temps de lire des romans? Quand et comment se serait-il occupé d'une femme? Celles qu'il avait eues depuis son arrivée à Paris n'avaient jamais pris sur lui la plus légère influence, et il n'avait gardé d'aucune un souvenir bien distinct. Au contraire, pensant à cette promenade sous la pluie, il avait retrouvé cette jeune fille avec une sûreté de mémoire tout à fait extraordinaire chez lui; l'impression avait donc été bien forte qu'elle se continuait ainsi: il revoyait Philis avec son sourire qui découvrait ses dents éblouissantes, il entendait la musique de sa voix, et cette plaine monotone, qu'il avait si souvent traversée sans jamais la voir, lui apparaissait comme le plus joli paysage du monde. Évidemment un changement s'était fait en lui, quelque chose s'était éveillé dans son esprit; pour la première fois, il s'était aperçu que l'organe conoïde creux et musculaire qu'on appelle le coeur peut servir à autre chose qu'à la circulation du sang.

Quelle surprise et aussi quel désappointement! Allait-il être assez naïf pour aimer cette jeune fille et empêtrer d'une femme sa vie déjà si difficile et si lourdement remplie. La belle affaire, en vérité, et comme la nature l'avait bâti pour jouer les amoureux! Il est vrai que ceux-là seulement qui le veulent bien deviennent amoureux, et que, par expérience, il connaissait la force de volonté.

Mais il avait bientôt fallu en rabattre de cette confiance en soi: loin de Philis, il pouvait ce qu'il voulait; près d'elle, c'était elle qui voulait; d'un regard elle était maître de lui; il arrivait furieux pour l'influence qu'elle avait prise sur lui, et contre laquelle il s'était débattu depuis qu'ils ne s'étaient vus; il la quittait ravi de sentir combien profondément il l'aimait.

Pour un homme dont la raison et la logique avaient réglé la vie jusqu'à ce moment, ces contradictions étaient exaspérantes, et il ne se pardonnait de les subir qu'en se disant qu'elles ne pouvaient modifier en rien la ligne de conduite qu'il s'était tracée, ni le faire dévoyer du chemin qu'il suivait.

Riche, ou simplement avec un peu de fortune, il eût pu—quand il était près d'elle et en sa puissance—se laisser entraîner; mais ce n'était pas quand il crevait de faim qu'il allait faire la folie de prendre une femme; qu'aurait-il à lui donner? sa misère, rien que sa misère; et la honte, à défaut d'autre raison, l'empêcherait à jamais de la lui offrir.

Depuis qu'ils se connaissaient, elle avait elle-même, tout naturellement, en causant, complété les renseignements qu'il avait eus tout d'abord: elle était bien, comme on le lui avait dit, la fille d'un peintre; son père, qui avait eu des commencements difficiles, était mort au moment où, après des années de lutte acharnée, il arrivait à la fortune; dix années de plus de travail, et il laissait à sa famille, sinon la richesse, au moins une très belle aisance. En réalité, il ne lui avait laissé que la ruine; l'hôtel qu'il s'était fait construire vendu, et les dettes payées, il ne leur était resté que quelques meubles. Il avait fallu travailler, ils étaient trois, une mère, un fils et une fille; la mère, qui n'avait pas de métier, s'était mise à des travaux de lingerie; le fils avait quitté le collège pour entrer clerc chez un homme d'affaires appelé Caffié; la fille, qui heureusement pour elle avait appris à dessiner et à peindre sous la direction de son père, avait cherché des leçons, et, pour ajouter au peu qu'elles lui procuraient, elle dessinait des menus de dîner pour les papetiers et peignait sur soie des coffrets et des éventails: ils vivaient, et bien juste, avec une dure économie et des privations de toute sorte, encore le frère, las de la triste existence et du labeur que lui imposait son homme d'affaires, venait-il de les quitter pour aller tenter la fortune en Amérique. Si Saniel se mariait jamais, ce dont il doutait, ce ne serait pas, à coup sûr, une femme dans ces conditions qu'il épouserait.

Cette réflexion le rassurant, il s'était un peu plus livré avec elle; pourquoi ne jouirait-il pas du plaisir très doux qu'il avait à la voir et à l'entendre? Sa vie n'était pas déjà si gaie et si heureuse; il se sentait parfaitement sûr de lui et, telle qu'il la connaissait maintenant, il était tout aussi sûr d'elle: une brave et honnête fille; d'ailleurs, comment eût-elle deviné qu'il l'aimait?

Ils avaient donc continué à se voir avec un plaisir qui semblait égal des deux côtés, allant l'un au devant de l'autre aussitôt qu'ils s'apercevaient dans la gare, s'attendant, montant dans le même wagon, s'arrangeant toujours pour faire route ensemble à l'aller comme au retour, et s'entretenant librement, gaiement, oubliant si bien le temps, qu'il était rare que l'arrivée ne les surprît point.

Les choses avaient marché ainsi jusqu'à l'approche des vacances, c'est-à-dire d'une séparation momentanée, et, un peu avant ce moment, ils avaient décidé qu'après leur dernière leçon, au lieu de prendre le train à la station comme à l'ordinaire, ils iraient à une lieue de là pour revenir à Paris par le tramway, ce qui leur ferait une promenade d'une bonne heure à travers bois.

Le soleil était chaud ce jour-là: à moitié chemin, Philis avait demandé à se reposer un moment; ils s'étaient assis dans un taillis, et bientôt ils s'étaient trouvés aux bras l'un de l'autre.

Depuis, Saniel n'avait jamais parlé de mariage et Philis n'en avait jamais rien dit de son côté.

Ils s'aimaient.

VII

Saniel était encore au travail quand Philis rentra.

—Tu n'as pas fini pauvre cher! demanda-telle.

—Le temps de soigner par correspondance une maladie pour laquelle l'examen attentif de dix médecins ne suffirait peut-être pas, et je suis à toi.

En trois lignes l'affaire fut faite; il quitta son bureau:

—Me voilà: que veux-tu que je fasse?

—Aide-moi à sortir ce qu'il y a dans mes poches.

Elle s'était déjà débarrassée d'une bouteille enveloppée dans une feuille de papier qu'elle avait déposée sur le bureau.

—Comme tu es chargée! dit-il.

—Juste ce qu'il faut.

Elle avait des paquets sous les bras, et les poches de sa redingote ainsi que de sa robe paraissaient remplies: ce fut un travail de les vider.

—Ne serre pas trop fort, disait-elle à chaque paquet qu'il lui prenait.

A la fin, les poches furent vides.

—Où dînons-nous? demanda-t-elle.

—Ici; puisque la salle à manger est transformée en laboratoire.

—Alors commençons par faire du feu; j'ai eu les pieds mouillés en pataugeant sur la route de la station.

—Je ne sais pas s'il y a du bois.

—Allons voir.

Elle prit la bougie et ils passèrent dans la cuisine qui, de même que la salle à manger était un laboratoire, était une étable où Saniel élevait, dans des cages, des cochons d'Inde et des lapins pour ses expériences, et où Joseph entassait pêle-mêle tout ce qui le gênait, sans avoir à prendre souci du fourneau ou de la grillade qui n'avaient jamais été allumés. Mais ils eurent beau fureter, leurs recherches furent vaines; il y avait de tout dans cette cuisine, excepté du bois à brûler; de vieux balais, des brosses à cirage, des choux pour les lapins, des carottes pour les cochons d'Inde, des amas de journaux, des caisses et des boîtes.

—Tu tiens à ces boîtes? demanda-t-elle en caressant un petit cochon qu'elle avait pris dans ses bras.

—Nullement; elles ont servi à emballer de la parfumerie et des spécialités pharmaceutiques; elles sont maintenant inutiles.

—Eh bien, on peut très joliment se chauffer avec ces planches; cassées, elles feront un beau feu clair et flambant.

Un vieux couperet rouillé se trouvait sur le fourneau; Saniel le prit et rapidement il fendit assez de caisses pour avoir une bonne provision de bois.

—Ce que c'est que d'être Auvergnat! dit-elle en riant; c'est à croire qu'en naissant vous recevez tous le génie du charbonnage.

—Alors tu te moques de moi?

—Non, mais tu coupes ton bois gravement, lugubrement, comme si tu dépeçais un malade, et je voudrais te faire rire un peu, en riant moi-même de toi, de moi, de n'importe qui, pourvu que tu te dérides.

Ils revinrent dans le cabinet, Saniel portant la provision de bois.

—Maintenant, mettons la table, dit-elle avec entrain.

Un petit guéridon pliant était placé devant la fenêtre, et Saniel s'en servait pour déjeuner bien souvent, avec l'assiette assortie que Joseph allait lui chercher chez le charcutier, ou avec la portion que fournissait le marchand de vin qui, quelques instants auparavant, était venu lui faire une scène; elle le prit et l'apporta devant la cheminée où elle l'ouvrit.

—Où est le linge? demanda-t-elle.

—C'est que je ne suis pas riche en linge; cependant j'ai dans cette armoire des serviettes que j'étale sur la poitrine et les épaules des gens que j'ausculte; voyons s'il y en a de propres.

Justement il en restait quatre, c'est-à-dire une de plus qu'il ne fallait.

—As-tu des assiettes, des couteaux, des fourchettes, des verres?

—Oui, dans une armoire de la salle à manger.

—Allons les chercher.

Cette salle à manger, où l'on n'avait jamais mangé, était la pièce la plus curieusement meublée de l'appartement. Point de table, point de chaises, point de buffet; mais, le long de la muraille, des planches en bois blanc formant étagère, et, sur ces planches, des matras, des ballons, des flacons à effilure horizontale ou verticale, des tubes de culture, des filtres, une étuve à gaz, un microscope, des tranches de pain, des morceaux de pomme de terre, çà et là des bocaux, des fioles, et aussi quelques livres, enfin le matériel d'un petit laboratoire de recherches bactériologiques: voilà, ce qu'était en effet cette salle où Saniel travaillait plus souvent et plus longuement que dans son cabinet de consultation.

C'était dans un placard que se trouvaient les cinq ou six assiettes, les trois couteaux, les verres qui composaient toute la vaisselle et la verrerie de Saniel.

—Tu es sûr qu'il n'y a pas de microbes dans les assiettes? demanda Philis en prenant ce qu'il fallait pour servir la table.

—J'espère que non.

—Enfin, en les essuyant bien.

Le couvert fut promptement mis par Philis, qui allait, venait, tournait autour de la table avec une légèreté gracieuse que Saniel admirait.

—Alors toi tu ne fais rien, dit-elle.

—Je te regarde et je réfléchis.

—Et le résultat de ces réflexions, peut-on le demander?

-C'est qu'il y a en toi un fonds de belle humeur et de gaieté, une exubérance de vie à égayer un condamné à mort.

—Et que serions-nous devenus, je te prie, si j'avais été une mélancolique et une découragée quand nous avons perdu mon pauvre papa? Il était la joie même, chantait toute la journée, s'éveillait une chanson sur les lèvres et, tout en travaillant, riait, plaisantait, sans jamais une minute de mauvaise humeur. C'est par lui et près de lui que j'ai été élevée, et je lui ressemble. Quand, en quelques jours, il, nous a été enlevé, tu peux t'imaginer comment, tombant de cette vie heureuse dans la détresse et le chagrin, nous avons été anéantis; maman, tu le sais, est une mélancolique et une inquiète, une timide disposée à voir tout en noir; mon frère Florentin est comme elle. Ce fut un désespoir morne: maman répétait du matin au soir que nous n'avions qu'à mourir de faim; mon frère voulait s'engager; je ne m'abandonnai point, et, si je ne pus pas rire et chanter, je me remuai assez cependant pour secouer l'engourdissement de la désespérance: je fis obtenir une place à Florentin, je trouvai du travail pour maman, et j'en trouvai pour moi aussi; le courage revint à tout le monde et peu à peu avec lui le calme de l'esprit.

Elle le regarda avec un sourire qui disait: «Veux-tu me laisser faire pour toi ce que j'ai fait pour eux?»

Mais, ces paroles précises, elle ne les prononça point; au contraire, elle chercha tout de suite à effacer leur impression si, comme elle le croyait, il les avait devinées.

—Va donc chercher de l'eau, dit-elle; pendant ce temps, je vais allumer le feu; maintenant c'est le moment.

Quand il revint, apportant une carafe pleine, le feu flambait en jetant des pétillements d'or qui illuminaient le cabinet. Assise devant le bureau, Philis écrivait.

—Que fais-tu donc là? demanda-t-il avec surprise.

J'écris notre menu, car tu penses bien que nous n'allons pas nous mettre comme ça tout bourgeoisement à table. Le voilà: qu'en penses-tu.

Elle lut tout haut:

—Sardines de Nantes.

—Cuisse de dinde rôtie.

—Terrine de pâté de foie gras aux truffes du Périgord.

—Mais c'est un festin, ton dîner!

—Croyais-tu que j'allais t'offrir une portion de fricandeau au jus?

Elle continua:

—Fromage de Brie,

—Choux à la crème vanillée,

—Pomme de Normandie,

—Vin....

—Ah! voilà. Quel vin? Je ne voudrais pas te tromper. Mettons: «Vin du marchand de vin du coin.» Et maintenant, à table.

Comme il allait s'asseoir, elle l'arrêta:

—Tu ne me donnes pas le bras pour me conduire à ma place? Si nous ne faisons pas les choses sérieusement, méthodiquement, nous n'y croirons pas, et les truffes du Périgord se changeront peut-être en petits morceaux noirs de n'importe quoi.

Quand ils furent assis en face l'un de l'autre, la serviette dépliée, elle continua sa plaisanterie:

—Allâtes-vous lundi à la représentation de Don Juan, mon cher docteur?

Et Saniel qui, malgré tout, avait gardé la mine sombre, se mit à rire franchement.

—Allons donc! s'écria-t-elle en frappant ses mains l'une contre l'autre. Plus de préoccupation, n'est-ce pas, plus de souci! Tes yeux dans les miens, cher Victor, et ne pensons qu'à l'heure présente; à la joie d'être ensemble, à notre amour. Est-ce dit?

Elle lui tendit la main par-dessus la table.

Il la prit et la serra:

—C'est dit.

Le dîner continua gaiement, Saniel répondant aux sourires et à la gaieté de Philis, qui conduisait l'entretien en ne le laissant pas languir: elle le servait, lui versait à boire, et c'étaient des éclats de voix, des rires comme ce cabinet n'en avait jamais entendu; de temps en temps, elle quittait sa chaise et jetait une poignée de bois au feu qui, à moitié éteint, reprenait ses pétillements.

Cependant, elle remarqua que peu à peu la physionomie de Saniel, un moment détendue, s'assombrissait et reprenait l'expression de préoccupation et d'amertume qu'elle avait eu tant de peine à chasser; elle voulut faire un nouvel effort.

—Est-ce que cette charmante dînette ne te donne pas l'idée de recommencer bientôt? demanda-telle,

—La recommencer! Comment? Où?

—Mais si j'ai pu venir ce soir sans que maman s'en inquiète, je trouverai bien un moyen, un prétexte, pour recommencer la semaine prochaine.

Il secoua la tête.

—Tu ne seras pas libre la semaine prochaine? demanda-t-elle, inquiète.

—Où serai-je la semaine prochaine, demain, dans quelques jours?

—Tu me fais peur! Explique toi, je t'en prie. Oh! Victor, aie pitié de moi, ne me laisse pas dans l'angoisse.

—Tu as raison; je dois tout te dire et ne pas laisser ta tendresse chercher des explications à ma préoccupation, qui ne peuvent que te tourmenter.

—Si tu as des soucis, ne m'estimes-tu pas assez pour les partager avec moi? Tu sais bien que je suis à toi, tout à toi, aujourd'hui, demain, à jamais!

Sans lui laisser ignorer les difficultés de sa situation, il n'était jamais cependant entré dans des détails précis, aimant mieux parler de ses espérances que de sa misère présente.

Le récit qu'il avait déjà fait à Glady et à Caffié, il le recommença, en ajoutant ce qui venait de se passer avec le concierge, le marchand de vin, le charbonnier et Joseph.

Elle écoutait anéantie.

—Il a emporté la redingote! murmura-t-elle.

—Il n'est venu que pour ça.

—Et demain?

—Ah! demain... demain!

—Avec tant de travail comment as-tu pu en arriver là?

—Comme toi, j'ai cru à la vertu du travail, et voilà où j'en suis! Parce que je sentais en moi une volonté que rien n'affaiblirait, une force que rien ne lasserait, un courage que rien ne rebuterait, je me suis imaginé que j'étais armé pour la lutte, de façon à ne pouvoir pas être vaincu, et je le sais, autant par la faute des circonstances que par la mienne...

—Et de quoi es-tu coupable, pauvre cher?

—D'ignorance de la vie, de maladresse, de présomption, d'aveuglement. Si j'avais été moins naïf, est-ce que je me serais laissé prendre aux propositions de Jardine? Est-ce que j'aurais accepté ce mobilier, cet appartement? Il me disait que les engagements qu'il me faisait signer étaient de simples formalités, qu'en réalité je le payerais quand je pourrais, qu'il se contenterait d'un honnête intérêt: cela m'a paru vraisemblable; je n'ai pas cherché au delà et j'ai accepté, heureux, glorieux de m'installer... certain d'avoir les reins assez solides pour porter ce fardeau. C'est une force d'avoir confiance en soi, mais c'est aussi une faiblesse. Parce que tu m'aimes tu ne me connais pas, tu ne me vois pas. En réalité, je suis peu sociable, et je manque absolument de souplesse, de finesse, de politesse, aussi bien dans le caractère que dans les manières: comment, avec cela, veux-tu qu'on fasse de la clientèle et qu'on réussisse si un coup d'éclat ne vous impose pas? Que le coup d'éclat se produise, j'y compte bien; mais son heure n'a pas encore sonné. Parce que je manque de souplesse, je n'ai pas su gagner la sympathie ou l'intérêt de mes maîtres; ils n'ont vu que ma raideur, et, comme je n'allais pas à eux, plus encore par timidité que par fierté, ils ne sont pas venus à moi,—ce qui est bien naturel, j'en conviens; de plus comme je n'ai pas incliné mes idées devant l'autorité de quelques-uns, ceux-là m'ont pris en grippe, ce qui est plus naturel encore. Parce que je manque de politesse et suis resté pour beaucoup de choses l'Auvergnat lourd et gauche que la nature m'a fait, les gens du monde m'ont dédaigné, s'en tenant à l'écorce qu'ils voyaient et qui leur déplaisait. Plus avisé, plus malin, plus expérimenté, je me serais au moins appuyé sur la camaraderie; mais je n'en ai pas pris souci. A quoi bon? je n'en avais pas besoin: ma force me suffisait; je trouvais plus crâne de me faire craindre que de me faire aimer. Ainsi bâti, je n'avais que deux partis à prendre: ou rester dans ma pauvre chambre de l'hôtel du Sénat, en vivant de leçons et de besognes de librairie jusqu'au jour du concours pour le bureau central et l'agrégation; ou bien m'établir dans un quartier excentrique, à Belleville, Montrouge ou ailleurs, et là faire de la clientèle à la force du jarret avec des gens qui ne me demanderaient ni politesse ni belles manières. Comme ces partis étaient raisonnables, je n'ai pris ni l'un ni l'autre:—Belleville parce que je voulais pas ne plus travailler que des jambes, comme un de mes camarades que j'ai vu fonctionner à la Villette: «Votre langue.—Bon.—Votre bras.— Bon!—Et, tandis qu'il est censé tâter le pouls à son malade, de l'autre main il écrit son ordonnance: «Vomitif, purgatif....—C'est quarante sous.»—Et il s'en va, sans jamais perdre cinq minutes pour son diagnostic: il n'a pas le temps;— l'hôtel du Sénat, parce que j'en avais assez, et qu'avec ses propositions Jardine me tentait. Voilà où il m'a amené.

—Et maintenant?

VIII

A ce moment, la bougie qui éclairait la table, s'éteignit dans le flambeau, sans que sa lueur vacillante depuis quelques instants déjà les eût avertis qu'elle allait mourir. Philis se leva:

—Où y a-t-il des bougies? demanda-t-elle.

—Il n'y en a plus; celle-ci était la dernière.

—Eh bien! il n'y a qu'à faire flamber le feu.

Elle jeta une petite poignée de bois dans l'âtre; puis, au lieu de reprendre sa chaise, elle alla chercher un coussin sur le divan et, le déposant devant la cheminée, elle s'assit dessus en s'accoudant sur le genou de Saniel.

—Et maintenant, répéta-t-elle, les yeux levés sur lui.

—Maintenant! je suppose qu'il ne me reste plus qu'à me sauver en Auvergne et me faire médecin de campagne.

—Mon Dieu. est-ce possible? murmura-t-elle d'un ton qui surprit Saniel; car, s'il y avait de la douleur dans ce cri, il y avait aussi un autre sentiment qu'il ne comprenait pas.

—En quittant l'École, je pouvais continuer à demeurer à l'hôtel du Sénat et, en donnant des leçons pour vivre, préparer mes concours; maintenant, après avoir occupé une position jusqu'à un certain point en vue, puis-je reprendre cette existence d'étudiant besoigneux? Mes créanciers, qui se sont déjà abattus sur moi ici, me harcelleront et mes concurrents au concours exploiteront ma misère... qui n'a pas d'autre cause que mes vices; on trouvera que je déshonorerais la Faculté et je serai repoussé. Ni médecin des hôpitaux, ni agrégé, j'en serais réduit à n'être que médecin de quartier; à quoi bon? l'épreuve a été faite ici; tu vois comme elle a réussi.

—Alors tu partirais?

—Non sans déchirement, sans désespoir, puisque ce serait notre séparation et le renoncement aux espoirs sur lesquels je vis depuis dix ans, l'abandon de mes travaux, la mort; tu vois maintenant pourquoi, malgré ta gaieté, je n'ai pas eu la force de te cacher ma préoccupation: plus tu étais charmante, plus je sentais combien tu m'es chère, plus j'étais désespéré de cette séparation.

—Pourquoi nous séparer?

—Que veux-tu?

Elle se retourna vers lui:

—Partir avec toi. Tu me rendras ce témoignage que, jusqu'à cette heure, jamais je ne t'ai parlé de mariage et n'ai laissé paraître la pensée que tu pouvais faire de moi ta femme un jour. Dans la position où tu te trouvais, dans la lutte que tu soutenais, une femme eût été un fardeau qui t'eût paralysé, alors surtout que cette femme n'était qu'une pauvre misérable créature comme moi, qui n'apportait en dot que sa misère et celle de sa famille. Mais les conditions ne sont plus les mêmes: te voilà, toi, aussi misérable et de plus désespéré; dans ton pays, où tu n'as plus que des parents éloignés qui ne te sont rien, puisqu'ils n'ont ni ton éducation, ni tes idées, ni tes besoins, ni tes habitudes, que vas-tu devenir tout seul avec tes déceptions et tes regrets? Si tu m'acceptes, je vais avec toi; à deux et quand on s'aime, on n'est nulle part malheureux. Quant tu rentreras fatigué, tu me trouveras souriante à ton retour; quand tu resteras à la maison, tu m'associeras à tes pensées, à ton travail, et je tâcherai de te comprendre. Je n'ai pas peur de la pauvreté, tu sais, et je n'ai pas peur davantage de la solitude; partout où nous serons ensemble, je serai bien. Tout ce que je te demande, c'est d'emmener ma mère avec nous, car tu sens bien que je ne peux pas l'abandonner; en la soignant, tu as appris à la connaître assez pour savoir qu'elle n'est ni gênante ni difficile; quant à Florentin, il restera à Paris où il trouvera à s'employer: son voyage en Amérique l'a assagi et ses ambitions sont maintenant faciles à contenter: gagner petitement sa vie est tout ce qu'il demande. Sans doute, nous te serons une charge, mais pas aussi lourde qu'au premier abord on pourrait le supposer: une femme, quand elle le veut, met l'ordre et l'économie dans une maison, et je te promets que je serai cette femme. Et puis je travaillerai: j'ai la certitude que mon papetier me donnera des menus aussi bien quand je serai en Auvergne qu'il m'en donne à Paris. Je pourrai aussi, sans doute, me procurer d'autres travaux; c'est cent francs par mois, peut-être cent cinquante, peut-être même deux cents. En attendant que tu te sois créé une clientèle, nous vivrons avec cet argent; en Auvergne, la vie ne doit pas être chère.

Elle lui avait pris les deux mains, et elle suivait anxieusement sur son visage, qu'éclairait la flamme capricieuse de la cheminée, l'effet de ses paroles: c'était leur vie à tous deux qui allait se décider, et l'émotion qui lui serrait le coeur faisait trembler sa voix. Qu'allait-il répondre? Elle le voyait le visage bouleversé, sans pouvoir lire plus loin.

Comme elle se taisait, il dégagea ses deux mains et, lui prenant la tête, il la regarda en silence pendant quelques instants:

—Comme tu m'aimes! dit-il.

—Donne-moi le moyen de le prouver autrement qu'en paroles.

—Ce serait une lâcheté de t'associer à ma misère.

—Ce serait m'estimer assez pour être assuré que j'en serai heureuse.

—Et moi?

—L'amour dans ton coeur ne l'emportera-t-il pas sur la fierté? Ne sens-tu pas que depuis que je t'aime mon amour a pris toute ma vie, et que rien au monde que ce qui est lui, que ce qui est toi, n'existe dans le présent comme dans l'avenir! Parce que je te vois quelques heures de temps en temps à Paris, je suis heureuse; quelles que soient les difficultés qui nous attendent, je serai plus heureuse encore en Auvergne, par cela seul que nous nous verrons toujours.

Il garda pendant assez longtemps un morne silence:

—Là-bas, pourrais-tu m'aimer? murmura-t-il.

Évidemment c'était plutôt à lui qu'à elle que s'adressait cette question, qui résumait ses réflexions.

—Oh! cher Victor! s'écria-t-elle, pourquoi douter de moi? L'ai-je mérité? Le passé, le présent ne répondent-ils pas de l'avenir?

Il secoua la tête:

—L'homme que tu as aimé, que tu aimes, ne s'est jamais montré à toi ce qu'il est réellement. Malgré les difficultés et les tristesses de sa vie, il a pu sourire à ton sourire, parce que, si cruelle que fût cette vie, il était soutenu par l'espoir et la confiance; en Auvergne il n'y aura plus ni espoir, ni confiance, mais la rage d'une existence brisée et l'accablement de l'impuissance. Quel homme serais-je? Pourrais-tu l'aimer, celui-là?

—Mille fois plus encore, puisqu'il serait malheureux et que j'aurais à le soutenir.

—En aurais-tu la force? A la longue, la lassitude te prendrait, car le poids serait trop lourd, si grand que fût ton dévouement, si profonde que fût ta tendresse. Vois ma situation, vois mes espérances et, descendant dans l'avenir, vois mon écrasement. Tu me sais ambitieux mais vaguement, n'est-ce pas? sans avoir jamais mesuré la portée de cette ambition et des espoirs, des rêves, si tu veux, sur lesquels elle repose. Comprends que ces rêves sont à la veille de se réaliser: encore deux mois, en décembre ou en janvier, je passe le concours pour le bureau central, qui me fait médecin des hôpitaux, et à la même époque celui pour l'agrégation, qui m'ouvre la Faculté de médecine. Sans illusion orgueilleuse, je me crois en état de réussir,—ce que les gens de sport appellent en condition. Donc quand je n'ai plus qu'une attente de quelques jours, me voilà abattu à jamais.

—Pourquoi à jamais?

—On vient de son village à Paris pour faire sa trouée, on n'en revient pas quand la mauvaise chance ou l'impuissance vous y ont renvoyé. D'ailleurs, c'est seulement tous les quatre ans que s'ouvre un concours pour l'agrégation. Dans quatre ans, quelle serait ma condition morale ou intellectuelle; comment aurais-je supporté cet exil de quatre ans; te représentes-tu ce que peuvent produire quatre années d'isolement au fond des montagnes. Mais ce n'est pas tout. A côté de ce but ostensible que je poursuis depuis que j'ai débarqué de mon village, j'ai mes travaux en train qui exigent absolument Paris. Sans que je t'aie jamais assommée de médecine, tu sais, n'est-ce pas? qu'elle est à la veille de subir une révolution qui va la transformer. Jusqu'à présent, il a été enseigné officiellement, en pathologie, que l'organisme humain portait en soi le germe d'un grand nombre de maladies infectieuses qui s'y développaient spontanément dans certaines conditions: ainsi, la tuberculose est le résultat de fatigues, de privations, de misères physiologiques. Eh bien, depuis un certain, temps, on admet, c'est-à-dire des révolutionnaires admettent une origine parasitaire à ces maladies, et il y a en France, en Allemagne, en Europe, toute une armée qui cherche ces parasites. Je suis un soldat de cette armée, et c'est à ces recherches que me sert ce laboratoire installé dans la salle à manger. C'est aux parasites de la tuberculose et du cancer que je me suis attaché, et, pour ce dernier, depuis sept ans déjà, ce qui, lorsque j'étais interne, m'avait fait appeler par mes camarades «le topique du cancer». Pour la tuberculose, je suis arrivé à découvrir son parasite, mais non encore à le débarrasser de toutes ses impuretés par des procédés de culture. J'en suis là. C'est-à-dire que je brûle, et que, demain peut-être, dans quelques jours, je tiens une découverte qui est une révolution et donne la gloire à celui qui l'a faite. De même pour le cancer, j'ai trouvé son micro-organisme. Mais tout n'est pas dit. Et voilà ce qu'il me faut abandonner en quittant Paris.

—Pourquoi abandonner? Ne peux-tu pas continuer tes recherches en Auvergne?

-C'est impossible pour toute sorte de raisons trop longues à expliquer, mais dont une seule suffira. Les cultures de ces parasites ne peuvent se faire que dans certaines températures rigoureusement maintenues au degré voulu, et ces températures ne peuvent être obtenues que dans des étuves comme celle de mon laboratoire, alimentées par le gaz dont l'entrée est réglée automatiquement par le plus ou moins de chaleur de l'eau. Comment veux-tu que cette étuve fonctionne dans un pays où il n'y a pas de gaz? Non, non, si je quitte Paris, tout est fini position aussi bien que travail; je deviens médecin de village et rien que médecin de village. Que les huissiers me mettent dehors demain, et tout ce que j'ai accumulé depuis quatre ans dans ce laboratoire, tous mes travaux en train, ce qui est achevé comme ce qui ne demande plus peut-être que quelques jours, que quelques heures, s'en va chez le brocanteur ou est jeté à la rue. De tant d'efforts, de tant de nuits passées, de tant de privations, de tant d'espérances, il ne reste qu'un souvenir... pour moi. Et encore s'il ne restait pas, peut-être serais-je moins exaspéré et accepterais je d'un coeur moins ulcéré la vie à laquelle je ne me résignerai jamais. Tu sais bien, que je suis un révolté, non un résigné.

Elle se leva et, lui prenant la main qu'elle serra fortement:

—Il faut rester à Paris, dit-elle. Pardonne-moi d'avoir insisté tout à l'heure pour te prouver que tu pouvais vivre dans ton village. C'était à moi que je pensais plus qu'à toi, à notre amour, à notre mariage; c'était une pensée égoïste, une mauvaise, pensée. Il faut chercher, il faut trouver un moyen, n'importe lequel, quoi qu'il puisse coûter, de ne pas renoncer à tes travaux.

—Il faut! Mais comment? Crois-tu que je n'aie pas tout épuisé?

Il raconta ses démarches auprès de Jardine, ses sollicitations, ses prières et aussi sa demande de prêt à Glady, enfin sa visite à Caffié.

—Caffié! s'écria-t-elle, comment l'idée t'est-elle venue de t'adresser à Caffié?

—Un peu parce que tu m'avais souvent parlé de lui.

—Mais je t'en ai parlé comme du plus dur et du plus méchant des hommes, capable de tout, si ce n'est de ce qui est bon et de ce qui est bien.

—Un peu aussi parce que je savais par un de mes clients qu'il prêtait à ceux qu'il pouvait exploiter.

—Et il t'a répondu?

—Qu'il ne trouverait sans doute personne pour consentir le prêt que je désirais; cependant il m'a promis de chercher, et il doit me rendre réponse demain soir; il m'a promis aussi de me défendre contre Jardine.

—Tu t'es mis entre ses mains!

—Eh! que veux-tu? Dans ma position, je n'ai pas la liberté de m'adresser à qui je veux et m'inspire confiance par son honorabilité. Que j'aille chez un notaire, un banquier: ils ne m'écouteront pas, puisqu'au premier mot je serai obligé de leur répondre que je n'ai ni gage ni garantie à offrir. C'est pour cela que les malheureux tombent sous la coupe des coquins; au moins ceux-là les écoutent et leur accordent quelque chose, si peu que ce soit.

—Que t'a-t-il accordé?

—Ses conseils.

—Et tu les as acceptés?

—C'est toujours du temps de gagné. Demain peut-être, on m'eût mis dans la rue: Caffié m'obtiendra quelque répit.

—Et de quel prix payeras-tu cette défense?

—Il n'y a que ceux qui ont quelque chose qui s'inquiètent du prix.

—Tu as ton nom, ton repos, ta dignité, ton honneur, et, une fois que tu seras aux mains de Caffié, qui peut savoir ce qu'il exigera de toi, ce qu'il te forcera à faire sans que tu puisses lui résister!

—Alors tu veux que je quitte Paris?

—Non certes; mais je veux que tu te tiennes en garde contre Caffié, que tu ne connais pas et que je connais, moi, par tout ce que Florentin nous racontait pendant qu'il était chez lui. Si secret qu'il soit, un homme d'affaires ne peut pas se cacher de son clerc: ce n'est pas seulement de coquineries que Caffié est coupable, c'est aussi de vrais crimes; je t'assure qu'il a mérité dix fois la mort. Pour gagner cent francs il est capable de tout: il faut qu'il gagne, qu'il amasse, rien que pour le plaisir d'amasser, puisqu'il n'a ni enfant ni parent, ni héritier.

—Eh bien, je te promets de me tenir sur mes gardes, comme tu me le conseilles; mais, si coquin que puisse être Caffié, je crois que je dois accepter le concours qu'il m'a offert. Qui sait ce qui peut se produire pendant le temps qu'il me fera gagner? Car je n'ai pas à te dire, n'est-ce pas, que je connais d'avance sa réponse pour le prêt que je lui ai demandé: il n'aura trouvé personne.

—Je viendrai quand même demain soir pour connaître cette réponse.

IX

Bien que Saniel ne se fit pas d'illusion sur la réponse de Caffié, il alla le lendemain, à la même heure que la veille, sonner à la porte de l'homme d'affaires.

Comme la veille, il eut à attendre assez longtemps avant que la porte s'ouvrît; à la fin il entendit un pas traînant sur le carreau.

—Qui est là? demanda la voix de Caffié.

Aussitôt que Saniel eut répondu, le pène fut tiré.

—Comme je n'aime pas être dérangé le soir par des importuns, dit Caffié, je n'ouvre pas toujours; mais j'ai pour mes clients un signal qui me permet de les reconnaître: après avoir sonné, vous frappez du doigt trois coups également espacés contre le bois de la porte.

Pendant cette explication, Saniel était entré dans le cabinet de l'homme d'affaires.

—Vous êtes-vous occupé de ma demande? dit-il après un moment d'attente, car Caffié paraissait décidé à ne pas engager l'entretien le premier.

—Oui, mon cher monsieur, j'ai couru toute la matinée pour vous; je ne néglige jamais mes clients, leur affaire est la mienne.

Il fit une pause.

—Alors? demanda Saniel.

Caffié donna à sa physionomie une expression désolée.

—Que vous avais-je dit, mon cher monsieur, rappelez-vous-le, je vous prie? Une expérience comme la mienne ne parle pas à la légère, faites-moi l'honneur de le croire. Eh bien, ce que j'avais prévu s'est réalisé: partout la même réponse: l'aléa est trop grand; personne n'en veut courir la chance.

—Même pour un gros intérêt?

—Même pour un gros intérêt: il y a tant de concurrence dans votre profession? Moi, je crois à votre avenir et je vous l'ai prouvé par ma proposition; mais, moi, je ne suis que l'intermédiaire et non le bailleur de fonds, malheureusement.

Caffié avait insisté sur le mot «ma proposition» et du regard il l'avait encore soulignée; mais Saniel ne parut pas avoir compris.

—Et l'assignation du tapissier? demanda-t-il.

—Soyez tranquille de ce côté, j'ai agi aussi; votre propriétaire, à qui il est dû un terme, va intervenir, et il faudra que votre créancier le désintéresse avant d'aller plus loin. S'y résignera-t-il? C'est à voir. Si oui, nous nous défendrons sur un autre terrain. Je ne dis pas victorieusement, mais enfin de façon à gagner du temps.

—Combien de temps?

—Ça, mon cher monsieur, je ne peux pas le savoir: la chose dépend de notre adversaire et de ses conseils. D'ailleurs, qu'entendez-vous par «combien de temps»: l'éternité?

—J'entends jusqu'au mois d'avril.

—Alors c'est bien l'éternité. Croyez-vous donc être en mesure de vous libérer au mois d'avril? Si vous avez cette espérance—reposant sur des garanties— il faut le dire, mon cher monsieur.

Cette question fut posée d'un ton tout à fait bienveillant auquel Saniel se laissa prendre.

—Je n'ai pas ces garanties, dit-il; mais, par contre, il serait pour moi d'une importance capitale que l'affaire traînât jusque-là. Comme je vous l'ai expliqué, je suis à la veille de passer deux concours; ils durent trois mois; et en mars, au plus tard en avril, je puis être médecin des hôpitaux et agrégé de la Faculté. Si cela est, j'offrirai alors une surface aux prêteurs qui vous permettra sans doute de me trouver la somme nécessaire pour payer Jardine et les frais qui auront été faits, y compris vos honoraires.

A mesure qu'il parlait, Saniel comprenait qu'il avait tort de se livrer ainsi; cependant il alla jusqu'au bout.

—Je serais indigne de votre confiance, mon cher monsieur, répondit Caffié, si je vous entretenais dans l'idée que nous pourrons gagner cette époque. Quoi qu'il m'en coûte,—et il m'en coûte beaucoup, je vous assure,—je dois vous dire que c'est impossible, radicalement impossible: quelques jours, oui, peut-être quelques semaines, mais c'est tout.

—Eh bien, obtenez-moi ces quelques semaines, dit Saniel en se levant, ce sera toujours quelque chose.

—Et après?

—D'ici là, nous verrons.

—Mon cher monsieur, ne partez pas; vous ne sauriez croire combien vivement votre position me touche; je ne pense qu'à vous. Quand j'ai vu que décidément je ne pouvais pas vous trouver la somme dont vous avez besoin, j'ai été faire une petite visite amicale à ma jeune cliente, celle dont je vous ai parlé...

—Qui a reçu une éducation supérieure dans un couvent à la mode?

—Précisément; et je lui ai demandé ce qu'elle penserait d'un jeune médecin plein d'avenir, futur professeur à la Faculté, actuellement considéré déjà comme un savant de premier ordre, beau garçon—car vous êtes beau garçon, mon cher monsieur, ce n'est point de la flatterie de le constater,—de bonne santé, paysan de naissance, qui se présenterait comme mari. Elle a paru flattée, je vous le déclare franchement. Mais tout de suite elle m'a dit: «Et le petit?» A quoi j'ai répondu que je vous savais trop grand, trop noble, trop généreux pour n'avoir point cette indulgence des hommes supérieurs qui leur fait accepter avec sérénité une faute involontaire. Ai-je été trop loin?

Il n'attendit pas la réponse:

—Non, n'est-ce pas? Justement, le petit était là, car la mère veille sur lui avec une sollicitude toute pleine de promesse pour l'avenir, et j'ai pu l'examiner à mon aise. Bien fragile, mon cher monsieur; il tient de son père, le pauvre bébé, et je doute que malgré tout votre savoir de médecin vous puissiez le faire vivre: si par malheur sa mort arrive, comme ce n'est que trop à craindre assurément, elle ne nuira pas à votre réputation: vous donnez les soins, n'est-ce pas, non la vie!

—A propos de soins, interrompit Saniel, qui ne voulait pas répondre, avez-vous fait ce que je vous ai conseillé?

—Pas encore. Les pharmaciens de ce quartier sont des égorgeurs patentés; mais j'irai ce soir chez un de mes clients, pharmacien aux Batignolles, qui me traitera en ami.

—Je vous reverrai alors.

—Quand vous voudrez, mon cher monsieur, quand vous aurez réfléchi; maintenant vous avez le mot de passe.

Avant de sortir de chez lui, Saniel avait laissé sa clef à son concierge pour que Philis ne l'attendît pas dans la rue si elle venait en son absence; lorsqu'il rentra, le concierge lui dit que «madame» était montée depuis assez longtemps déjà, et, à son coup de sonnette, ce fut elle qui, vivement, lui ouvrit la porte.

—Eh bien? demanda-t-elle d'une voix frémissante avant même qu'il fût entré.

—Ce que je te disais hier: il n'a trouvé personne.

Elle le serra dans une longue étreinte passionnée.

—Et pour le tapissier?

—Il a promis de gagner du temps.

Tout en parlant, ils étaient entrés dans le cabinet: le feu brûlait dans la cheminée, et ce n'était pas des morceaux de planches qui flambaient, comme la veille, mais des bûches de charme; sur la table, éclairée par deux bougies, se montrait un beau poulet rôti, entouré de cresson, et une bouteille de vin rouge faisait vis-à-vis à la carafe d'eau.

Il la regarda surpris.

—J'ai mis la table, dit-elle, tu vois, je dîne avec toi.

Et se jetant dans ses bras:

—Connaissant Caffié mieux que toi, j'avais deviné sa réponse, et je ne voulais pas que tu fusses seul en rentrant ici: j'ai encore trouvé un prétexte pour ne pas dîner avec maman.

—Mais ce poulet?

—Il nous fallait bien un plat de résistance.

—Ce bois, ces bougies?

—Ça, c'est la fin de mes économies; j'aurais été si heureuse qu'elles fussent moins misérables et pussent te servir à quelque chose d'utile.

Comme la veille, ils s'assirent devant le feu, et tout de suite elle se mit à parler de choses et d'autres pour l'occuper et le distraire: mais ce que leurs lèvres ne disaient point, leurs regards, en se rencontrant, l'exprimaient avec plus d'intensité que la parole; cependant, jusqu'à la fin du dîner, ils purent l'un et l'autre ne rien dire de décisif.

Ce fut lui qui, à un certain moment, trahit sa préoccupation.

—Ton frère avait bien observé Caffié, dit-il comme s'il se parlait à lui-même.

—N'est-ce pas?

—C'est assurément le plus parfait coquin que j'aie jusqu'à ce jour rencontré.

—Il t'a proposé quelque infamie, je suis sûre?

—Il m'a proposé de me marier.

—J'en avais le pressentiment.

—Et c'est pour cela qu'il me refuse le prêt que je demande. J'ai eu la simplicité de lui expliquer franchement ma situation; en même temps, je lui ai dit quelle importance il y avait pour moi à gagner le mois d'avril, et il espère que, sous le coup des poursuites, quand je verrai que je vais être mis dans la rue, j'accepterai l'une des deux femmes qu'il me propose: le couteau sur la gorge, il faudra bien que je cède; c'est pour le tenir suspendu qu'il a promis de retarder les poursuites de Jardine et de les traîner en longueur.

—Et ces femmes? demanda-t-elle, sans oser le regarder en face.

—Sois tranquille, tu n'as rien à craindre d'elles l'une est une bouchère ivrogne, l'autre est une jeune fille qui a un enfant.

—Et ce sont là les femmes qu'il ose proposer à un homme comme toi!

—Ses propositions ne sont pas aussi nues que je te les présente; elles sont accommodées à une sauce qui, selon son sentiment, doit les faire passer. Si je ne guéris pas la bouchère de l'ivrognerie, je n'ai qu'à l'abandonner à son vice qui l'emportera dans un bref délai, et, comme le contrat sera réglé en vue de cette éventualité, je me trouverai l'héritier de ses vingt mille livres de rentes. Pour la vierge à l'enfant, la combinaison est autre: cet enfant a été doté par son vrai père de deux cent mille francs, et celui qui le légitimera en épousant la mère aura la jouissance du revenu de ces deux cent mille francs jusqu'à la majorité du petit..., si, toutefois, celui-ci parvient à sa majorité, car il est bien fragile, si fragile même que, si sa mort arrivait, elle ne nuirait en rien à ma réputation de médecin.

—Tu, vois quel monstre il est!

—Pendant qu'il m'expliquait ainsi ses combinaisons, en m'offrant la mort des autres, je pensais à la sienne, et me disais que, si on le supprimait, il n'aurait vraiment que ce qu'il mérite.

—Ça, c'est bien vrai.

—Pour moi, rien ne m'aurait été plus facile, à un certain moment. Comme il a mal aux dents, il me montra sa mâchoire: je n'avais qu'à l'étrangler; nous étions seuls: un misérable diabétique comme lui qui, j'en suis sûr, n'a pas six mois à vivre, n'aurait pas résisté à une poigne comme celle-ci. Je retirais de son gilet ses clefs, j'ouvrais sa caisse, j'y prenais les trente, quarante, soixante mille francs que j'y ai vus entassés: du diable si la justice aurait, jamais rien découvert: un médecin n'étrangle pas ses clients, il les empoisonne, il les tue scientifiquement, non brutalement.

—Voilà le malheur, c'est que ces moyens d'arranger les choses ne sont à la portée que des gens qui n'ont par de conscience, et qu'ils n'existent pas pour nous.

—Je t'assure bien que ce n'est pas la conscience qui m'aurait retenu.

—La peur du remords, si je me sers d'un mauvais mot.

—Mais les gens intelligents n'ont pas de remords, ma chère enfant, attendu que chez eux le raisonnement précède le fait et ne le suit pas: avant d'agir, ils pèsent le pour et le contre, et savent quelles seront les conséquences de leurs actions pour les autres aussi bien que pour eux; si cet examen préalable leur prouve que pour une raison quelconque ils peuvent agir, ils seront à jamais tranquilles, assurés de n'être pas exposés aux remords, qui ne sont que les reproches de la conscience.

—Sans doute, ce que tu dis là est juste, et pourtant il m'est impossible de l'accepter. Si je n'ai pas commis de crimes dans ma vie, j'ai fait cependant des sottises, même des fautes, et pour quelques-unes ça été délibérément, après cet examen préalable dont tu parles: j'aurais donc dû être parfaitement tranquille et à l'abri des reproches de ma conscience; cependant, le lendemain matin, je m'éveillais malheureuse, tourmentée, bouleversée quelquefois, sans pouvoir étouffer la voix mystérieuse qui m'accusait.

—Et au nom de qui parlait-elle, cette voix plus vague encore que mystérieuse?

—Au nom de ma conscience, évidemment.

—«Évidemment» est de trop, et tu serais bien embarrassée de me démontrer cette évidence, attendu que rien n'est plus incertain et insaisissable que ce qu'on est convenu d'appeler la conscience, qui n'est en réalité qu'une affaire de milieu et d'éducation.

—Je ne comprends pas.

—Ta conscience te fait-elle un crime de m'aimer?

—Non, assurément.

—Tu vois donc que tu as une façon personnelle de comprendre ce qui est bien et ce qui est mal qui n'est pas celle que suit notre pays, ou il est admis, au point de vue religieux comme au point de vue social, qu'une jeune fille est coupable quand elle a un amant. Par conséquent, tu vois aussi que la conscience est un mauvais instrument de pesage, puisque chacun pour la faire fonctionner se sert de poids qu'il fabrique lui-même.

—Enfin, quoi qu'il en soit, tu as bien fait de ne pas étrangler Caffié....

—Que tu as condamné à mort, toi-même, cependant!

—Par la main de la justice providentielle ou humaine, mais non par la tienne, pas plus que par celle de Florentin ou par la mienne, bien que nous sachions mieux que personne qu'il ne mérite aucune grâce.

—Tu vois que j'ai prévu tes objections, puisque je n'ai pas serré sa cravate.

—Heureusement.

—Est-ce bien «heureusement» qu'il faut dire?

X

Ce soir-là Philis devait rentrer de bonne heure: le dîner ne se prolongea donc pas tard comme la veille; cependant, avant de partir, elle voulut desservir la table et tout remettre en ordre.

—Tu pourras très bien déjeuner demain avec le reste du poulet, dit-elle en le serrant dans le garde-manger, où il alla rejoindre la boîte de sardines et la terrine de foie gras.

Et comme il l'accompagnait, un flambeau à la main pour l'éclairer, il put voir que ce n'était pas seulement à son déjeuner du lendemain et des jours suivants qu'elle avait pensé: dans la cuisine, une provision de bois occupait un coin; sur une tablette étaient posés deux paquets de bougies, et sur les coffres des lapins s'entassait une provision de carottes suffisante pour les nourrir pendant plusieurs jours, eux et les cochons d'Inde.

—Quel brave petit coeur tu es! dit-il.

—Parce que je pense aux lapins?

—Pour ta tendresse et ta discrétion.

—Je voudrais tant t'être bonne à quelque chose!

Lorsqu'elle l'eût quitté, il s'assit immédiatement à son bureau et tout de suite il commença à travailler, pressé de regagner le temps qu'il venait de donner au sentiment. Que son travail ne dût servir à rien, et que ses expériences fussent brusquement interrompues le lendemain ou quelques jours plus tard, n'était pas pour l'arrêter: il avait à travailler, il travaillait comme s'il avait la certitude de passer ses concours, et aussi celle que les expériences qu'il poursuivait depuis plusieurs années seraient menées à bonne fin sans que personne pût les déranger.

C'était en effet sa force que cette puissance de travail qui jamais ne s'était laissé distraire ou écraser par rien, le plaisir pas plus que la souffrance, les préoccupations pas plus que la misère et ses privations: dans la rue, il pouvait penser à Philis, avoir faim, sentir le poids du sommeil; à son bureau, il n'y avait plus pour lui ni Philis, ni faim, ni sommeil, ni souci, ni souvenirs, il y avait son travail qui le prenait tout entier.

C'était sa force et aussi sa fierté, la seule supériorité dont il se vantât; car, bien qu'il s'en reconnût d'autres, de celles-là il ne parlait jamais, tandis qu'il disait volontiers à ses camarades:

—Moi, je travaille quand je veux et tant que je veux; ma volonté appliquée au travail n'a jamais eu de défaillances; ce qu'on raconte d'Alexandre le Grand qui, pour rester éveillé la nuit, tenait dans sa main une boule de métal au-dessus d'un bassin d'airain, prouve tout simplement que le Macédonien était un mollasse.

Ce soir-là, il en fut pendant une heure à peu près comme il en était toujours: ni les huissiers, ni Jardine, ni Caffié ne le troublèrent; cependant, ayant eu une recherche à faire, il constata que sa mémoire ne lui obéissait point comme à l'ordinaire: elle hésitait, s'embrouillait, surtout elle avait des distractions réellement étonnantes; il la violenta et elle obéit, mais ce fut pour peu de temps: bientôt elle le trahit une seconde fois, puis une troisième, une quatrième.

Décidément il n'était pas dans un état normal et sa volonté obéissait au lieu de commander.

Il y avait un nom et une phrase qu'il se répétait de temps en temps machinalement; ce nom était celui de Caffié; cette phrase, c'était: «Rien de plus facile».

Pourquoi cette hypothèse d'étrangler Caffié, dont il n'avait parlé qu'en l'air et sans y attacher nulle importance au moment où il l'avait émise, lui revenait-elle ainsi comme une sorte d'obsession.

N'était-ce pas bizarre?

Jamais, jusqu'à ce jour, il n'avait eu l'idée qu'il pouvait étrangler un homme, si coquin que fût cet homme, et voilà qu'en causant il avait trouvé des raisons qui rendaient toute naturelle et même légitime la mort de ce coquin.

Philis, elle-même, ne l'avait-elle pas condamné?

A la vérité, elle avait ajouté que la Providence ou la Justice devait procéder à l'exécution, mais c'était le scrupule d'une conscience naïve qui s'était formée dans un milieu dont lui ne subissait pas l'influence.

Est-ce qu'il avait de ces scrupules, le vieil homme d'affaires qui, froidement, pour le seul intérêt d'un tant pour cent sur une dot, conseillait de tuer une femme par l'ivrognerie, et un enfant n'importe comment?

Avec lui on était réellement à deux le jeu et au plus fort des deux.

Comme il en arrivait à cette conclusion, il s'arrêta, se demandant s'il était fou de suivre une pareille idée; puis tout de suite, pour la chasser, il se remit au travail qui, pendant un certain temps, mais moins longuement que la première fois, l'absorba.

Puis, de nouveau, sa volonté lui échappant, il se reprit à penser à Caffié.

Il n'était que trop évident que, s'il avait réalisé l'idée d'étrangler Caffié, toutes les difficultés contre lesquelles il se débattait et qui allaient l'écraser, sinon le lendemain, au moins dans quelques jours auraient été immédiatement aplanies.

Plus d'huissiers, plus de créanciers! Quelle délivrance!

Le repos, la possibilité de passer ses concours avec un esprit tranquille que la fièvre des inquiétudes matérielles ne troublerait point: dans ces conditions, son succès était assuré, il le sentait.

Et ses expériences! il ne courait plus le danger de les voir brusquement interrompues, ses préparations n'étaient pas jetées dans la rue, ses tubes de culture n'étaient pas brisés, ses matras, ses ballons ne s'en allaient point chez le brocanteur; il continuait ses recherches, elles aboutissaient aux résultats qu'il poursuivait: pour lui, la gloire; pour l'humanité, la guérison d'une des plus terribles maladies qui la fauchent, et peut-être de deux!

Ainsi la question se posait bien simple:

D'un côté, Caffié;

De l'autre, l'humanité et la science;

Un vieux coquin, qui avait mérité vingt fois la mort, qui d'ailleurs allait mourir naturellement dans un délai prochain;

Et l'humanité, la science qui allaient profiter d'une découverte dont il serait l'auteur.

Il s'aperçut que la sueur perlait sur ses mains et lui coulait dans le cou.

Pourquoi cette défaillance? Par horreur du crime dont il admettait la possibilité? Ou par peur de voir ses expériences anéanties?

Il fallait réfléchir, se rendre compte, s'observer.

Il avait dit à Philis que les gens intelligents, avant de s'engager dans une action, en pèsent le pour et le contre.

Contre la mort de Caffié, il ne voyait rien.

Pour, au contraire, tout se réunissait.

S'il avait eu les scrupules de Philis ou les croyances de Brigard, il n'aurait eu qu'à s'arrêter.

Mais, ne les ayant pas, ne serait-il pas naïf de reculer?

Devant quoi reculerait-il? Pourquoi s'arrêterait-il?

Le remords? Mais il était convaincu que les gens intelligents n'ont pas de remords quand ils se sont décidés en connaissance de cause: c'est avant qu'ils en ont, non après; et justement il en était à cette période de l'avant.

La peur de se faire prendre? Mais les gens intelligents ne se font pas prendre. Ceux qui se perdent, ce sont ou les brutes qui vont tout droit, ou les demi-intelligents qui mettent toute leur habileté, leur finesse, à combiner une action compliquée ou romanesque dans laquelle on retrouve leur main. Lui, il était homme de science et de précision, et il ne se compromettrait ni par l'acte, ni par le sentiment: rien à craindre pendant, rien à craindre après. Caffié étranglé, ce ne serait pas sur un médecin que les soupçons se porteraient, ce serait sur une brute; quand les médecins veulent tuer quelqu'un, ils opèrent savamment par le poison ou tout autre mort scientifique; les brutes y vont brutalement; le meurtre dit la profession de l'assassin.

Quelques instants auparavant, la sueur l'inondait; ce mot le glaça.

Il se leva nerveusement et se mit à marcher à grands pas saccadés dans son cabinet. Le feu était éteint depuis longtemps déjà; au dehors les bruits de la rue avaient cessé, et dans son cerveau résonnait le mot qu'il prononçait tout bas: assassin!

Était-il homme à se laisser influencer et arrêter par un mot? Où sont les enrichis, les parvenus, les arrivés qui n'ont pas laissé derrière eux des cadavres sur le chemin parcouru? Le succès les porte, et ils n'ont eu le succès que parce qu'ils avaient la force.

Certainement la violence n'était pas une récréation, et il serait plus agréable de faire tranquillement son chemin, par la seule puissance, de l'intelligence et du travail; que de se l'ouvrir à coups de poing; mais on ne le choisit pas, ce chemin, on est jeté dedans par les circonstances, par les fatalités de la vie, et qui veut arriver au bout n'a pas le choix de ses moyens; s'il faut marcher dans la boue, qu'importe, quand on sait qu'on ne se crottera pas?

Si encore Caffié avait eu des héritiers, de pauvres gens sauvés de la misère par cette fortune sur laquelle ils comptaient, il se serait sans doute laissé toucher par cette considération: voleur, le mot était encore plus vilain que celui d'assassin; mais à qui manqueraient les quelques billets de banque qu'il prendrait dans cette caisse? Voler, c'est faire tort à quelqu'un. A qui ferait-il tort? Il ne le voyait pas. Tandis qu'il voyait très distinctement l'armée d'affligés à laquelle il rendrait service.

Un coup de sonnette timide le fit sursauter; et il éprouva un mouvement de colère de se sentir si nerveux, lui ordinairement maître de son esprit comme de son corps.

Il alla ouvrir: un homme vêtu en ouvrier le salua humblement.

—Je vous demande bien pardon de vous déranger, monsieur le docteur.

—Qu'est-ce qu'il y a?

—C'est rapport à ma femme que je viendrais vous chercher si vous vouliez bien venir.

—Qu'a-t-elle?

—Elle est en mal d'enfant; et ça ne va pas; la sage-femme n'y est plus; elle veut un médecin.

—C'est la sage-femme qui vous a conseillé de venir me chercher?

—Non, monsieur le docteur; elle m'a envoyé chez M. Legrand.

—Eh bien?

—Son épouse m'a dit qu'il ne pouvait pas se lever rapport à sa bronchique. Alors le pharmacien m'a donné votre adresse.

—C'est bon.

—Je vas vous dire, monsieur le docteur, je suis un honnête homme, moi; nous ne sommes pas riches, nous ne pourrons pas vous payer... tout de suite.

—J'y vais. Attendez-moi.

Saniel prit ses instruments et suivit l'ouvrier qui, en route, lui expliqua ce qu'éprouvait sa femme.

—Où allons-nous? demanda Saniel, interrompant ces explications.

—Rue de la Corderie.

C'était derrière le marché Saint-Honoré, au sixième, sous les toits, dans une chambre proprette malgré sa pauvreté. Quand Saniel entra, la sage-femme vint au-devant de lui, et l'arrêtant, elle lui dit à voix basse, sentencieusement:

—C'est un cas de dystocie par malformation du bassin.

—L'enfant est vivant?

—Oui.

—C'est bon, nous allons voir.

Il s'approcha du lit et examina longuement la malade, qui répétait:

—Je vais mourir! Sauvez-moi, monsieur le médecin.

—-Mais certainement nous allons vous sauver, dit-il doucement; je vous le promets.

Il s'était relevé, et il avait ôté sa redingote, puis son gilet.

—Donnez-moi un tablier, dit-il à la sage-femme en retroussant les manches de sa chemise.

Elle lui apporta ce tablier et, tandis qu'il le nouait sous ses bras:

—Eh bien? demanda-t-elle.

—Il n'y a qu'à tuer l'enfant pour sauver la mère; on n'a que trop attendu.

—Vous allez pratiquer l'embryotomie!

—Avec ça que je vais me gêner.

L'opération fut longue, difficile, pénible, et, après qu'elle fut terminée, Saniel resta encore longtemps auprès de la malade; quand il descendit dans la rue, cinq heures sonnaient à une horloge, et déjà la place du marché s'animait.

Mais dans les rues, retrouvant le silence et la solitude de la nuit, il se prit à réfléchir: ainsi il n'avait pas hésité à tuer cet enfant, qui avait peut-être soixante ou quatre-vingts années de vie heureuse devant lui, et il s'arrêtait devant la mort de Caffié, qui n'avait plus qu'une misérable existence de quelques jours. L'intérêt d'une pauvre femme débile et rachitique l'avait décidé; le sien, celui de l'humanité, le laissaient perplexe, irrésolu, faible et lâche. Quelle contradiction!

Il marchait les yeux baissés; à ce moment, sur la chaussée, devant lui, il aperçut un objet brillant sous le scintillement du gaz; il s'en approcha C'était un couteau de boucher, qu'un garçon allant à l'abattoir ou venant au marché avait perdu.

Il hésita un moment s'il le ramasserait ou le laisserait là: puis, regardant autour de lui et ne voyant personne dans la rue déserte, n'entendant aucun bruit de pas dans le silence, il se baissa vivement et le prit.

Le sort de Caffié était décidé.

XI

Quand, après deux heures de sommeil, Saniel s'éveilla, il ne pensa pas tout d'abord à ce couteau il était las et ses idées confuses restaient engourdies; machinalement il allait, venait dans la chambre, sans se rendre compte de ce qu'il faisait, comme s'il était en état de somnambulisme; et cela l'étonnait, car jamais il ne ressentait la fatigue de l'esprit, pas plus que celle du corps, si peu qu'il eût dormi.

Mais tout à coup, ses yeux ayant rencontré le couteau, qu'en rentrant il avait déposé sur le marbre de la cheminée, il reçut une commotion qui secoua son engourdissement et sa fatigue: ce fut comme un éclair qui l'aurait ébloui.

Il le prit et, s'approchant de la fenêtre, il l'examina à la clarté pâle du jour naissant; c'était un instrument solide qui, en une main ferme, serait une arme terrible: nouvellement aiguisé, il avait le fil d'un rasoir.

Alors l'idée, la vision qu'il avait eue deux heures auparavant, lui revint nette et complète comme elle s'était présentée: à la nuit tombante, c'est-à-dire au moment où la concierge se trouvait dans le second corps de bâtiment, il montait chez Caffié, sans qu'on le vît passer, et, avec ce couteau, il lui coupait la gorge; c'était aussi simple que facile, et ce couteau abandonné auprès du cadavre, de même que la nature de la plaie, disaient à la police qu'elle devait chercher un boucher ou, du moins, un homme habitué à se servir d'un couteau de ce genre.

Lorsqu'il avait discuté, la veille, la mort de Caffié, le moment de l'exécution ainsi que le comment étaient restés dans le vague; mais, maintenant le jour et le moyen étaient précisés: ce serait avec ce couteau et ce soir même.

Cela le secoua de sa torpeur et lui donna un frisson.

Mais il se fâcha contre cette faiblesse: savait-il ou ne savait-il pas ce qu'il voulait? Irrésolu ou lâche?

Alors, sautant d'une idée à une autre, il pensa à une observation qu'il avait faite et qui semblait prouver que chez bien des sujets il y avait moins de fermeté le matin que le soir. Était-ce là un résultat du dualisme des centres nerveux, et la personnalité humaine était-elle double comme le cerveau? y avait-il des heures où l'hémisphère droit est le maître de nos volontés; y en avait-il d'autres où c'est le gauche; l'un de ces hémisphères possède-t-il des qualités spéciales que l'autre n'a pas, et selon que c'est celui-ci ou celui-là qui est entré en activité, a-t-on tel caractère ou tel tempérament? Cela serait curieux et reviendrait à dire que, mouton le matin, on peut être tigre le soir. Chez lui, c'était un mouton qui s'éveillait, que dans la journée un tigre dévorait. A quel hémisphère appartenait l'une ou l'autre de ces personnalités?

Mais il se fâcha de se laisser prendre par ces réflexions; c'était bien l'heure, vraiment, d'étudier cette question de psychologie; c'était de Caffié qu'il devait s'occuper et du plan qui, dans la rue, avant qu'il se décidât à ramasser ce couteau, s'était instantanément dessiné dans son esprit.

Évidemment, les choses n'étaient ni aussi simples ni aussi faciles que tout d'abord il les avait vues, et pour que son plan réussit, il fallait tout un concours de circonstances qui pouvaient très bien ne pas se trouver réunies.

La concierge ne le verrait-elle point passer? Quelqu'un ne monterait ou ne descendrait-il pas l'escalier? Serait-il seul? Ouvrirait-il? Ne sonnerait-on point quand ils seraient enfermés ensemble?

Il y avait là toute une série de questions qui ne s'étaient pas tout d'abord présentées à son esprit, mais qui maintenant s'imposaient.

Il fallait les examiner, les peser, et ne pas se jeter à l'étourdie dans une aventure qui pouvait présenter de tels hasards.

Toute la journée était à lui heureusement, et, comme dans l'état d'agitation où il se trouvait il n'y avait pas à penser au travail, il la donnerait à cet examen: l'enjeu en valait la peine; son honneur et sa vie.

Aussitôt qu'il fut habillé, il sortit et s'en alla droit devant lui par les rues dont le mouvement du matin encombrait déjà les trottoirs.

Ce fut seulement quand il eut quitté le centre de Paris qu'il put réfléchir comme il le voulait, c'est-à-dire sans être dérangé à chaque instant par des gens pressés qu'il devait éviter ou par des lecteurs de journaux qui, ne regardant pas devant eux, se jetaient sur lui.

Évidemment les risques étaient autrement sérieux qu'il n'avait imaginé, et, en les voyant se dessiner, il se demanda s'il devait aller plus loin. Supprimer Caffié, bien; se faire prendre, non.

Alors il fut surpris de constater qu'il n'éprouvait aucune déception; au contraire, c'était plutôt une sorte d'apaisement qui se faisait en lui.

—Si c'est impossible...

Il n'était pas homme à s'acharner follement contre l'impossible: il aurait fait un rêve... un mauvais rêve, et ce serait tout.

Il s'arrêta et, après un moment d'hésitation, tournant sur ses talons, il rebroussa chemin: à quoi bon aller plus loin? Il n'avait plus à réfléchir ni à balancer le pour et le contre; Il fallait renoncer à ce plan, décidément trop dangereux.

Mais il avait à peine fait quelques pas pour revenir chez lui qu'il se demanda si, réellement, ces dangers étaient tels qu'il venait de les entrevoir, et s'il se trouvait bien en face d'une impossibilité radicalement démontrée.

Sans doute, la concierge pouvait le remarquer quand il passerait devant sa loge, soit en montant, soit en descendant; mais elle pouvait aussi ne le point remarquer: cela, en réalité, dépendait de lui pour beaucoup, et de la façon de procéder.

Tous les soirs, cette vieille concierge aux reins ankylosés avait à allumer le gaz dans deux corps de bâtiment, celui de la rue et celui de la cour. Elle commençait par celui de la rue et, avec la gêne qu'elle éprouvait à marcher, elle devait mettre un temps assez long à gravir ses cinq étages ainsi qu'à les redescendre. Que de la rue on guettât le moment où, à la nuit tombante, elle sortirait de sa loge, son rat-de-cave allumé à la main; qu'on montât aussitôt l'escalier derrière elle, mais d'un peu loin et sans la rejoindre, de façon à se trouver sur le palier du premier étage quand elle-même arriverait sur celui du second, et on aurait tout le temps, l'affaire faite, de regagner la rue avant qu'elle fût revenue dans sa loge après avoir allumé le gaz de ses deux escaliers. Il s'agissait pour cela de procéder régulièrement, méthodiquement, sans se presser, mais aussi sans s'attarder.

Était-ce impossible?

Là précisément se trouvait le point délicat, celui qu'il fallait examiner avec sang-froid, sans se laisser influencer par aucune autre considération que celle qui dérivait du fait même.

Il avait donc eu tort de ne pas continuer sa route, et le mieux était assurément de sortir de Paris: à la campagne, dans les champs ou les bois, il trouverait le calme qui était indispensable à son cerveau surexcité, dans lequel les idées se choquaient comme les vagues d'une mer démontée.

Il était en ce moment au milieu du faubourg Saint-Honoré: il prit une rue qui devait le conduire aux Champs-Elysées, à cette heure matinale, déserts assurément.

Longuement il examina toutes les hypothèses qui pouvaient se présenter, et il arriva à la conviction que ce qui lui avait apparu impossible ne l'était nullement: qu'il conservât son calme, qu'il ne perdît pas le sentiment du temps écoulé et il pouvait très bien échapper à la concierge,—ce qui était le point capital.

A la vérité, le danger de la concierge écarté, tout n'était pas dit; il restait celui d'être rencontré dans l'escalier par un locataire de la maison; de même restait aussi la mauvaise chance de ne pas trouver Caffié chez lui ou qu'il ne fût pas seul, ou enfin qu'un coup de sonnette arrêtât levée la main au moment décisif; mais, par cela même qu'elles dépendaient uniquement du hasard, ces circonstances ne pouvaient être décidées à l'avance: c'était un aléa; si une d'elles se réalisait, il attendrait au lendemain; ce serait une journée d'agitation de plus à passer.

Mais une question qui devait être décidée à l'avance, parce que, sûrement, elle se présenterait avec des dangers sérieux, c'était celle de savoir comment il justifierait la venue entre ses mains d'une somme d'argent qui, providentiellement et à point nommé, le tirait des embarras contre lesquels il luttait:—Vous avez payé vos dettes, c'est parfait; avec quoi? Vous étiez sans ressources, aux abois, noyé; où avez-vous trouvé celles qui miraculeusement vous ont sauvé?

Il était arrivé au bois de Boulogne; il continua d'aller devant lui; mais, en passant devant une fontaine dont le clapotement attira son attention, il s'arrêta: bien que le temps fût humide et froid sous l'influence d'un fort vent d'ouest chargé de pluie, il avait la langue desséchée: il but deux gobelets d'eau, puis il reprit sa marche, sans s'inquiéter de savoir où elle le porterait.

Alors il bâtit tout un arrangement qui lui parut ingénieux au moment où il lui vint à l'esprit: c'était pour emprunter trois mille francs qu'il s'était présenté chez Caffié; pourquoi celui-ci ne les lui aurait-il pas prêtés, sinon le premier jour, au moins le second? Ce serait avec cet emprunt qu'il aurait payé ses dettes, si on l'interrogeait jamais sur ce point; pour prouver ce prêt, il n'avait qu'à souscrire un billet qu'il placerait dans la caisse et qu'on trouverait là. Le premier soin de ceux qui ont signé un engagement de ce genre n'est-il pas de le reprendre quand l'occasion s'en présente? Puisqu'il n'aurait pas saisi cette occasion et fait disparaître son billet, ce serait la preuve qu'il n'aurait pas ouvert cette caisse.

Entre autres avantages, cet arrangement avait celui de supprimer le vol: ce n'était plus qu'un emprunt; plus tard il rendrait ces trois mille francs aux héritiers de Caffié; tant pis pour celui-ci si c'était un emprunt forcé!

En rentrant dans Paris, il achèterait une feuille de papier timbré, et, comme il avait fait la veille une visite dont il avait touché le prix, cette dépense lui était possible.

Arrivé à Saint-Cloud, il entra dans un cabaret et se fit servir un morceau de pain avec du fromage et du vin; mais, s'il but beaucoup, il ne put que très peu manger, sa gorge serrée se refusant à avaler le pain.

Il reprit sa route et s'engagea dans les chemins glaiseux qui courent sur les pentes du mont Valérien; mais il était insensible au désagrément et à la fatigue des glissades sur un sol détrempé, et il allait toujours au hasard, n'ayant d'autre souci que de ne pas trop s'éloigner de la Seine, afin de pouvoir rentrer à Paris avant la nuit.

Depuis qu'il s'était arrêté à cette combinaison du billet, il s'y complaisait; mais, à force de l'examiner et de la retourner, il s'aperçut qu'elle n'était pas aussi ingénieuse qu'il avait cru, et même qu'elle pouvait le perdre. Est-ce que les débitants de papier timbré ne numérotent pas bien souvent leur papier? Avec ce numéro, on pourrait remonter à celui qui avait vendu la feuille sur laquelle le billet était écrit et par lui à celui qui l'avait achetée. Et puis, était-il vraisemblable qu'un homme d'affaires méticuleux comme Caffié n'inscrivit pas sur un carnet ou sur un livre les prêts qu'il consentait, et l'absence de cette inscription, alors qu'on trouverait un billet, ne serait-elle pas un indice suffisant pour éveiller les soupçons et les guider?

Décidément, il n'échappait à un danger que pour tomber dans un autre: partout des chausse-trapes.

Il eut un mouvement de découragement, mais sans aller jusqu'à la défaillance. Son erreur avait été de s'imaginer que l'exécution de l'idée qui lui était venue à l'esprit en ramassant le couteau était aussi simple que facile: mais, pour compliquée et périlleuse qu'elle fût, elle n'était pas impossible: qui n'a pas ses dangers?

La question qui, en fin de compte, se posait était celle de savoir s'il y avait en lui la force nécessaire pour faire tête à ces dangers, et sur ce terrain l'hésitation n'était pas possible: vouloir tout prévoir à l'avance était folie; ce qu'il n'aurait pas pensé se produirait.

Il revint vers Paris et, par le pont de Suresnes, rentra dans le bois de Boulogne; comme il n'était pas encore trois heures, il avait tout le temps d'arriver rue Sainte-Anne avant la nuit; mais, en route, une averse le força de s'abriter sous un champignon: et il resta là assez longtemps à regarder la pluie tomber, se demandant si ce hasard qu'il n'avait pas prévu n'allait pas déranger son plan, au moins pour ce soir même: un homme qui aurait reçu cette averse ne pourrait pas se promener dans la rue, devant la porte de Caffié, sans attirer l'attention des passants, et justement ce qui importait, c'était qu'il ne provoqua l'attention de personne.

Enfin, la pluie cessa, et, à quatre heures quarante il arrivait chez lui: il lui restait quinze ou vingt minutes de jour, c'était plus qu'il ne lui en fallait.

Il piqua la pointe du couteau dans un bouchon et, après l'avoir placé, entre les feuilles repliées d'un journal, dans la poche intérieure du côté gauche de sa redingote, il partit.

XII

Quand il arriva devant la porte de Caffié, la nuit n'était point encore tout à fait établie, et, si le gaz des boutiques flambait déjà, celui des lanternes de la rue n'avait pas encore été allumé.

Le mieux et le plus sûr pour lui eût été de stationner devant la porte cochère et du côté opposé; de là il guettait la concierge, qui n'aurait pas pu sortir de sa loge sans qu'il la vît. Mais bien que les passants fussent peu nombreux à ce moment, ils l'auraient peut-être remarqué: juste en face de cette porte cochère se trouvait un petit café, dont la devanture brillante de gaz le mettrait trop en pleine lumière. Il continua donc son chemin, mais lentement et presque aussitôt il revint sur ses pas.

Toute irrésolution, toute hésitation avaient disparu, et le seul point sur lequel il s'interrogeât encore portait sur l'état dans lequel il se trouvait en ce moment même: il se sentait ferme, et son pouls, il en avait la certitude, battait son mouvement régulier: il était tel qu'il avait imaginé qu'il serait; l'expérience confirmait ses prévisions: sa main ne tremblerait pas plus que sa volonté.

Comme il repassait devant la maison, il vit la concierge sortir lentement de sa loge et fermer avec soin sa porte, dont elle mit la clef dans sa poche; de la main gauche, elle tenait quelque chose de blanchâtre que dans l'obscurité il distinguait mal, mais qui devait être un rat-de-cave, qu'elle n'avait point allumé de peur sans doute que le vent qui s'engouffrait sous la voûte de la porte cochère ne l'éteignît.

C'était là une circonstance favorable qui lui donnait une ou deux minutes en plus de celles sur lesquelles il avait compté, puisque dans l'escalier elle serait obligée de frotter des allumettes pour allumer son rat-de-cave; et, dans l'exécution de son plan, deux minutes, une seule minute même, pouvaient avoir une importance décisive.

A pas traînants, le dos voûté, elle disparut par le vestibule de l'escalier; alors il continua son chemin comme un simple passant, afin qu'elle eût le temps de monter le premier étage; puis, tournant sur lui-même, il revint à la porte-cochère et la franchit vivement: à la lueur du bec de gaz du vestibule, il vit à sa montre, qu'il tenait dans la main, qu'il était cinq heures quatorze minutes; il fallait donc, si son calcul était juste, qu'à cinq heures vingt-quatre ou vingt-cinq minutes il passât devant la loge, qui devait être vide encore à ce moment.

Au-dessus de lui il entendit, dans l'escalier, le pas lourd de la concierge; elle venait d'allumer le bec du premier étage et continuait son ascension lentement. A pas rapides mais légers, il monta derrière elle, et, en arrivant à la porte de Caffié, il sonna en s'appliquant à ce que ce ne fût ni trop brutalement ni trop timidement; puis il frappa à coups également espacés, comme il lui avait été indiqué.

Caffié était-il seul?

Jusque-là, tout avait marché à souhait: personne sous le vestibule, personne dans l'escalier; la chance était pour lui; l'accompagnerait-elle jusqu'au bout?

Pendant qu'il attendait à la porte, se posant cette question, une idée lui traversa l'esprit: il ferait une dernière tentative; si Caffié consentait le prêt, il se sauvait lui-même; s'il le refusait, il se condamnait.

Après quelques secondes qui lui parurent longues comme des heures, son oreille aux aguets perçut des bruits qui annonçaient que Caffié était chez lui: un grattement de bois sur le carreau disait qu'un siège avait été repoussé; des pas lourds traînèrent, puis le pène grinça et la porte s'entr'ouvrit avec précaution.

—Ah! c'est vous, mon cher monsieur! dit Caffié avec surprise.

Saniel était entré vivement et avait lui-même refermé la porte en l'appuyant bien.

—Est-ce que nous avons du nouveau? demanda Caffié, en passant de l'entrée dans son cabinet.

—Non, répondit Saniel.

—Eh bien, alors? demanda Caffié en prenant place dans son fauteuil devant son bureau, qu'éclairait une lampe, c'est donc pour ma jeune personne que vous venez; cet empressement est d'un heureux augure.

—Non, ce n'est pas de cette jeune personne que je veux vous entretenir...

—Je le regrette.

Saniel avait tiré sa montre en s'asseyant vis-à-vis de Caffié; deux minutes s'étaient écoulées depuis qu'il avait quitté le vestibule; il fallait se hâter... De peur de ne pas se rendre compte du temps écoulé, il garda sa montre dans sa main.

—Vous êtes pressé?

—Oui, et je viens tout de suite au fait: c'est de moi qu'il s'agit, de ma position, et c'est un dernier appel que je veux vous adresser. Il faut jouer cartes sur table. Vous pensez sans doute, que poussé par ma détresse et voyant que je vais être à jamais perdu, je me déciderai à accepter ce mariage qui me sauverait?

—Pouvez-vous supposer ça, mon cher monsieur? s'écria Caffié.

Mais Saniel l'arrêta:

—Le calcul est trop naturel pour que vous ne l'ayez pas fait. Eh bien, je dois vous dire qu'il est faux: jamais je ne me prêterai à pareil marché. Renoncez donc à votre projet, et revenons à ma demande: j'ai absolument besoin de ces trois mille francs, et je les payerai le prix que vous-même fixerez.

—Je n'ai pas trouvé de bailleur, mon cher monsieur; j'en ai été bien peiné, je vous assure; mais que voulez-vous?

—Que vous fassiez un effort vous-même.

—Moi! mon cher monsieur?

—C'est à vous que je m'adresse.

—Mais je n'ai pas d'argent liquide!

—C'est un appel désespéré que je tente. Je comprends que la longue pratique des affaires vous ait rendu peu sensible aux misères que vous voyez tous les jours....

—Insensible! Dites qu'elles me navrent, mon cher monsieur.

—... Mais ne vous laisserez-vous pas toucher par celle d'un homme jeune, intelligent, courageux, qui va se noyer faute d'une main tendue vers lui? Pour vous, ce secours que je vous demande avec cette insistance n'est rien....

—Trois mille francs, ce n'est rien! Bigre! comme vous y allez!

—Pour moi, si vous me les refusez, c'est la mort.

Saniel avait commencé à parler les yeux fixés sur les aiguilles de sa montre, mais bientôt, entraîné par la fièvre de la situation, il les avait relevés pour regarder Caffié et voir l'effet qu'il produisait sur lui; dans ce mouvement il avait fait une découverte qui détruisait toutes ses combinaisons.

Le cabinet de Caffié était une pièce plus longue que large qui, par une fenêtre haute, prenait jour sur la cour; n'étant venu dans ce cabinet que la nuit, il n'avait point fait attention que cette fenêtre n'était fermée ni par des volets, ni par des rideaux, pas plus de mousseline que d'étoffe drapée: le vitrage tout simple. A la vérité, deux grands rideaux de damas de laine pendaient de chaque côté de la fenêtre; mais ils n'étaient pas tirés. S'adressant à Caffié, placé entre lui et cette fenêtre, Saniel s'était tout à coup aperçu que, de l'autre côté de la cour, dans le second corps de bâtiment, au deuxième étage, deux fenêtres éclairées faisaient vis-à-vis au cabinet et que de là on plongeait dans ce cabinet de manière à voir tout ce qui s'y passait. Comment exécuter son plan sous les yeux des gens qu'il voyait aller et venir dans cette chambre? Ce serait sûrement se perdre. En tout cas, c'était risquer une aventure si hasardeuse qu'il aurait fallu être fou pour la tenter, et il ne l'était point; jamais même il ne s'était senti si maître de son esprit et de ses nerfs.

Aussi n'était-ce plus pour sauver la vie de Caffié qu'il plaidait, c'était pour se sauver lui-même en arrachant ce prêt.

—Je ne puis, à mon grand regret, que vous répéter ce que je vous ai déjà dit, mon cher monsieur: pas d'argent liquide!

Et il se prit la mâchoire en geignant comme si ce refus réveillait ses douleurs de dents.

Saniel s'était levé: évidemment il ne lui restait qu'à partir: c'était fini et, au lieu d'en être désespéré, il en éprouvait comme un soulagement.

Mais, prêt à se diriger vers l'entrée, un éclair lui traversa l'esprit.

Vivement il regarda sa montre, que depuis un certain temps déjà il ne consultait plus; elle marquait cinq heures vingt minutes: il lui restait donc quatre minutes, cinq au plus.

—Pourquoi ne fermez-vous pas ces grands rideaux? dit-il; je suis sûr que vos douleurs sont causées pour beaucoup par le vent que donne cette fenêtre mal close.

—Vous croyez?

—J'en suis sûr; vous avez besoin de chaleur à la tête et vous devez éviter les courants d'air.

Passant derrière le dos de Caffié, il alla à la fenêtre pour tirer les rideaux, mais les cordons résistèrent.

—C'est qu'il y a des années qu'ils n'ont été fermés, dit Caffié; sans doute les cordons sont emmêlés. Je vais vous éclairer.

Et, prenant la lampe, il vint à la fenêtre, la tenant haut pour éclairer les cordons.

En un tour de main, Saniel eut détressé les cordons, et les rideaux qu'il tira glissèrent sur leurs tringles en fermant à peu près la fenêtre.

—C'est vrai qu'il venait beaucoup de vent par cette fenêtre, dit Caffié; je vous remercie, mon cher docteur.

Tout cela avait été fait avec une rapidité fiévreuse qui étonna Caffié.

—Décidément vous êtes pressé? dit-il.

—Oui, très pressé.

Il regarda sa montre.

—Pourtant j'ai encore le temps de vous donner une consultation si vous le désirez.

—Je ne voudrais pas abuser...

—Vous n'abusez pas.

—Mais si!

Asseyez-vous dans votre fauteuil et montrez-moi votre bouche.

Pendant que Caffié s'asseyait, Saniel continuait d'une voix vibrante:

—Vous voyez que je fais le bien pour le mal:

—Comment cela, mon cher monsieur?

—Vous me refusez un service qui aurait pu me sauver, et moi, je vous donne une consultation; il est vrai que c'est la dernière.

—Et pourquoi la dernière, mon cher monsieur?

—Parce que la mort est entre nous.

—La mort!

—Ne la voyez-vous point?

—Non.

—Moi, je la vois.

—Il ne faut pas avoir de des idées-là, mon cher monsieur; on ne meurt pas parce qu'on ne peut pas payer trois mille francs.

Le fauteuil dans lequel Caffié avait pris place était un vieux voltaire au dos incliné, et il se tenait dedans renversé: comme il portait des cols de chemise trop larges depuis son amaigrissement, et des cravates étroites à peine nouées, il tendait la gorge autant que la mâchoire.

Saniel, derrière le fauteuil, avait de sa main droite tiré le couteau, en même temps que de la gauche il appuyait fortement sur le front de Caffié, et d'un coup puissant, rapide comme l'éclair, il avait tranché le larynx au-dessous de la glotte, ainsi que les deux artères carotides avec les veines jugulaires; de cette blessure terrible s'était échappé un gros jet de sang qui, traversant le cabinet, avait été s'écraser contre la porte d'entrée; pas un cri n'avait pu être formé par la trachée, coupée net, et dans son fauteuil Caffié était agité de convulsions générales qui lui secouaient tout le corps, les jambes et les bras.

Sortant de derrière le fauteuil, Saniel, qui avait jeté le couteau à terre, l'observait la montre à la main, comptant les battements de l'aiguille des secondes, et à mi-voix, il les notait: une, deux, trois....

A quatre-vingt-dix, les convulsions cessèrent. Il était cinq heures vingt-trois minutes: maintenant il importait de se presser et de ne pas perdre une seconde.

Le sang, après avoir jailli en gros jet, avait coulé le long du corps et mouillé la poche du gilet dans laquelle devait se trouver la clef de la caisse; mais le sang ne produit pas le même effet sur un médecin ou sur un boucher que sur ceux qui ne sont pas habitués à sa vue, à son odeur et à son toucher: malgré la mare tiède dans laquelle elle baignait, Saniel prit la clef, et après s'être essuyé la main à l'un des pans de la redingote de Caffié, il l'introduisit dans la serrure.

Le pêne allait-il jouer librement, ou bien le mécanisme était-il fermé par une combinaison? La question était poignante.... La clef tourna et la porte s'ouvrit. Sur une tablette et dans une sébille étaient les liasses de billets de banque et les rouleaux d'or qu'il avait vus le soir où le garçon de recette était venu toucher une traite: brusquement, sans compter, au hasard, il les fourra dans ses poches et, sans refermer la caisse, il courut à la porte d'entrée, ayant soin seulement de ne pas marcher dans les filets de sang qui, sur le carreau en pente, avaient coulé vers cette porte. L'heure pressait.

C'était maintenant le moment du plus grand danger, celui d'une rencontre derrière cette porte ou dans l'escalier: il écouta, aucun bruit; il sortit: personne. Sans courir, mais en se hâtant, il descendit l'escalier. Regarderait-il dans la loge ou détournerait-il la tête? Il regarda et ne vit pas la concierge.

Une seconde après, il se trouvait dans la rue, mêlé aux passants, et respirait.

XIII

Il n'avait plus à s'observer, à écouter, à tendre ses nerfs, à retenir son coeur, il pouvait marcher librement et réfléchir.

Sa première pensée fut de chercher à se rendre compte de ce qu'il éprouvait, et il trouva que c'était un immense soulagement, quelque chose d'analogue sans doute à l'état de l'asphyxié qui revient à la vie: physiquement, il avait repris son calme; moralement, il ne sentait en lui aucun trouble, aucun remords: il ne s'était donc pas trompé dans sa théorie quand il avait expliqué à Philis que chez l'homme intelligent le remords précède l'action et ne la suit pas.

Mais où il s'était trompé, c'était en s'imaginant qu'il apporterait dans son acte un sang-froid et une force qui en réalité lui avaient complètement manqué.

Allant d'une idée à une autre, ballotté par l'irrésolution, il n'avait nullement été l'homme fort qu'à l'avance il croyait être: celui qui marche au but sans s'émouvoir, prêt à faire face à toute attaque d'où qu'elle vienne, maître de ses nerfs comme de sa volonté, en pleine possession de tous ses moyens. Au contraire, il avait été le jouet de l'agitation et de la faiblesse. Si un danger sérieux s'était dressé sur sa route, il n'aurait su de quel côté l'aborder, la peur l'eût paralysé et incontestablement il se serait perdu lui-même.

A la vérité, sa main avait été ferme, mais sa tête avait été affolée.

Il y avait là quelque chose d'humiliant qu'il fallait qu'il s'avouât et, ce qui était plus grave, d'inquiétant; car, par cela que tout avait marché à souhait jusqu'à présent, tout n'était pas fini et même rien n'était commencé.

Si les recherches que la justice allait entreprendre venaient jusqu'à lui, comment se défendrait-il?

Il se croyait bien certain de n'avoir pas été vu dans la maison de Caffié au moment où le crime avait été commis; mais sait-on jamais si on a été vu ou si on ne l'a pas été?

De même il y avait la provenance de l'argent qu'il allait employer pour payer ses dettes qui pouvait devenir une accusation contre laquelle il lui serait difficile de se défendre. «Vous étiez sans ressources hier, aux abois; comment, du jour au lendemain, vous êtes-vous procuré les sommes considérables pour vous, avec lesquelles vous avez désintéressé vos créanciers?»—Cette question, il l'entendait sans plus lui trouver de réponse maintenant qu'au moment où pour la première fois il l'avait examinée; et ce n'était plus pour un jour indéterminé qu'il fallait la résoudre, c'était pour demain; en tout cas, il devait se tenir prêt comme si certainement c'eût été pour le lendemain. Et ce qui pouvait la compliquer, c'était que Caffié, en homme de précaution qu'il était, eût pris soin de relever, sur un livre qu'on trouverait, les numéros de ses billets de banque.

En quittant la rue Sainte-Anne il avait pris la rue Neuve-des-Petits-Champs pour rentrer chez lui déposer ses billets de banque, faire disparaître les taches de sang qui avaient dû l'éclabousser et laver ses mains, surtout la droite, encore rouge; mais tout à coup l'idée lui passa par l'esprit qu'il pouvait être suivi et que ce serait folie de dire où il demeurait. Alors, pressant assez le pas pour forcer à courir celui qui le suivait, il se lança devant lui, n'ayant d'autre souci que de prendre des rues mal éclairées, celles où il y avait peu de chances pour qu'on vît les taches, si elles se montraient sur ses vêtements, son linge ou ses chaussettes. Il marcha ainsi pendant une demi-heure environ, tournant et retournant sur sa piste, la brouillant, et après avoir traversé deux fois la place Vendôme où il avait pu voir loin derrière lui, il s'était décidé à rentrer, ne sachant trop s'il devait être satisfait d'avoir ainsi dérouté les recherches ou s'il ne devait pas plutôt être furieux d'avoir cédé à une sorte de panique.

Comme il passait devant la loge sans s'arrêter, son concierge l'appela et, sortant aussitôt, lui remit une lettre avec un empressement peu ordinaire; Saniel, qui voulait échapper à tout examen, la prit vivement et la fourra dans sa poche.

—C'est une lettre importante, dit le concierge; le domestique qui me l'a remise m'a dit qu'elle renfermait de l'argent.

Il fallait cette recommandation pour qu'en un pareil moment Saniel eût la pensée de l'ouvrir,—ce qu'il fit en entrant chez lui.

«Je ne veux pas, mon cher docteur, quitter Paris pour Monaco, où je vais passer deux ou trois mois, sans vous adresser tous nos remerciements.

» Votre bien reconnaissant

» C. DUPHOT.»

Ces remerciements étaient représentés par deux billets de cent francs, paiement plus que suffisant pour les soins que Saniel avait donnés, quelques mois auparavant, à la maîtresse de cet ancien camarade. Que lui importaient maintenant ces deux cents francs qui, quelques jours plus tôt, lui eussent été si utiles; il les jeta sur son bureau; et tout de suite, après avoir allumé deux bougies, il passa l'inspection de ses vêtements et de son linge.

La précaution qu'il avait prise de se placer derrière le fauteuil lui avait réussi; le sang, en jaillissant en avant et de chaque côté, ne l'avait pas atteint; seules, la main qui tenait le couteau et la manchette de la chemise avaient été éclaboussées; mais cela était sans conséquence: un médecin a bien le droit d'avoir du sang sur ses manches, et cette chemise allait rejoindre celle avec laquelle il avait, la nuit précédente, délivré la femme de la rue de la Corderie.

Dégagé de ce souci, il ne l'était point de celui de l'argent qui chargeait encore ses poches; il les vida sur son bureau, où il compta le tout: cinq rouleaux d'or de mille francs et trois liasses de dix mille francs chacune en billets de banque.

Comment se débarrasser tout de suite de cette somme, pour lui considérable, et comment, plus tard, justifier de sa provenance quand le moment serait venu... s'il venait?

La question était complexe, et, malheureusement pour lui, il n'était guère en état de l'examiner froidement.

Pour l'or, il n'avait qu'à brûler tout de suite les papiers des rouleaux; les louis n'ont ni numéros ni marques particulières; mais les billets en ont: où les cacher en attendant qu'il sût par les journaux si Caffié avait ou n'avait pas noté ces numéros?

Tout en brûlant les papiers sur lesquels Caffié avait écrit de sa main «1,000 francs.» il cherchait la cachette qu'il lui fallait: derrière une glace, sous le chambranle de la cheminée qu'il soulèverait, sous une feuille de parquet, dans ses livres: mais tous ces moyens ne lui paraissaient pas assez sûrs pour que, dans une perquisition bien conduite, on ne découvrit pas cette cachette, ce qui le perdrait.

Comme il promenait ses regards autour de lui, demandant aux choses une inspiration que son cerveau ne lui fournissait pas, ils tombèrent sur la lettre qu'il venait de recevoir, et ce fut elle qui lui en suggéra une moins banale: Duphot était à Monaco pour jouer; pourquoi n'irait-il pas aussi et ne jouerait-il pas?

N'ayant ni parents ni amis auprès desquels il pût se procurer une certaine somme, sa seule ressource était de la demander au jeu, et, dans la position désespérée qui était la sienne au vu et au su de tout le monde, rien de plus naturel que cette tentative: il venait de recevoir deux cents francs qui ne pouvaient pas le sauver de ses créanciers; il les risquait à la roulette de Monaco. Qu'il gagnât ou qu'il perdît, peu importait; il aurait joué. Cela suffisait. On l'aurait vu au jeu. Qui saurait s'il y avait perdu ou gagné? Il raconterait qu'il avait gagné; personne pour le contredire. De Monaco, il ferait payer Jardine par un mandat télégraphique, sur les cinq mille francs en or, qui seraient plus que suffisants pour cela; et, quand il rentrerait à Paris, il se débarrasserait de ses autres créanciers avec ce qui lui resterait.

L'affaire de la provenance tranchée, et il lui sembla qu'elle l'était intelligemment, ne résolvait pas celle des billets de banque qui, étalés devant ses yeux, le gênaient. Qu'en faire? Il eût été vraiment plus sage à lui de ne pas les prendre dans la caisse. Si légères que fussent en réalité ces trois liasses, elles l'écrasaient, et sous leur poids, il se sentait paralysé. Un moment, il pensa à allumer du feu et à les jeter dedans. Mais la réflexion le retint: ne serait-ce pas folie d'anéantir cette fortune; en tout cas, ne serait-ce pas la marque d'un esprit borné, peu fertile en ressources? Il fallait chercher; il fallait trouver; et en cherchant bien, un moyen se présenterait assurément.

Il chercha donc; mais, si profondément absorbé qu'il voulût être, il ne parvenait pas à chasser une pensée qui s'imposait à son esprit: Que se passait-il maintenant rue Sainte-Anne? La mort était-elle découverte?

C'était là qu'il aurait dû être pour voir, au lieu de se tenir poltronnement enfermé dans ce cabinet où il se dévorait.

Pendant quelques instants, il essaya de résister à cette obsession; mais elle était plus forte que sa volonté et que son raisonnement: tant qu'il serait sous son influence, il ne trouverait rien.

Bon gré, mal gré, que ce fût fou ou censé, il fallait qu'il y allât.

Il se lava les mains, changea de chemise et, après avoir jeté les billets et l'or dans un tiroir, il partit.

Il se rendait très bien compte qu'il y avait un certain danger à laisser chez lui ces preuves du crime, qui, trouvées dans une perquisition, l'accablaient sans qu'il pût se défendre; mais il se disait que cette perquisition immédiate était invraisemblable et que, s'il ne faisait pas entrer la vraisemblance dans ses calculs, le probable et l'improbable, mieux valait pour lui ne pas raisonner: c'était une chance qu'il courait, mais combien de bonnes n'avait-il pas de son côté!

Il avait parcouru la rue Neuve-des-Petits-Champs à pas pressés; mais, en approchant de la rue Sainte-Anne, il ralentit sa marche, regardant devant lui, autour de lui, écoutant: rien d'insolite ne le frappa; de même quand il tourna dans la rue Sainte-Anne, il lui trouva son aspect ordinaire: peu de passants, pas de curieux, pas de groupes sur les trottoirs, pas de boutiquiers sur le pas de leurs portes; rien que ce qui se voyait tous les jours.

Sans aucun doute, on n'avait rien découvert encore. Alors il s'arrêta, jugeant inutile d'aller plus loin; déjà il n'avait passé que trop de fois devant la porte de Caffié, et quand on était bâti comme lui, d'une taille au-dessus de la moyenne, avec une physionomie et une tournure qui n'étaient pas celles de tout le monde, on devait éviter de provoquer l'attention.

Pendant quelques minutes, il se promena à petits pas, allant, revenant de la rue Neuve-des-Petits-Champs à la rue du Hasard; de là il voyait jusqu'à la maison de Caffié, et il en était cependant assez éloigné pour qu'on n'imaginât pas qu'il montait la garde devant.

Mais cette promenade, toute naturelle cependant et que dans des circonstances ordinaires il eût continuée, pendant une heure sans penser qu'on pouvait s'en étonner, ne tarda pas à l'inquiéter: il lui sembla qu'on le regardait, et, deux passants s'étant arrêtés pour causer, il se demanda si ce n'était pas de lui: pourquoi ne continuaient-ils pas leur chemin? Pourquoi de temps en temps tournaient-ils la tête de son côté? Des commis qui rentraient un étalage dans leur magasin l'inquiétèrent plus encore: ils ne se pressaient point d'achever leur besogne et, chaque fois qu'ils revenaient sur le trottoir, ils le poursuivaient de leurs regards curieux; plus tard, ils pourraient être de dangereux témoins.

Il abandonna la place et, comme il ne voulait pas, comme il ne pouvait pas se décider à s'éloigner de «la maison», il trouva ingénieux d'aller s'attabler dans le petit café qui lui faisait vis-à-vis.

En entrant, il s'assit près de la porte, à une table appuyée contre la devanture et qui lui parut un excellent observatoire, d'où il surveillerait facilement la rue.

—Il faut servir à monsieur? demanda le garçon.

—Du café.

Ce fut machinalement qu'il fit cette réponse, sans savoir ce qu'il disait, et il n'y pensa qu'après l'avoir lâchée, se demandant s'il était naturel de prendre du café à cette heure: les gens attablés dans la salle buvaient des apéritifs ou de la bière; n'était-ce pas une maladresse?

Mais tout lui semblait une maladresse, comme tout lui semblait dangereux; ne pourrait-il donc reprendre son sang-froid et sa raison? Il but son café lentement, à petits coups; puis il se fit donner un journal, pour prendre une contenance. La rue était toujours calme, et les gens sortaient du café les uns après les autres; sur une table du fond, on servit le dîner pour le personnel du café.

Et lui, derrière son journal, réfléchissait: c'était sa fièvre de curiosité qui lui avait fait admettre que la mort de Caffié devait être découverte dans la soirée; en réalité, elle pouvait très bien ne l'être que le lendemain: autant de raisons se présentaient pour une hypothèse que pour l'autre, et il ne pouvait pas rester dans ce café jusqu'au lendemain, ni même jusqu'à minuit; peut-être n'y était-il déjà resté que trop longtemps.

Cependant il ne voulut pas encore partir et, comme il ne pouvait pas, croyait-il, lire indéfiniment, il demanda ce qu'il fallait pour écrire et paya le garçon, de façon à sortir au plus vite si quelque incident se produisait.

Quoi écrire? Barbouiller simplement du papier. Il voulut se forcer à mettre en ordre un travail prêt, pour lequel le temps lui avait manqué: ce serait une épreuve qui lui dirait de quoi il était capable. Chose curieuse, il put en écrivant suivre ses idées et trouver le mot propre, mais, quand il se relisait, sa volonté lui échappait: il était dans la rue.

Le temps cependant s'écoulait; tout à coup, il se fit un mouvement sous la porte cochère de «la maison», et un homme traversa la rue en courant; trois ou quatre personnes s'arrêtèrent et se groupèrent.

—Il sortit sans trop se presser et, d'une voix qu'il affermit, il demanda ce qui se passait.

—Un agent d'affaires a été assassiné chez lui: on est parti chercher la police au bureau de la rue du Hasard.

XIV

Saniel était venu là pour voir et savoir, sans avoir arrêté, pendant sa longue attente, ce qu'il devrait faire. Instantanément, avec un esprit de décision qui lui avait si souvent manqué depuis la veille, il résolut de monter chez Caffié avec la police: n'était-il pas médecin, et, de plus, médecin de la victime?

—Un homme d'affaires! dit-il; est-ce M. Caffié?

—Précisément.

—Mais je suis son médecin!

—Un médecin! voici un médecin! crièrent quelques voix.

On s'écarta et Saniel entra sous la porte cochère, où la concierge, à demi défaillante, était assise sur une chaise, entourée de toutes les bonnes de la maison et de quelques voisins à qui elle racontait l'aventure.

En jouant des coudes, il parvint à s'approcher d'elle.

—Qui a dit que M. Caffié était mort? demanda-t-il avec autorité.

—Personne n'a dit qu'il était mort; pas moi au moins.

—Alors?

—Alors, il y a une tache de sang qui, de son cabinet, a coulé sur le palier, même que ça ressemble aux ordures d'un chat, sans y ressembler, et comme il est chez lui, puisque de la cour on voit faiblement la lumière de sa lampe, qu'il ne laisse jamais brûler quand il va dîner... on croit qu'il y a du malheur; et puis pourquoi que ses rideaux sont fermés? Lui, les laissait toujours ouverts.

A ce moment, deux sergents de ville entrèrent sous la porte, précédant un serrurier armé d'un trousseau de crochets, et un petit homme à lunettes, à la mine fine et futée, coiffé d'un chapeau mécanique sous lequel tombaient des cheveux blonds frisants—le commissaire de police, probablement.

—A quel étage? demanda-t-il à la concierge.

—Au premier.

—Venez avec nous.

Il commençait à monter l'escalier, accompagné de la concierge, du serrurier et d'un agent; Saniel voulut les suivre; le second agent lui barra le passage.

—Pardon, monsieur le commissaire, dit Saniel.

—Que voulez-vous, monsieur?

—Je suis le médecin de M. Caffié.

—Monsieur?

—Le docteur Saniel.

—Laissez passer monsieur le docteur, dit le commissaire, mais seul; faites sortir tout le monde et qu'on ferme la porte cochère!

En arrivant sur le palier, le commissaire s'arrêta pour regarder la tache brune qui, en coulant sous la porte, s'était étalée sur le carreau, Caffié n'ayant jamais eu de paillasson.

—C'est bien une tache de sang, dit Saniel, qui s'était baissé pour l'examiner et avait trempé son doigt dedans.

—Ouvrez la porte, commanda le commissaire au serrurier; elle doit n'être fermée qu'au demi-tour.

Le serrurier examina l'entrée, chercha dans ses crochets, en choisit un et au premier essai la porte s'ouvrit.

—Que personne n'entre! dit le commissaire. Monsieur le docteur, veuillez me suivre.

Et, passant le premier, il pénétra dans le premier cabinet, celui du clerc, suivi de Saniel. Deux petits ruisseaux de sang déjà épaissi, partant du fauteuil de Caffié et courant sur la pente du carreau qui s'inclinait du côté de l'escalier, s'étaient réunis en cette tache qui avait fait découvrir le crime; le commissaire et Saniel eurent soin de ne pas marcher dedans.

—Le malheureux a eu le cou coupé, dit Saniel. La mort remonte à deux ou trois heures; rien à faire.

—Pour vous, monsieur le docteur, mais pas pour moi.

Et, se baissant, il ramassa le couteau auprès du fauteuil.

—N'est-ce pas un couteau de boucher? demanda Saniel, qui n'était venu là que pour jeter ce mot.

—Cela en a tout l'air.

Il avait relevé la tête de Caffié et il examinait la blessure:

—Vous voyez, dit-il, que la victime a été égorgée; le coup a été porté de gauche à droite par une main ferme qui devait être habituée à manier ce couteau; mais ce n'est pas seulement une main forte et exercée qui a tué, c'est aussi une intelligence qui savait comment elle devait procéder pour que la mort fût rapide, presque foudroyante et en même temps silencieuse.

—Vous croyez à un boucher?

—A un tueur de profession: le larynx a été tranché au-dessous de la glotte, et du même coup les deux artères carotides avec les veines jugulaires. Comme l'assassin avait dû relever la tête, la victime n'a pu pousser aucun cri; il y a eu un jet de sang considérable, et la mort a dû arriver en une ou deux minutes.

—La scène me paraît très bien reconstituée, dit le commissaire.

—Le sang a dû jaillir dans cette direction, continua Saniel en montrant l'entrée; mais, comme la porte de cette entrée était ouverte, on ne vit rien.

Pendant, que Saniel parlait, le commissaire jetait autour de lui un regard circulaire, ce regard du policier qui voit tout et ramasse tout.

—La caisse est ouverte, dit-il; l'affaire se caractérise: assassinat suivi de vol.

Une porte faisait vis-à-vis à celle de l'entrée, le commissaire l'ouvrit: c'était celle de la chambre à coucher de Caffié.

—Je vais vous donner un homme pour vous aider à transporter le cadavre dans cette chambre, où vous pourrez continuer votre examen plus à l'aise, tandis que, moi, je pourrai plus facilement aussi me livrer à mes investigations dans ce cabinet.

Saniel aurait voulu rester dans le cabinet pour assister à ces investigations; mais soulever une objection était impossible. Le fauteuil fut roulé dans la chambre, où les bougies de la cheminée avaient été allumées, et, quand le cadavre eut été étendu sur le lit, le commissaire retourna dans le cabinet.

Saniel fit durer son examen aussi longtemps qu'il put, afin de ne pas quitter la maison, mais cependant il ne pouvait pas le prolonger au delà de certaines limites; lorsqu'elles furent atteintes, il revint dans le cabinet du clerc, où le commissaire s'était installé, et recevait la déposition de la concierge.

—Ainsi, disait-il, de cinq à sept heures personne ne vous a demandé M. Caffié?

—Personne; mais je suis sortie de ma loge à cinq heures un quart pour allumer le gaz de mes escaliers; ça m'a bien pris vingt minutes, parce que je ne suis plus souple, et pendant ce temps-là on a pu monter et descendre l'escalier sans que je voie ceux qui passent devant la loge.

—Eh bien, demanda le commissaire à Saniel avez-vous trouvé quelque chose de caractéristique?

—Non; il n'y a pas d'autre blessure que celle du cou.

—Voulez-vous rédiger votre rapport médico-légal pendant que je continue mon enquête?

—Volontiers.

Et, sans attendre, il s'assit au bureau du clerc, faisant vis-à-vis au secrétaire du commissaire, arrivé depuis quelques instants.

—Je vais vous faire prêter serment, dit le commissaire.

Quand cette formalité fut accomplie, Saniel commença son rapport:

—Nous soussigné, Victor Saniel, docteur en médecine de la Faculté de Paris, demeurant à Paris, rue Louis-le-Grand, après avoir prêté serment de remplir en honneur et conscience la mission qui nous est confiée...»

Tout en écrivant, il était attentif à ce qui se disait autour de lui et ne perdait pas un mot de la déposition de la concierge.

—Je suis certaine, disait-elle, que de cinq heures et demie à maintenant il n'a passé par l'escalier que des gens de la maison.

—Mais avant cinq heures et demie?

—Je vous ai-dit que, de cinq heures un quart à cinq heures et demie; je n'étais pas dans ma loge.

—Et avant cinq heures un quart?

—Il a passé bien des personnes que je ne connais pas.

—Parmi ces personnes s'est-il trouvé quelqu'un qui vous ait demandé M. Caffié?

—Non; c'est-à-dire, si. Il y a quelqu'un qui m'a demandé si M. Caffié était chez lui; mais, celui-là, je le connais bien; c'est pour cela que je répondais non.

—Et quel est ce quelqu'un?

—Un ancien clerc de M. Caffié.

—Il s'appelle?

—M. Florentin... M. Florentin Cormier.

La main de Saniel s'arrêta, mais il eut la force de ne pas lever la tête.

—A quelle heure est-il venu? demanda le commissaire.

—Vers les trois heures, plutôt avant qu'après.

—L'avez-vous vu repartir?

—Bien sûr; même qu'il m'a parlé.

—Quelle heure était-il?

—Trois heures et demie.

—Croyez-vous que la mort puisse remonter à ce moment? demanda le commissaire en s'adressant à Saniel.

—Non; je crois qu'elle peut être fixée entre cinq et six heures.

—Il ne faut pas que M. le commissaire puisse soupçonner M. Florentin, s'écria la concierge; c'est un bon jeune homme, incapable de faire du mal à une puce. Et puis, il y a une bonne raison pour que la mort ne remonte pas à trois heures ou trois heures et demie: c'est que la lampe de M. Caffié était allumée, et vous savez, le pauvre monsieur, c'était pas un homme à allumer sa lampe en plein jour; regardant qu'il était... comme il convient.

Brusquement, elle s'interrompit en se donnant un coup de poing au front.

—V'là que ça me revient et vous allez voir que M. Florentin n'est pour rien dans l'affaire. Comme je montais l'escalier à cinq heures un quart pour allumer mon gaz, quelqu'un est monté derrière moi et a sonné à la porte de M. Caffié en frappant trois ou quatre coups espacés, ce qui était le signal pour se faire ouvrir.

De nouveau, la plume de Saniel s'arrêta, et il fut obligé d'appuyer sa main sur la table pour l'empêcher de trembler.

—Qui était ce quelqu'un?

Saniel n'eut pas la force de ne pas regarder la concierge.

—Ah! ça, je ne sais pas, répondit-elle; je ne l'ai pas vu, mais je l'ai entendu, un pas d'homme. C'est le coquin qui a fait le coup, vous pouvez en être sûr.

Cela était en effet vraisemblable.

—Il sera sorti pendant que j'étais dans l'autre escalier; il connaissait bien les habitudes de la maison.

Saniel avait repris la rédaction de son rapport.

Après avoir tourné et retourné la concierge sans pouvoir lui en faire dire davantage, le commissaire la renvoya, et laissant Saniel à sa besogne, il passa dans le cabinet de Caffié, où il resta assez longtemps.

Quand il revint, il apportait un petit carnet qu'il consulta: sans doute, c'était le livre de caisse de Caffié, simple et primitif comme tout ce qui touchait aux habitudes du vieil homme d'affaires, réglées par la plus étroite économie; aussi bien dans les dépenses que dans le travail.

—De ce carnet, dit le commissaire à son secrétaire, il semble résulter qu'on aurait pris dans la caisse 35 ou 36,000 francs; mais on y a laissé des titres et des valeurs pour une somme qui paraît considérable.

Saniel, qui avait terminé son rapport, ne quittait pas des yeux le carnet, et ce qu'il pouvait voir était pour le rassurer. Évidemment, cette comptabilité était réduite au minimum: une date, un nom, une somme, et après cette somme un P majuscule qui, sans doute, voulait dire *payé*, ou un autre signe hiéroglyphique, et c'était tout; il paraissait donc peu vraisemblable qu'avec un pareil système, Caffié eût jamais pris la peine d'inscrire le numéro des billets qui lui passaient par les mains; en tout cas, s'il le faisait, ce n'était point sur ce carnet. En trouverait-on un autre?

Mon rapport est terminé, dit-il, le voici.

—Puisque je vous ai, pouvez-vous me donner quelques renseignements sur les habitudes de la victime et sur les personnes qu'il recevait.

—Pas du tout, je ne le connaissais que depuis peu, et il n'était mon client que comme j'étais le sien, par hasard: il s'occupait d'une affaire pour moi, et je lui avais donné simplement quelques conseils; il était diabétique au dernier degré; l'assassin n'a avancé sa mort que de très peu de temps, de peu de jours.

—C'est égal, il l'a avancée.

—Oh! parfaitement. D'ailleurs, s'il est habile pour couper le cou des gens, peut-être l'est-il moins pour diagnostiquer leurs maladies.

—C'est probable, répondit le commissaire en souriant.

—Vous croyez à un boucher?

—Il y a des présomptions.

—Le couteau?

—Il peut avoir été volé ou trouvé.

—Mais la façon d'opérer?

—C'est il me semble, le point d'où nous devons partir.

Saniel ne pouvait rester plus longtemps, il se leva pour se retirer.

—Vous savez mon adresse, dit-il; mais je dois vous prévenir que, si vous aviez besoin de moi, je pars demain pour Nice; je ne serai d'ailleurs absent que le temps juste d'aller et de revenir.

—Si nous avons besoin de vous, ce ne sera pas sans doute avant plusieurs jours; nous n'allons pas marcher bien vite dans l'inconnu où nous nous trouvons.

XV

En suivant la rue des Petits-Champs pour rentrer chez lui, Saniel marchait allègrement. Si, plus d'une fois, son émotion avait été poignante pendant cette longue séance, en somme il ne pouvait être que satisfait de ses résultats: la concierge ne l'avait pas vu, cela était désormais acquis; l'hypothèse du couteau de boucher était posée de façon à faire son chemin; enfin, il semblait vraisemblable que Caffié n'avait pas pris les numéros de ses billets.

Mais eussent-ils été notés et dût-on découvrir plus tard le carnet qui les contenait, que ce danger n'était pas immédiat. En effet, pendant qu'il rédigeait son rapport et qu'il écoutait la déposition de la concierge, son esprit, au lieu de se tendre sur ces deux choses, avait, par une anomalie bizarre, couru à une troisième: alors, comme par une sorte d'inspiration, il avait trouvé le moyen qui s'était toujours dérobé à lui lorsqu'il le cherchait de toutes les forces de son application,—et qui consistait à se débarrasser le soir même des billets de banque, sans les détruire; pour cela il n'avait qu'à les diviser en petits paquets, à les mettre sous enveloppe, et à les confier, sous diverses initiales, à la poste restante, qui les lui garderait fidèlement jusqu'au jour où il pourrait les lui redemander sans se compromettre.

Dans la déposition de la concierge, dans la piste indiquée par le couteau, dans l'invention de la poste restante, il y avait donc de justes motifs de satisfaction qui pouvaient rendre sa respiration libre; décidément la chance semblait être avec lui, et il aurait pu se dire que tout était pour le mieux, s'il n'avait point commis l'imprudence vraiment folle d'entrer dans ce café. Qu'avait-il besoin de s'établir là et d'y rester assez longtemps pour provoquer l'attention? Pour éviter celle des passants, il avait été s'exposer à la curiosité du personnel de ce café; la belle affaire en vérité, et bien digne d'un imbécile qui a perdu la tête! On lui aurait raconté cela d'un homme à peu près intelligent, qu'il se serait refusé à le croire, et pour lui c'était vrai cependant. Quelles conséquences aurait cette maladresse? C'était ce qu'on ne pouvait prévoir. Aucune, peut-être. Et peut-être de très graves. Dans ces conditions d'incertitude, le mieux était donc de faire comme s'il ne l'avait pas commise, et de tâcher de l'oublier; ce qui pressait pour le moment, c'étaient les billets de banque, et il ne devait penser qu'à eux.

Rentré chez lui et sa porte fermée, il mit tout de suite son idée à exécution: des trois liasses de billets il fit dix paquets, de façon à ne former qu'un petit volume, plia chacun d'eux dans une feuille de papier fort, le plaça sous enveloppe simplement gommée, et sur cette enveloppe il écrivit deux lettres de l'alphabet se suivant en commençant par A, et deux chiffres commençant par 1 et se suivant aussi: A. B. 12,—C. D. 34,—E. F. 56;—puis il les adressa poste restante dans les dix premiers bureaux de Paris inscrits sur son almanach. Cet ordre logique et facile à retenir lui permettait de ne pas garder une note de cette combinaison, et de défier ainsi toute recherche si jamais on en faisait. Sans doute un ou plusieurs de ces paquets pouvaient être volés ou égarés, mais c'était là une considération peu importante pour lui: ce n'était pas pour trente mille francs qu'il avait tué Caffié, c'était simplement pour trois mille; et puisqu'il avait eu la pensée de brûler ces billets, il pouvait maintenant, sans souci, s'exposer à en perdre quelques-uns.

Quand cette idée de la poste restante lui était venue, il s'était dit qu'il jetterait ses enveloppes dans la boîte la plus voisine de chez lui, ce qui terminerait tout; mais, au moment de partir, il réfléchit que ces dix lettres ayant une suscription à peu près pareille, trouvées en tas dans la même boîte, pourraient provoquer la curiosité, et il résolut de les diviser dans cinq ou six bureaux, où il allait les porter lui-même, à pied, sans prendre une voiture, bien qu'il eût maintenant de quoi la payer, car le cocher qui l'aurait conduit pourrait devenir un jour un témoin redoutable.

Après la course folle de la journée à travers les bois et les champs, après ses émotions de la soirée, il se sentait brisé et las d'une fatigue qu'il ne connaissait point, mais il comprenait qu'il n'avait pas la liberté d'écouter cette lassitude. Une nouvelle situation lui était faite qui avait cela de particulier qu'il cessait de s'appartenir pour être désormais, et pour rester jusqu'à la fin de sa vie, le prisonnier de son crime; ce serait ce crime qui, à partir de cette soirée, commanderait, à lui qu'il faudrait obéir.

De cela, il eut une perception très nette qui le frappa: comment n'avait-il pas prévu cette situation quand, pesant si longuement le pour et le contre, en homme intelligent qui peut scruter l'avenir sous toutes ses faces, il avait examiné ce qui *devrait* arriver? Mais pour surprenante qu'elle fût, la découverte n'en avait pas moins une certitude incontestable, et la preuve qui s'en dégageait, fâcheuse et troublante, était que, si intelligent qu'on soit ou qu'on se croie, on a toujours à apprendre de l'expérience.

Qu'apprendrait-il encore? Il fallait qu'il s'avouât qu'il se trouvait en face de l'inconnu, et tout ce qu'il pouvait souhaiter, c'était que cette leçon qu'il recevait des faits fût la plus dure; quant à s'imaginer qu'elle était la dernière, c'eût été folie: on verrait.

Pour le moment, il ne s'agissait que des lettres qu'il avait préparées, et, qu'il fût ou ne fût pas fatigué, il devait au plus vite s'en débarrasser: il les prit et tout de suite il se mit en route, allant, par les rues qui commençaient à se faire désertes et sombres, du bureau de la rue Cambon à celle de la place Ventedour, de la rue de Choiseul à la place de la Bourse, et continuant ainsi jusqu'à ce qu'il eût fini.

Quand il rentra, une heure du matin était sonnée depuis assez longtemps déjà; il se coucha tout de suite, et dormit d'un lourd sommeil, sans réveils et sans rêves.

Il faisait grand jour lorsqu'il ouvrit les yeux le lendemain; surpris d'avoir dormi si tard, il sauta à bas du lit: sa montre marquait huit heures; mais, comme il ne devait partir qu'à onze heures quinze minutes, il avait du temps devant lui.

A quoi l'employer?

C'était la première fois, depuis des années, qu'il se posait une pareille question, lui qui, chaque matin, trouvait toujours qu'il lui manquerait trois ou quatre heures pour remplir son programme.

Il s'habilla lentement, c'est-à dire lentement pour lui qui, d'ordinaire mettait dix minutes à sa toilette, mais cela ne faisait encore que huit heures vingt.

Alors il pensa à écrire à Philis pour la prévenir de son voyage; puis tout de suite il changea d'idée en décidant d'aller le lui annoncer lui-même.

L'année précédente, il avait soigné madame Cormier, atteinte d'une attaque de paralysie, et il pouvait, à condition de ne pas répéter trop souvent ses visites, se présenter chez elle sans paraître venir voir Philis: c'était en passant, pour prendre des nouvelles d'une malade à laquelle il s'intéressait par cela même qu'il l'avait guérie, et dont il voulait suivre la guérison.

Au moment où il l'avait soignée, madame Cormier habitait aux Batignolles, rue des Moines, un petit rez-de-chaussée au fond d'un jardin, qu'il lui avait fait quitter parce qu'il était trop humide, pour la faire monter à un cinquième étage où elle trouvait de l'air et de la lumière. A neuf heures, il frappait à sa porte.

—Entrez, répondit une voix d'homme.

Il fut surpris, car, au temps où il venait presque tous les jours, il n'avait jamais rencontré d'homme. Qui était celui-là qui répondait comme s'il était chez lui? Il tourna la clef dans la serrure et se trouva dans un vestibule noir d'où était partie évidemment cette voix et où cependant il ne vit personne, celui qui avait répondu étant sans doute caché par un rideau qui partageait le vestibule en deux. De plus en plus surpris, car il n'avait pas encore vu ce rideau, il frappa à la porte de la salle à manger; cette fois, ce fut la voix claire de Philis qui répondit:

—Entrez.

Il ouvrit et, devant une grande table posée contre la fenêtre, il vit Philis, habillée d'une blouse grise, qui travaillait. Sur la table étaient étalés de petits cartons, et à portée de la main elle avait une boîte à aquarelle avec un verre dont l'eau était salie par le lavage des pinceaux.

Au bruit des pas sur le parquet, elle retourna la tête, et instantanément elle fut debout; mais elle retint le cri, le nom qui lui était monté aux lèvres:

—Maman, dit-elle, c'est M. le docteur Saniel.

Aussitôt madame Cormier, sortant de la cuisine, entra dans la salle en marchant difficilement; car, si Saniel l'avait remise sur pied, il ne lui avait rendu ni la souplesse ni l'aisance de la jeunesse.

Les premières politesses échangées, Saniel expliqua que, ayant une visite à faire aux Batignolles, il n'avait pas voulu venir auprès de sa malade sans la voir et lui demander comment elle se trouvait.

Pendant que madame Cormier expliquait, avec la prolixité des malades, ce qu'elle éprouvait et aussi ce qu'elle était étonnée de n'éprouver point, Philis regardait Saniel, inquiète de lui trouver la physionomie si convulsée. Assurément il s'était passé quelque chose de très grave; sa visite le disait, d'ailleurs. Mais quoi? Son angoisse était d'autant plus vive qu'il évitait assurément de la regarder. Pourquoi? Elle n'avait rien fait et ne trouvait aucun reproche à s'adresser.

A ce moment la porte du vestibule s'ouvrit, et un homme jeune encore, de grande taille, à la barbe blonde frisée, entra dans la salle: celui du vestibule, pensa Saniel en l'examinant.

—Mon fils, dit madame Cormier.

—Mon frère Florentin, dont nous avons si souvent parlé, dit Philis.

Florentin! Il était donc devenu imbécile de n'avoir pas pensé que cet homme que le rideau lui avait caché et qui répondait en maître quand on frappait, ne pouvait être que le frère de Philis? Était-il si profondément bouleversé qu'un raisonnement aussi simple lui était impossible? Décidément il importait qu'il partît au plus vite; le voyage calmerait sa machine nerveuse affolée.

—On m'a écrit, dit Florentin, et depuis mon retour, on m'a raconté combien vous aviez été bon pour ma mère. Permettez-moi de vous en remercier d'un coeur ému et reconnaissant; j'espère que bientôt cette reconnaissance ne restera pas un vain mot.

—Ne parlons pas de cela, dit Saniel, en regardant Philis avec une franchise et un visage ouvert qui, jusqu'à un certain point, la rassurèrent; c'est moi qui suis l'obligé de madame Cormier. Si le mot n'était pas barbare; je dirais que sa maladie a été une bonne fortune pour moi.

Puis, pour détourner la conversation, et surtout pour tâcher de dire à Philis qu'il voulait l'entretenir en particulier un court instant, il s'approcha de la table:

—Et que faites-vous là de charmant, mademoiselle? demanda-t-il.

—Oh! charmant! Je ne sais pas si, en travaillant consciencieusement, je serais jamais arrivée à avoir un talent qui me permît de faire charmant; mais c'est au métier que je suis réduite, et le métier doit se contenter de l'à-peu-près. Voyez ces douze menus: ils n'ont tous les douze qu'un seul et même dessin, et voilà comment je dois procéder pour gagner quelque chose au bout de ma journée.

Disant cela, elle trempa son pinceau dans sa boîte à couleurs, établit la nuance qu'elle voulait sur le fond d'une assiette cassée qui lui servait de palette, et rapidement elle appliqua cette nuance sur chacun de ces douze menus.

—Économie de temps et de couleur, dit-elle; mais avec de pareils procédés, qui sont une nécessité, comment penser à faire charmant? je voudrais bien essayer pourtant... si j'en avais le loisir.

—La vie a de ces duretés et pour tout le monde. Il faudrait ne travailler que pour le plaisir....

—Alors on ne ferait rien, dit Florentin avec béatitude.

—Veux-tu te taire, paresseux! s'écria Philis.

Saniel donna quelques conseils à madame Cormier, puis il se leva pour partir.

Philis le suivit, et Florentin parut vouloir les accompagner; mais elle l'arrêta:

—J'ai une question à adresser à M. Saniel, dit-elle.

Quand ils furent arrivés sur le palier elle tira la porte du vestibule de façon à la fermer complètement.

—Qu'est-ce qu'il y a? demanda-t-elle d'une voix hâtée qui tremblait.

—J'ai voulu t'avertir que je pars à onze heures pour Monaco.

—Tu pars?

—J'ai reçu 200 francs, d'un client et je vais les risquer au jeu. Deux cents francs ne peuvent pas payer Jardine ni les autres; au jeu, ils peuvent me donner quelques milliers de francs.

—Oh! pauvre cher, comme il faut que tu sois désespéré pour avoir, toi, tel que tu es, une pareille idée!

—J'ai tort?

—Jamais tort à mes yeux, pour mon coeur, pour mon amour! Que la fortune, ô mon bien-aimé, soit avec toi?

—Donne-moi ta main.

Elle regarda autour d'elle en écoutant: personne, aucun bruit.

Alors, l'attirant, elle lui mit ses lèvres sur les lèvres:

—Toute à toi, avec toi!

—Je serai de retour mardi.

—Mardi, à cinq heures, j'arriverai.

XVI

Personne ne connaissait le jeu aussi peu que Saniel: il savait qu'on jouait à Monaco, voilà tout; et à Paris il avait pris son billet pour Monaco, où il descendit de wagon.

En sortant de la gare, il regarda autour de lui pour s'orienter; ne voyant rien qui ressemblât à une maison de jeu telle qu'il la comprenait, c'est-à-dire au casino de Royat, le seul établissement de ce genre qu'il eût jamais vu, il s'adressa à un passant:

—La maison de jeu, je vous prie?

—On ne joue pas à Monaco.

—Je croyais.

—C'est à Monte-Carlo qu'on joue.

—Et c'est loin, Monte-Carlo?

—Là-bas.

De la main, le passant lui indiqua, sur la pente de la montagne, un endroit verdoyant où, au milieu du feuillage, se montraient les toits et les façades de constructions importantes.

Il remercia et se dirigea de ce côté, tandis que le passant, en appelant un autre, racontait la demande qui venait de lui être adressée; et tous deux riaient en haussant les épaules: pouvait-on être bête comme ces Parisiens! Encore un qui allait se faire plumer et qui arrivait de Paris exprès pour ça! Était-il drôle avec ses grandes jambes et ses grands bras!... Est-ce qu'on joue avec une pareille tournure!...

Sans s'inquiéter de ces rires qu'il entendait derrière lui, Saniel continua son chemin en regardant la mer bleue miroiter sous les rayons obliques du soleil déjà bas à l'horizon. Malgré sa nuit passée en wagon, il ne ressentait aucune fatigue; au contraire, il se trouvait dispos de corps et d'esprit; le voyage avait calmé l'agitation de ses nerfs, et c'était avec une tranquillité parfaite qu'il envisageait ce qui s'était passé avant son départ. Dans l'état d'apaisement qui était le sien présentement, il n'avait plus à craindre de maladresse ou de coups de folie, et, puisqu'il avait ressaisi sa volonté, tout irait bien: plus de regards en arrière, encore moins en avant, le présent seul devait l'occuper.

Le présent, à cette heure, c'était le jeu. Comment jouait-on? A quoi jouait-on? A la roulette, il le savait; mais, ce qu'était la roulette, il l'ignorait. Il ferait comme ses voisins. Si on se moquait de lui, peu importait; et même, en réalité, il devait désirer qu'on s'en moquât: on se rappelle avec plaisir ceux dont on a ri; ce qu'il venait chercher dans ce pays, c'était justement qu'on se souvînt de lui.

Quand il entra dans les salons de jeu, il remarqua qu'il y régnait un silence religieux: autour d'une grande table recouverte d'un tapis en drap vert que partageaient des dessins et des chiffres, des gens étaient assis sur les chaises hautes d'où ils paraissaient officier; d'autres sur des chaises plus basses ou simplement debout autour de la table poussaient ou ramassaient des louis et des billets de banque sur le drap vert, et une voix forte répétait d'un ton monotone: «Messieurs, faites votre jeu!... Le jeu est fait!... Rien ne va plus?...» alors une petite boule d'ivoire était lancée dans un cylindre où elle roulait avec un bruit métallique. Bien qu'il n'eût jamais vu de roulette, il n'eut pas un effort d'intelligence à faire pour deviner que c'en était une.

Et, avant de mettre sur la table les quelques louis qu'il tenait déjà dans sa main, il regarda autour de lui comment on procédait. Mais il eut beau s'appliquer, après la dixième partie il n'avait pas mieux compris qu'après la première: avec des râteaux les croupiers ramassaient l'enjeu de certains joueurs; avec ces mêmes râteaux, ils doublaient, décuplaient, ou même payaient dans des proportions dont il ne se rendait pas compte certains autres, et c'était tout.

Enfin, peu importait; croyant avoir vu comment on mettait son argent sur la table, cela suffisait. Il avait cinq louis dans la main, quand le croupier dit «Messieurs, faites votre jeu»; il les posa sur le numéro 32 ou, tout au moins, il crut qu'il les plaçait sur ce numéro. «Rien ne va plus!...» La boule roula dans le cylindre que le croupier avait fait tourner.

—31! appela le croupier qui ajouta quelques autres mots que Saniel entendit mal ou qu'il ne comprit pas.

Si peu qu'il connût la roulette, il crut qu'il avait perdu: il avait placé sa mise sur le 32, c'était le 31 qui sortait, la banque gagnait. Il fut surpris de voir le croupier lui pousser un tas d'or qui devait former une centaine de louis, ou à peu près, et accompagner ce mouvement d'un coup d'oeil qui, sans que le doute fût possible, voulait dire: «A vous, monsieur!»

Que devait-il faire? Puisqu'il avait perdu, il ne pouvait pas ramasser cet argent qu'on lui envoyait par erreur.

Il avait déposé sa mise en se penchant pardessus l'épaule d'un monsieur à la chevelure et à la barbe d'un noir invraisemblable, qui, sans jouer, piquait une carte avec une épingle. Ce monsieur se tourna vers lui et, avec un sourire tout à fait aimable, du ton le plus gracieux:

—A vous, monsieur, dit-il.

Décidément, il s'était trompé en croyant qu'il avait perdu, et il devait ramasser ce tas de louis; ce qu'il fit, mais en oubliant de ramasser aussi sa première mise.

La roulette tournait de nouveau.

32! appela le croupier.

Saniel venait de s'apercevoir que ses cinq louis étaient restés sur le 32, il crut qu'il avait gagné puisque c'était ce numéro qui venait de sortir, et son ignorance n'allait pas jusqu'à ne pas savoir qu'un numéro, à la roulette, est payé trente-six fois sa mise: c'était donc cent quatre-vingts louis que le râteau du croupier allait lui pousser.

Mais, à sa grande surprise, il ne lui en poussa pas plus qu'au premier coup. Cela devenait incompréhensible: on le payait quand il avait perdu, et quand il avait gagné on ne lui donnait que la moitié de son dû.

Sa physionomie trahit si bien son étonnement qu'il vit un sourire moqueur dans les yeux du monsieur à la chevelure noire, qui s'était de nouveau tourné vers lui.

Comme il jouait pour jouer, et non pour gagner ou pour perdre, il empocha ce qu'on venait de lui envoyer, ainsi que sa mise.

—Puisque vous ne jouez plus, dit le monsieur aimable en quittant sa chaise, voulez-vous me permettre de vous dire un mot?

Saniel s'inclina et ils s'éloignèrent de la table; quand ils furent assez à l'écart pour ne pas troubler le recueillement des joueurs, le monsieur salua cérémonieusement:

—Permettez-moi de me présenter moi-même: prince Mazzazoli.

Saniel crut qu'il devait répondre en donnant son nom et sa qualité.

—Eh bien, monsieur le docteur, dit le prince avec un fort accent italien, vous me pardonnerez, je l'espère, une simple observation que mon âge autorise peut-être: vous jouez comme un enfant.

—Comme un ignorant, répondit Saniel sans se fâcher, car, si insolite que fût cette observation, il avait déjà calculé qu'il pouvait être bon pour l'avenir d'avoir à invoquer le témoignage d'un prince.

—Je suis sûr que vous en êtes encore à vous demander pourquoi on vous a payé dix-huit fois votre mise au premier coup que vous avez joué, et pourquoi on ne vous l'a pas payée trente-six fois au second.

—C'est vrai.

—Eh bien, je vais vous le dire. C'est que, au lieu de placer votre argent en plein sur le numéro que vous aviez choisi, vous l'avez placé à cheval sur le 31 et le 32: par une chance qu'on peut vous envier, le résultat a été le même pour vous; mais que ne donnerait pas cette chance si, au lieu de s'en remettre au hasard, elle était éclairée! Car la roulette n'est pas un jeu de hasard, comme on le croit à tort: tout y est calcul et combinaison. Ainsi, en plaçant votre argent sur deux numéros, vous aviez cinq chances contre vous, comme vous en auriez eu six et demie sur trois numéros, sept sur quatre. Voilà ce qu'il faut savoir avant de rien risquer, et ce que je vous offre si vous voulez que nous formions une association jusqu'à ce soir. Votre chance unie à mon expérience, nous faisons sauter la banque.

Saniel n'avait pas attendu cette conclusion pour deviner à peu près ce qu'elle allait être: un mendiant, ce vieux prince italien si bien teint.

—Mon intention est de ne plus jouer, dit-il.

—Avec votre chance, ce serait plus qu'une faute.

—J'avais besoin d'une certaine somme, je l'ai gagnée, elle me suffit.

—Vous ne ferez pas la folie de refuser la main que la Fortune vous tend.

—Êtes-vous sûr qu'elle me la tend? dit Saniel, qui trouvait que c'était le prince.

—N'en doutez pas; je vais vous le démontrer....

—Je vous remercie; je ne reviens jamais sur ce que j'ai arrêté.

En tout autre moment, Saniel eût tourné le dos à cet importun; mais c'était un témoin qu'il fallait ménager.

—Je n'ai plus rien à faire ici, dit-il poliment; permettez que je me retire après vous avoir remercié de votre offre, dont j'apprécie la gracieuseté.

—Eh bien, s'écria le prince, puisque vous ne voulez pas épuiser votre chance, laissez-moi le faire pour vous; cet argent peut être un fétiche, prenez dessus cinq louis, cinq louis seulement: confiez-les-moi; je les joue d'après mes combinaisons, qui sont certaines, et ce soir je vous remets votre part de bénéfices. Où êtes-vous descendu? Moi j'habite la *Villa des Palmes*.

—Nulle part; j'arrive.

—Alors trouvez-vous ce soir, à dix heures, dans cette salle et nous liquiderons notre association.

Son premier mouvement fut de refuser. A quoi bon faire la charité à ce vieux singe? Mais, après tout, ce n'était pas bien cher que de payer son témoignage cinq louis, et il les lui donna.

—Mille grâces! Ce soir, à dix heures.

Comme Saniel allait sortir de la salle, il se trouva face à face avec son ancien camarade Duphot, qui entrait accompagné d'une femme,—celle-là même qu'il avait soignée.

—Comment! vous ici? Ah! par exempte, elle est bien bonne.

Et tous deux, l'amant et la maîtresse, s'exclamèrent.

Saniel raconta pourquoi il était à Monaco et ce qu'il avait fait depuis son arrivée.

—Avec mon argent! Ah! elle est bien bonne, s'écria Duphot.

—Et vous ne jouez plus? demanda la femme.

—J'ai ce qu'il me faut.

—Alors vous allez jouer pour moi.

Il voulut se défendre, mais ils l'entraînèrent à la table de la roulette et lui mirent chacun un louis dans la main.

—Jouez.

—Comment?

—Comme l'inspiration vous conseillera: vous avez la veine.

Mais sa veine n'avait guère de souffle; les deux louis qu'ils avaient jetés au hasard furent perdus.

On lui en donna deux autres; cette fois ils en gagnèrent huit.

—Vous voyez, cher ami.

Il continua avec des chances diverses, gagnant, perdant.

Au bout d'un quart d'heure on lui permit d'abandonner le jeu.

—Et qu'allez-vous faire maintenant? demanda Duphot.

—Envoyer ce que je dois à mon créancier par mandat télégraphique.

—Vous savez où est le télégraphe?

—Non.

—Je vais vous conduire.

C'était un second témoin dont Saniel n'avait garde de refuser le concours.

Quand il eut envoyé son mandat à Jardine, il n'avait plus rien à faire à Monte-Carlo, et comme il ne pouvait partir que le soir, à onze heures, il resta désoeuvré, ne sachant à quoi employer son temps. Alors il acheta un journal de Nice et alla s'asseoir dans le jardin, sous un bec de gaz, en face de la mer tranquille et sombre. Peut-être trouverait-il dans ce journal quelque dépêche télégraphique qui lui apprendrait ce qui s'était passé rue Sainte-Anne depuis son départ.

Il chercha assez longtemps; puis à la fin du journal, aux *Dernières nouvelles*, il lut: «Le crime de la rue Sainte-Anne paraît entrer dans une voie nouvelle; des recherches faites avec plus de soin ont amené la découverte d'un bouton de pantalon auquel adhère un morceau d'étoffe. Il est donc démontré qu'avant le crime il y a eu lutte entre la victime et son assassin. Comme ce bouton porte certaines lettres et certaines marques, c'est un indice précieux pour la police.»

Cette preuve d'une lutte entre la victime et son assassin fit sourire Saniel: si la police entrait dans cette voie, elle ferait un joli bout de chemin avant d'arriver à un résultat. Qui pouvait savoir depuis combien de temps ce bouton se trouvait dans cette pièce peu balayée? De qui provenait-il?

Tout à coup, quittant brusquement son banc, il entra dans un bosquet et vivement il se tâta: n'était-ce pas lui qui avait perdu ce bouton?

Mais il fut bien vite honteux de ce mouvement inconscient: le bouton que la police était si fière d'avoir découvert ne lui appartenait point; ce ne serait pas à lui que conduirait la nouvelle voie sur laquelle elle venait de s'engager.

XVII

Le mardi, un peu avant cinq heures, Philis, comme elle l'avait promis, sonnait à sa porte; et il sortait de son laboratoire, où il s'était remis au travail, pour aller lui ouvrir.

Elle lui sauta au cou:

—Eh bien? demanda-t-elle d'une voix frémissante.

Il raconta comment il avait joué, comment il avait gagné, mais sans préciser la somme; et il raconta aussi les propositions d'association du prince Mazzazoli, la rencontre de Duphot, l'envoi du mandat télégraphique à Jardine.

—Oh! quel bonheur, dit-elle en le serrant dans ses bras; te voilà libre.

—Plus de créanciers! Maître de moi: tu vois que j'ai eu une bonne inspiration.

—La justice des choses le voulait.

Puis, s'interrompant:

—A propos de justice, tu ne m'as pas parlé de Caffié, le matin de ton départ.

—J'étais sous le coup de préoccupations qui ne me laissaient pas la liberté de penser à Caffié.

—Est-ce curieux, cette coïncidence de sa mort avec la condamnation que nous avions portée contre lui: est-ce que cela précisément ne prouve pas cette justice des choses?

—Si tu veux.

—Comme l'argent que tu as gagné à Monaco le prouve pour toi: ce qui est juste arrive nécessairement. Caffié a été puni de toutes ses coquineries et de ses crimes; toi, tu as été récompensé de tes souffrances.

—Est-ce qu'il n'aurait pas été juste que Caffié fût puni plus tôt, et que moi, je souffrisse moins longtemps?

Elle resta sans répondre.

—Tu vois, dit-il en souriant, que ta philosophie reste court.

—Ce n'est pas à ma philosophie que je pense, c'est à Caffié et à nous.

—En quoi Caffié peut-il être associé à toi ou aux tiens?

—Il l'est ou plutôt il pourrait l'être, si cette justice, à laquelle je crois, malgré tes plaisanteries, permettait qu'il le fût.

—Tu conviendras que cela ressemble à une énigme.

—Qu'est-ce que tu as appris de Caffié depuis ton départ?

—Rien ou presque rien.

—Tu sais qu'on croit que le crime a été commis par un boucher.

—Le commissaire a ramassé le couteau devant moi, et c'est bien un couteau de boucher; de plus, le coup qui a tranché la gorge de Caffié a été porté par une main habituée à l'égorgement; c'est ce que j'ai indiqué dans mon rapport.

—Depuis, des recherches plus attentives que celles du premier moment ont fait découvrir sous un meuble un bouton de pantalon...

—Qui aurait été arraché dans une lutte entre Caffié et son assassin, j'ai lu cela dans un journal; mais, pour moi, je ne crois pas à cette lutte: la position de Caffié dans le fauteuil où il a été frappé et où, il est mort indique que le vieux coquin a été surpris; d'ailleurs s'il ne l'avait pas été, s'il avait lutté, il aurait crié, et sans doute il se serait fait entendre.

—Si tu savais comme je suis heureuse de t'entendre dire cela, s'écria-t-elle.

—Heureuse! Qu'est-ce que cela peut te faire?

Il l'examina surpris.

—Que t'importe que Caffié ait été tué avec ou sans lutte? Tu l'avais condamné, il est mort; cela doit te suffire.

—J'ai eu bien tort de porter cette condamnation, en causant et sans y attacher d'importance.

—Crois-tu que c'est elle qui ait amené son exécution?

—Je n'ai pas cette simplicité, mais enfin j'aimerais mieux ne pas l'avoir condamné?

—Tu le regrettes?

—Je regrette qu'il soit mort.

—Décidément l'énigme continue; mais tu sais que je n'y suis pas du tout; et, si tu veux, nous en resterons là; nous avons mieux à faire que de nous entretenir de Caffié.

—Permets-moi d'en parler, au contraire, car nous avons besoin de tes conseils.

De nouveau, il la regarda en tâchant de lire en elle et de deviner pourquoi elle tenait tant à parler de Caffié, alors que lui justement aurait voulu n'en pas parler. Que pouvait-il se trouver sous cette insistance?

—Je t'écoute, dit-il, et, puisque tu as un conseil à me demander à ce sujet, tu aurais dû me dire tout de suite ce dont il s'agit.

—Tu as raison, et je l'aurais déjà fait si je n'étais retenue par un sentiment d'embarras... et de honte que je me reproche, car avec toi je ne dois avoir ni embarras ni honte.

—Assurément.

—Mais avant tout il faut que je te dise, il faut que tu saches que mon frère Florentin est un bon et brave garçon; il faut que tu le croies, que tu en sois convaincu.

—Je le suis, puisque tu me le dis; d'ailleurs il m'a produit la meilleure impression pendant le peu de temps que je l'ai vu l'autre matin chez toi.

—N'est-ce pas qu'on voit tout de suite que c'est une bonne nature?

—Certainement.

—Et franc, et droit; faible, c'est vrai, et un peu mou aussi, c'est-à-dire manquant de ressort et de volonté, se laissant entraîner... par bonté et par tendresse. Cette faiblesse lui a fait commettre une faute avant son départ pour l'Amérique. Je te l'ai cachée jusqu'à cette heure, mais il faut que tu la connaisses maintenant: aimant une femme qui le dominait et lui faisait faire ce qu'elle voulait, il s'est laissé entraîner à... détourner une somme de quarante-cinq francs qu'elle lui demandait, qu'elle exigeait le soir même, espérant pouvoir la remettre trois jours après, sans que son patron s'en aperçût.

—Son patron était Caffié?

—Non; il avait quitté Caffié depuis trois mois et il était entré chez un autre homme d'affaires dont je ne t'ai jamais parlé, tu comprends maintenant pourquoi. L'argent sur lequel il avait compté pour remplacer celui qu'il avait donné à cette femme lui manqua. Au lieu de s'adresser à nous, il chercha ailleurs, ne trouva pas, perdit la tête, si bien qu'on découvrit son détournement et que son patron, qui n'était pas moins dur que Caffié, déposa une plainte contre lui. Comment nous parvînmes à la faire retirer et à empêcher le pauvre garçon de passer en justice, ce serait trop long. Enfin nous réussîmes, et, désespéré, mourant de honte, il partit pour l'Amérique, malgré nous, autant pour n'avoir à rougir devant personne que pour faire fortune, car son caractère est aussi facile à l'illusion qu'à la désespérance. Maintenant que tu as vu Florentin, tu admettras qu'on peut être coupable de la faute qu'il a commise, sans être capable... de devenir un assassin.

Il allait répondre, elle lui ferma les lèvres d'un geste rapide:

—Tu vas voir pourquoi je parle de cela, et tu vas comprendre aussi que je ne me suis écartée ni de Caffié, ni de ce bouton sur lequel la police compte pour retrouver le coupable: ce bouton appartenait à Florentin.

—A ton frère?

—Oui, à Florentin, qui, le jour même du crime, a été chez Caffié.

—C'est vrai; la concierge a dit au commissaire de police qu'il était venu vers trois heures.

Philis poussa un cri désespéré:

—On sait qu'il est venu, voilà qui est encore plus grave que ce que nous pouvions imaginer et craindre.

—Le commissaire, interrogeant la concierge pour savoir quelles personnes Caffié avait reçues dans la journée, a nommé ton frère; mais, comme cette visite a eu lieu entre trois heures et trois heures et demie, et que le crime a certainement été commis entre cinq heures et cinq heures et demie, personne ne peut accuser ton frère d'être l'assassin, puisqu'il était parti avant que Caffié allumât sa lampe. Comme cette lampe n'a pas pu s'allumer toute seule, il en résulte qu'il ne peut pas avoir égorgé un homme qui était encore vivant une heure après que la concierge eut vu ton frère et lui eut parlé.

—Ce que tu me dis est un grand soulagement; si tu savais quelle peur nous avons eue!

—Vous avez été bien promptes à vous alarmer.

—Trop promptes; mais quand Florentin, nous lisant le journal tout haut, est arrivé à l'histoire du bouton et s'est écrié: «Mais c'est à moi, ce bouton!» nous avons tous éprouvé un saisissement qui nous a fait perdre la tête. Nous avons vu la police tombant chez nous, interrogeant Florentin, lui reprochant le passé qui serait étalé au grand jour dans tous les journaux, et tu dois sentir quelle a été notre émotion.

—Mais ton frère peut, n'est-ce pas, expliquer comment il a perdu ce bouton chez Caffié?

—Bien sûr, et de la façon la plus naturelle. Comme la concierge l'a raconté, il a été, le jour de l'assassinat, chez Caffié, pour demander à celui-ci un certificat constatant qu'il avait été son clerc pendant plusieurs années. Caffié lui a fait ce certificat, qui devait remplacer celui que Florentin avait perdu; puis, tout en causant, Caffié lui a parlé d'un dossier qu'il ne pouvait pas retrouver et dont il avait besoin. C'était Florentin qui s'était occupé de cette affaire plus que Caffié lui-même, et, quand elle avait été terminée, il avait rangé le dossier, qui était volumineux et ne pouvait pas entrer dans les cases où on les classe ordinairement, sur une planche au haut d'une armoire. Le hasard voulut qu'il s'en souvînt; il le dit à Caffié qui répondit qu'il avait cherché dans cette armoire sans rien trouver. «C'est que vous avez mal cherché, dit Florentin, ou que le dossier a été dérangé par mon successeur.— J'ai bien cherché, répliqua Caffié, et votre successeur ne l'a jamais vu.—Eh bien, alors, dit Florentin, je vais le trouver.» Et allant chercher une petite échelle, il monta dessus pour atteindre le haut de l'armoire. Sa mémoire ne l'avait pas trompé: le dossier était bien où il croyait, mais une épaisse couche de poussière noire avait obscurci la fiche sur laquelle étaient inscrites les indications qui devaient le faire reconnaître. Il le prit pour le descendre, fit un faux pas et, dans un brusque mouvement pour se retenir, un des boutons de son pantalon fut arraché.

—Et il ne l'a pas ramassé?

—Il ne s'en est même pas aperçu tout d'abord; c'est plus tard, dans la rue, en voyant qu'une jambe de son pantalon était plus longue que l'autre et traînait sur ses bottines, qu'il a pensé à l'échelle et qu'il a constaté qu'un bouton lui manquait. Il n'allait pas retourner chez Caffié pour le chercher, n'est-ce pas?

—Assurément.

—Comment prévoir que Caffié allait être assassiné; que le crime serait assez habilement combiné et exécuté pour laisser échapper le coupable; que, deux jours après, la police aux abois trouverait un bouton sur lequel elle bâtirait toute une histoire; que, de cette histoire, il résulte qu'il y a eu lutte entre l'assassin et sa victime; que dans cette lutte un bouton a été arraché, et que celui qui l'a perdu est nécessairement celui qui a coupé le cou à Caffié? Florentin n'a pas pensé à tout cela.

—Ça se comprend.

—Il a lui-même, le soir, remplacé son bouton par un autre, et c'est seulement en lisant le journal qu'il a senti ce qu'il pouvait y avoir de grave dans ce fait en apparence insignifiant, et comme lui, en même temps que lui, nous avons partagé son émoi.

—Vous n'avez parlé à personne de ce bouton?

—Certes non; nous n'avions garde; et je ne t'en ai parlé que parce que je te dis tout, et aussi parce que, si nous étions menacés, nous n'aurions de secours à attendre que de toi. Florentin est un bon garçon, mais c'est un mouton qui ne sait que tendre le dos quand il lui pleut dessus; maman est comme lui sous plus d'un rapport, et moi, quoique je sois plus résistante, j'avoue qu'en face de la loi et de la police je perdrais facilement la tête, comme les enfants qui se mettent à hurler quand on les laisse dans l'obscurité; la loi, n'est-ce pas la nuit, quand on ne la connaît pas, et une nuit troublante, pleine d'effarements, toute peuplée de fantômes?

—Je ne crois pas que vous soyez menacés comme tu l'as imaginé dans un premier moment d'émotion....

—Bien naturelle.

—Bien naturelle, j'en conviens, mais dont la réflexion montre le peu de fondement. Ce bouton ne porte pas le nom du tailleur qui l'a fourni....

—Non, mais il porte des initiales et une marque de fabrique: un A et un P avec une couronne et un coq.

—Eh bien! comment veux-tu que la police trouve, parmi les deux ou trois mille tailleurs de Paris, ceux qui emploient les boutons ainsi marqués; et comment ces tailleurs trouvés pourraient-ils désigner celui de leurs clients à qui appartient ce bouton, celui-là précisément et non un autre? C'est chercher une aiguille dans une botte de foin. Où ton frère a-t-il fait faire ce pantalon? Ne l'a-t-il pas rapporté d'Amérique?

—Le pauvre garçon n'a rien rapporté d'Amérique, si ce n'est de misérables vêtements bien usés, et nous avons dû commencer par l'habiller des pieds à la tête. Nous avons été à l'économie, et c'est un petit tailleur de l'avenue de Clichy, appelé Valérius, qui lui a fait ce costume.

—Il ne me paraît guère probable que la police trouve ce petit tailleur de l'avenue de Clichy, bien qu'il eût mieux valu que ce pantalon vînt de la *Belle Jardinière* ou d'un autre grand magasin: mais le découvrît-on et le tailleur reconnût-il que le bouton provient de sa provision que cela ne désignerait pas ton frère. Enfin, arrivât-on jusqu'à lui, il faudrait encore prouver qu'il y a eu lutte comme on le suppose, que le bouton a été arraché dans cette lutte, et que ton frère se trouvait rue Sainte-Anne entre cinq et six heures, alors que sans doute il lui sera facile, à lui, de prouver où il était à ce moment.

—Mais chez nous, avec maman!

—Tu vois donc que vous pouvez être tranquilles.

XVIII

Rassurée, Philis avait hâte de revenir rue des Moines pour faire partager à sa mère et à son frère la confiance que Saniel lui avait mise au coeur: ce fut à pas pressés qu'elle remonta la rue Louis-le-Grand aux Batignolles et d'une main fiévreuse qu'elle tira le cordon de leur sonnette.

Car le temps n'était plus où, dans cette maison tranquille dont tous les locataires se connaissaient, on laissait la clef sur la porte et où il n'y avait qu'à frapper avant d'entrer. Depuis que les journaux parlaient du bouton trouvé chez Caffié, la liberté et la sécurité qui régnaient dans cet intérieur où jusqu'à ce moment, on n'avait rien à craindre pas plus qu'à cacher, avaient disparu; plus de clef sur la porte d'entrée, plus d'entretien à haute voix, plus de rires: maintenant, la porte restait toujours fermée; on ne riait plus; et quand on parlait, quand on lisait les journaux qu'on achetait matin et soir, c'était à mi-voix, comme si, derrière les murs, des oreilles avaient été aux aguets; que la sonnette tintât et l'on se regardait avec émoi, en se demandant d'un coup d'oeil craintif si ce n'était pas l'annonce d'un danger.

Quand son frère vint lui ouvrir la porte, elle trouva la table servie: on l'attendait.

—J'avais peur qu'il ne te fût arrivé quelque chose, dit madame Cormier.

—J'ai été retenue.

Vivement elle s'était débarrassée de son chapeau et de sa redingote.

—Tu n'as rien appris: demanda madame Cormier en apportant la soupe sur la table.

—Non.

—On ne t'a parlé de rien? continua Florentin à voix basse.

—On ne m'a parlé que de ça; ou je n'ai entendu parler que de ça quand on ne s'adressait pas à moi directement.

—Que dit-on?

—Personne n'admet que les recherches de la police aboutissent pour le bouton.

—Tu vois, Florentin, interrompit madame Cormier en souriant à son fils.

Mais celui-ci secoua la tête.

—Cependant l'opinion de tous a une valeur, s'écria Philis.

—Parle donc plus bas, dit Florentin.

—On soutient qu'il est impossible que la police trouve, parmi les deux ou trois mille tailleurs de Paris, tous ceux qui emploient des boutons marqués A.P.; et l'on dit que, les trouvât-on, ils ne pourraient pas désigner ceux de leurs clients à qui ils ont fourni des boutons de ce genre; de sorte que c'est chercher réellement une aiguille dans une botte de foin.

—Quand on veut bien y mettre le temps, on trouve une aiguille dans une botte de foin, dit Florentin.

—Tu me demandes ce que j'ai entendu, je te le répète. Mais je ne m'en suis pas tenu à cela. Comme je passais aux environs de la rue Louis-le-Grand, je suis monté chez M. Saniel: c'était l'heure de sa consultation et j'espérais le trouver.

—Tu lui as avoué la situation? s'écria Florentin.

Dans toute autre circonstance, elle eût répondu franchement, en expliquant qu'on pouvait avoir confiance en Saniel; mais ce n'était pas quand elle voyait l'agitation de son frère qu'elle allait l'exaspérer par cet aveu, alors surtout qu'elle ne pouvait pas donner en même temps les raisons de sa foi en Saniel; il fallait donc qu'elle le rassurât avant tout.

—Non, dit-elle; mais je pouvais parler de Caffié avec M. Saniel sans qu'il s'en étonnât; puisque c'est lui qui a fait les premières constatations, n'était-il pas tout naturel que ma curiosité voulût en apprendre un peu plus que ce que racontent les journaux?

—C'est égal; la démarche peut paraître étrange.

—Je ne crois pas; mais, en tout cas, l'intérêt que nous avions à nous renseigner m'a fait passer sur cette considération, et, je crois que, quand je t'aurai dit l'opinion de M. Saniel, tu ne regretteras plus ma visite.

—Et cette opinion? demanda madame Cormier.

—Son opinion est qu'il n'y a pas eu de lutte entre Caffié et l'assassin, attendu que la position de Caffié dans le fauteuil où il a été frappé prouve qu'il a été surpris; donc, s'il n'y a pas eu de lutte, il n'y a pas eu de bouton arraché, et tout l'échafaudage de la police s'écroule.

Madame Cormier poussa un profond soupir de délivrance:

—Tu vois! dit-elle à son fils.

—Et l'opinion de M. Saniel n'est pas celle du premier venu, ce n'est même pas celle d'un médecin quelconque: c'est celle du médecin qui a constaté la mort et qui, plus que personne, a qualité, a autorité pour dire comment elle a été donnée,—par surprise, sans lutte, sans bouton arraché.

—Ce n'est pas M. Saniel qui dirige les recherches de la police, ni qui les inspire, répondit Florentin; son opinion ne donne pas un coupable, tandis que le bouton peut en donner un, au moins pour ceux qui croient à la lutte, et entre les deux la police ne peut pas hésiter: déjà on la raille dans les journaux de n'avoir pas encore découvert l'assassin, qui va rejoindre tous ceux qu'elle a laissés échapper, il faut qu'elle suive la piste sur laquelle elle s'est engagée, et cette piste....

Il baissa la voix:

—C'est ici qu'elle peut l'amener.

—Pour cela, il faudrait qu'elle passât par l'avenue de Clichy, et c'est ce qui paraît invraisemblable.

—C'est le possible qui me tourmente, ce n'est pas le vraisemblable, et tu ne peux pas ne pas reconnaître que ce que je crains est possible: j'ai été chez Caffié le jour du crime, j'y ai perdu un bouton arraché avec violence, ce bouton ramassé par la police prouve, selon elle la culpabilité de celui à qui il a appartenu; qu'elle trouve que je suis celui-là...

—Elle ne le trouvera pas.

—....Admettons qu'elle le trouve, comment me défendrais-je?

—En prouvant que tu n'étais pas rue Sainte-Anne entre cinq et six heures, puisque tu étais ici.

—Et quels témoins attesteront cet alibi? Je n'en ai qu'un: maman. Que vaut le témoignage d'une mère en faveur de son fils dans de pareilles circonstances?

—Tu auras celui du docteur affirmant qu'il n'y a pas eu lutte, ni, par conséquent, de bouton arraché.

—Affirmant, mais n'apportant aucune preuve à l'appui de son sentiment; opinion de médecin que l'opinion d'un autre médecin peut combattre et détruire! Et puis, pour démontrer qu'il n'y a pas eu lutte, M. Saniel met en avant la surprise. Qui a pu surprendre Caffié? Ce n'est-pas le premier venu, n'est-ce pas? De même, ce n'est pas non plus le premier venu qui a pu s'introduire dans la maison, entrer et sortir en échappant à la surveillance de la concierge. Celui-là, bien sûr, était au courant des habitudes de la maison. De plus, il savait que, pour se faire ouvrir la porte par Caffié quand le clerc était sorti, il fallait sonner d'abord et ensuite frapper trois coups d'une certaine manière. Qui mieux que moi savait tout cela?

C'était pied à pied que Philis défendait le terrain contre son frère; mais peu à peu la confiance qui, tout d'abord, la soutenait s'affaiblissait. Chez Saniel, près de lui, elle était vaillante; entre son frère et sa mère, dans cette salle qui déjà avait vu leurs inquiétudes, n'osant pas élever la voix, elle se troublait et se laissait gagner par l'anxiété des siens:

—Vraiment, dit-elle, il semble que nous soyons des coupables et non des innocents!

—Et tandis que nous sommes là à nous tourmenter, le coupable, probablement, dans une tranquillité parfaite, rit des recherches de la police; il n'avait pas pensé à ce bouton, le hasard le met dans son jeu; la chance est pour lui, elle est contre nous... une fois de plus.

C'était la plainte qui revenait le plus souvent sur les lèvres de Florentin. Bien qu'il n'eût jamais été joueur, et pour cause, tout pour lui se décidait par la chance. Il y a des gens qui sont nés sous une bonne étoile, d'autres sous une malheureuse; il y en a qui, dans la bataille de la vie, reçoivent les coups sans se décourager, parce qu'ils attendent tout du lendemain, comme il y en a qui faiblissent, parce qu'ils n'attendent rien de bon et qu'ils savent, par expérience, que demain sera pour eux ce qu'est le jour présent, ce qu'a été la veille. Il était de ceux-là. Qu'avait-il eu de bon depuis que la bataille était en engagée? Pourquoi leur père était-il mort juste au moment où, après de rudes épreuves, il arrivait à force de persévérance et de travail, à mettre le pied à l'échelle? Encore quelques années et c'était d'une fortune, c'était d'un nom glorieux qu'héritaient ses enfants, tandis qu'il ne leur avait laissé que ce qu'il avait toujours eu: la misère. Pourquoi lui-même n'avait-il pas pu achever ses études, au lieu de devenir un pauvre clerc d'hommes d'affaires qu'on accablait de besognes fastidieuses du matin au soir, et de fatigues au point qu'il ne lui restait pas une heure de liberté pour travailler utilement? Ne devait-il pas, comme ses camarades, passer des examens qui lui auraient donné une situation analogue à celles qu'occupaient ces camarades, ni plus intelligents ni plus courageux que lui? Pourquoi, au lieu de trouver un brave homme de patron, ce qui n'avait rien d'impossible, était-il tombé sur Caffié qui l'avait martyrisé et abêti? Pourquoi sa mère, née à la campagne, solide, d'une bonne et belle santé, avait-elle tout à coup été frappée de paralysie? Enfin pourquoi Philis, belle fille comme elle était, gaie malgré tout, intelligente, douée de toutes les qualités qui font la vie heureuse dans un ménage, ne trouvait-elle pas un mari assez dégagé de préjugés et d'étroits calculs pour l'épouser? Pourquoi fallait-il que, du matin au soir; sans repos, sans lassitude, elle travaillât penchée sur sa table, ou courût les rues de Paris comme une pauvre ouvrière qui va chercher ou reporter de l'ouvrage?

—Que ne suis je resté en Amérique! dit-il.

—Puisque tu étais trop malheureux, mon pauvre garçon! dit madame Cormier, dont le coeur maternel avait été remué par ce cri.

—Suis-je plus heureux ici? le serai-je demain? Que nous réserve-t-il, ce demain plein d'incertitude et de dangers?

—Pourquoi veux-tu qu'il n'ait que des dangers? dit Philis d'un ton conciliant et caressant.

—Tu attends toujours le bon, toi.

—Au moins je l'espère, et n'admets pas de parti pris qu'il est impossible. Je ne dis pas que la vie soit toujours rose, mais elle n'est pas non plus toujours noire; et je crois qu'il en est d'elle comme des saisons: après l'hiver, qui est vilain, je te l'accorde, vient le printemps, l'été et l'automne.

—Eh bien si j'avais l'argent nécessaire au voyage, j'irais passer la fin de l'hiver dans un pays où il serait moins désagréable qu'ici et surtout moins dangereux pour ma constitution.

—Tu ne dis pas cela sérieusement, j'espère? s'écria madame Cormier.

—Très sérieusement, au contraire.

—Nous sommes à peine réunis, et tu penses à une nouvelle séparation, dit madame Cormier tristement.

—Ce n'est pas à une séparation que Florentin pense, s'écria Philis, c'est à la fuite.

—Et pourquoi pas?

—Parce qu'il n'y a que les coupables qui se sauvent.

—C'est justement le contraire; les coupables intelligents restent, en vertu de ton axiome, et, comme généralement ce sont des gens résolus ils savent d'avance qu'ils pourront faire face au danger; tandis que les innocents qui sont tout le monde, des timides comme moi ou des pas chanceux perdent la tête et se sauvent, parce qu'ils savent à l'avance aussi que, si un danger les menace, il les écrasera sans qu'ils puissent lui échapper. C'est pourquoi je retournerais en Amérique si je pouvais payer mon voyage au moins j'y serais tranquille.

Il se fit un moment de silence et chacun resta les yeux fixés sur son assiette, comme s'il n'avait d'autre souci que d'achever de dîner.

—En constatant que ce projet n'était pas réalisable, reprit bientôt Florentin, il m'est venu une autre idée.

—Pourquoi as-tu des idées? demanda Philis.

—Je voudrais que tu fusses à ma place, nous verrions si tu n'en aurais pas.

—Je t'assure que j'y suis, à ta place, et que ton inquiétude est la mienne; seulement elle ne se traduit pas de la même manière. Enfin quelle est-elle ton idée?

—C'est d'aller trouver Valérius et de tout lui raconter.

—Et qui nous répond-de la discrétion de Valérius? demanda madame Cormier; ne serait-ce pas la plus grosse imprudence que tu pourrais commettre? On ne joue pas avec un secret de cette importance.

—Valérius est un brave homme.

—C'est parce qu'il ne peut pas travailler quand les affaires politiques ou plutôt patriotiques vont mal, que tu dis ça.

—Et pourquoi non? Chez un pauvre misérable qui vit si petitement de son travail, ce souci et cette fierté de la patrie ne sont-elles pas la marque d'un coeur élevé?

—Je t'accorde cette élévation; mais c'est une raison de plus pour être prudent avec lui, dit Philis. Précisément parce qu'il peut être ce que tu crois, la réserve nous est imposée. Tu lui dis ce qui s'est passé: il l'accepte et il accepte ton innocence, c'est parfait; il ne trahira ton secret ni volontairement ni par maladresse. Mais il ne l'accepte pas; il cherche les dessous; il suppose que tu as voulu le tromper; il te soupçonne; alors ne va-t-il pas tout raconter au commissaire de police de notre quartier? Pour moi, j'estime que c'est un danger qu'il serait fou de provoquer.

—Et, selon toi, que faut-il faire?

—Rien; c'est-à-dire attendre, puisqu'il y a mille chances contre une pour que nos inquiétudes, que nous exagérons les uns les autres, ne se réalisent jamais.

—Eh bien, attendons, dit-il; au surplus, j'aime autant cela; au moins je n'ai pas de responsabilité. Il adviendra ce qui pourra.

XIX

Pour que le bouton trouvé chez Caffié mît sur la piste de l'assassin, il fallait qu'il sortît des mains d'un tailleur parisien, ou tout au moins français, et que le pantalon n'eût point été vendu par un magasin de vêtements confectionnés, où l'on ne garde ni le nom ni le souvenir des acheteurs qui passent.

La tâche de la police était donc difficile, comme faibles étaient ses chances de succès.

Qu'elle se fût adressée, ainsi que l'imaginait Saniel, à chacun des trois mille tailleurs de Paris, pour connaître ceux d'entre eux qui employaient des boutons au Coq et à la Couronne marqués A.P., elle eut réellement cherché une aiguille dans une botte de foin.

Mais ce n'était point de cette façon qu'elle avait procédé: au lieu de courir après ceux qui employaient ces boutons, elle avait cherché ceux qui les fabriquaient ou les vendaient, et tout de suite, sans aller plus loin que le *Bottin*, elle avait trouvé ce fabricant: A. Pélinotte; *manufacture de boutons métal pour pantalons, marque de fabrique A. P., Couronne et Coq*, faubourg du Temple.

Tout d'abord, ce fabricant s'était montré assez peu disposé à répondre aux questions de l'agent qui s'était rendu chez lui; mais, quand il avait commencé à comprendre qu'il pouvait retirer un avantage de l'affaire, en bon commerçant qu'il était, jeune et actif, il avait mis ses livres et ses placiers à la disposition de la justice. Sa prétention, en effet, était que ses boutons, grâce à une barrette en cuivre, autour de laquelle le fil s'enroulait au lieu de passer dans des trous, ne coupaient jamais le fil et qu'ils étaient incassables: quand ils sautaient, c'était avec un morceau de l'étoffe. Quelle meilleure justification de ses prétentions, quelle meilleure réclame que ce bouton arraché avec un morceau du pantalon de l'assassin? Il fallait que l'affaire vint aux assises et que, dans tous les journaux, on parlât des boutons A.P.; pour ce résultat, il eût payé un bon prix.

On ne lui avait demandé que son concours, et, au bout de quelques jours, les recherches avaient pu commencer, guidées par une liste dont l'exactitude épargnait les démarches inutiles.

Un matin, un agent de la sûreté arriva avenue de Clichy et trouva le tailleur Valérius dans sa boutique, occupé à lire son journal. Car ce n'était pas seulement quand la patrie était en danger que Valérius se passionnait pour la lecture des journaux, c'était tous les matins et tous les soirs: quand les affaires politiques allaient mal, il prenait si tragiquement les soucis qu'elles lui causaient qu'il fallait les conversations et surtout les consommations du café pour l'en distraire, et alors, bien entendu, il ne travaillait pas; au contraire, lorsqu'elles allaient à peu près bien, personne n'était plus appliqué que lui à la besogne, il ne sortait pas de sa petite boutique et, la lecture du journal du matin finie, il ne quittait ses ciseaux que pour s'asseoir à sa machine à coudre, et, tout en appuyant sur la pédale, il ruminait ce qu'il avait lu: politique, polémique, faits divers, tribunaux et feuilleton.

Rien de ce qui se publiait dans les journaux ne lui échappait; aussi aux premiers mots de l'agent comprit-il tout de suite de quoi il allait être question:

C'est pour l'affaire de la rue Sainte-Anne que vous avez besoin de ces renseignements? demanda-t-il.

—Franchement, oui.

—Eh bien, franchement aussi, je ne sais si le secret professionnel me permet de vous répondre.

L'agent, qui n'était pas bête, sentit tout de suite à qui il avait affaire, et, au lieu de s'abandonner à l'envie de rire qu'avait provoquée cette réponse faite noblement, par ce bonhomme dont la longue barbe noire touffue et la calvitie accentuaient la gravité, il prit une figure de circonstance:

—C'est à discuter, dit-il.

—Alors discutons: un client confiant dans ma probité et ma discrétion me donne un pantalon à faire; il me paye comme il convient, sans rien rabattre et au jour dit; les choses se passent entre nous loyalement; je lui donne un bon pantalon honnêtement confectionné, il me paye en bon argent. Nous sommes quittes; ai je le droit ensuite, par des paroles imprudentes ou autrement, de fournir des armes contre lui? Le cas est délicat.

—Mettez-vous l'intérêt de l'individu au-dessus de celui de la société?

—Quand il s'agit du secret professionnel, oui. Où irions-nous si l'avocat, le notaire, le médecin, le confesseur, le tailleur pouvaient accepter des compromissions sur ce point de doctrine? A l'anarchie tout simplement, et, en fin de compte, ce serait l'intérêt de la société qui en souffrirait.

L'agent, qui n'avait pas de temps à perdre, commençait à s'impatienter.

—Je vous ferai remarquer, dit-il, que le tailleur, quelle que soit l'importance de sa profession, n'est pas tout à fait dans les mêmes conditions que le médecin ou le confesseur, qui ne tiennent pas une comptabilité pour ce que leur confient leurs clients. Vous, n'est-ce pas, vous avez un livre sur lequel vous inscrivez les commandes de vos clients?

—Certainement.

—De sorte que si, mal inspiré et persévérant dans une théorie poussée à l'extrême, vous ne voulez pas répondre à mes questions, je n'aurais qu'à aller chercher le commissaire de votre quartier qui, en vertu des pouvoirs que la loi lui confère, saisirait vos livres....

—Ce serait de la violence, et ma responsabilité se trouverait dégagée.

—Et sur ces livres M. le juge d'instruction verrait à qui vous avez fourni un pantalon de cette étoffe; il ne resterait plus qu'à découvrir dans quel intérêt vous avez voulu égarer les recherches de la justice.

Disant cela, il avait pris dans sa poche une petite boîte et, développant un papier de soie, il en avait tiré un bouton auquel adhérait un morceau d'étoffe bleu marine.

Valérius, que la menace du commissaire n'avait nullement ému, car il était homme à braver le martyre, regardait curieusement la boite; quand l'agent en sortit délicatement le bouton, il laissa échapper un mouvement de vive surprise.

—Vous voyez, s'écria l'agent, que vous connaissez cette étoffe!

—Voulez-vous me permettre de la regarder? dit Valérius.

—Volontiers, mais à condition de n'y pas toucher; elle est précieuse.

Valérius prit la boîte et, s'approchant de la devanture, il regarda le bouton et le morceau d'étoffe.

—C'est bien un bouton marqué A. P., comme vous le constatez, et nous savons que vous employez ces boutons.

—Je ne le nie pas; ce sont de bons boutons, et je ne donne que du bon à ma clientèle.

Rendant la boîte à l'agent, il avait été prendre un gros livre qu'il s'était mis à feuilleter; des morceaux d'étoffe étaient collés sur les pages, et à côté se trouvaient quelques lignes d'une grosse écriture. Arrivé à une page où se voyait un morceau de drap bleu, il prit la botte et compara ce morceau à celui du bouton, en le regardant au jour.

—Monsieur, s'écria-t-il, je vais vous dire des choses graves.

—Je vous écoute.

—Nous tenons l'assassin de la rue Sainte-Anne, et c'est moi qui vais vous donner le moyen de le découvrir.

—Vous avez fait un pantalon de cette étoffe? J'en ai fait trois; mais il n'y en a qu'un qui vous intéresse, celui de l'assassin. Je vous ai dit tout à l'heure que le secret professionnel m'empêchait de répondre à vos questions; mais ce que je viens de voir délie ma conscience. Comme je vous l'ai expliqué, quand j'ai confectionné un bon pantalon pour un client qui me l'a payé en bon argent, je ne crois pas avoir le droit de révéler à qui que ce soit au monde, même à la justice, les affaires de ce client.

—J'ai compris, interrompit l'agent que l'impatience gagnait.

—Mais cette réserve de ma part repose sur la réciprocité: à bon client, bon tailleur. Si le client n'est pas bon, la réciprocité cesse, ou plutôt elle continue sur un autre terrain,—celui de la guerre: on s'est mal conduit avec moi, je rends la pareille. Le pantalon auquel appartient cette étoffe,—il montra le bouton,—je l'ai fait pour un... particulier que je ne connaissais pas, et qui se présentait à moi comme Alsacien, ce que j'acceptai d'autant plus facilement qu'il s'exprimait avec un fort accent étranger. Ce pantalon, je n'ai pas à vous dire comme je l'ai soigné: je suis patriote, monsieur. Il avait été convenu qu'il serait payé contre livraison. Quand cette livraison eut lieu, la jeune apprentie qui en était chargée eut la faiblesse de ne pas exiger l'argent: on allait me l'apporter à l'instant, enfin toutes les rouéries des mauvais débiteurs. J'y courus. Je fus mal reçu et ne pus rien obtenir; ce serait pour le lendemain sans faute. Le lendemain on menaça de me jeter du haut en bas des escaliers. Le surlendemain, on avait déménagé à la cloche de bois. Plus personne. Disparu; sans laisser d'adresse comme vous pouvez le penser.

—Et ce client?

—Je vous livre son nom sans hésitation aucune: Fritzner, non un Alsacien, comme j'avais cru, mais un Prussien à coup sûr, qui certainement a fait le coup, sa disparition le lendemain du crime en est la preuve.

—Vous dites que vous n'avez pu vous procurer son adresse?

—Mais vous qui disposez d'autres moyens que moi, vous la trouverez: vingt-sept à trente ans, taille moyenne, yeux bleus, barbe blonde et complet bleu de cette étoffe.

L'agent écrivait ce signalement sur son carnet à mesure que le tailleur le donnait.

—S'il n'a pas quitté Paris avec les trente-cinq mille francs volés, nous le trouverons, dit-il, et ce sera grâce à vous.

—Heureux de vous être bon à quelque chose.

L'agent allait sortir; il se ravisa:

—Vous disiez que vous aviez fait trois costumes de cette étoffe.

—Oui, mais il n'y a que celui du Fritzner qui compte; les deux autres l'ont été pour d'honnêtes gens bien connus dans le quartier, et qui m'ont loyalement payé.

—Puisqu'ils ne peuvent pas être inquiétés, vous ne devez pas avoir de scrupules à les nommer: ce n'est pas pour la justice que je vous demande leurs noms, c'est pour moi; ils feront bien dans mon rapport et prouveront que mes recherches ont été poussées à fond.

—L'un est un commerçant de la rue Truffant, il se nomme M. Blanchet; l'autre est un jeune homme qui arrive d'Amérique et se nomme M. Florentin Cormier.

—Vous dites Florentin Cormier? demanda l'agent, qui se rappela que ce nom était celui d'une personne qu'on avait vue chez Caffié le jour du crime; vous le connaissez?

—Pas précisément; c'est la première fois que je l'habille; mais je connais sa mère et sa soeur, qui habitent la rue des Moines depuis cinq ou six ans au moins; de bien honnêtes gens qui travaillent dur et ne doivent rien à personne.

Le lendemain matin, vers dix heures, peu de temps après le départ de Philis, Florentin, qui lisait le journal dans la salle à manger, pendant que madame Cormier préparait le déjeuner, entendit des pas, qui voulaient se faire légers, s'arrêter sur le palier devant leur porte. Son oreille, depuis quelques jours, s'était trop habituée aux bruits de la maison pour se tromper: il y avait dans ces pas une hésitation ou une précaution qui trahissaient évidemment un étranger; et avec le peu de relations qu'ils avaient, un étranger était sûrement un ennemi,—celui qu'il attendait.

Un coup de sonnette donné d'une main ferme le fit sauter sur sa chaise; il n'y avait pas à hésiter lentement et en prenant un air indifférent, il alla ouvrir.

Il trouva devant lui un homme d'une quarantaine d'années, vêtu d'un veston court, coiffé d'un chapeau melon, au visage affable et fin.

—Monsieur Florentin Cormier?

—C'est moi.

Il le fit entrer dans la salle à manger.

—M. le juge d'instruction vous prie de passer à son cabinet.

Madame Cormier sortit de la cuisine pour entendre ces quelques mots, et, si Florentin, qui la regardait, ne lui avait pas fait un geste énergique, elle se serait trahie; les paroles qu'elle avait sur les lèvres «Vous venez arrêter mon fils!» lui auraient échappé; elle les refoula.

—Et pouvez-vous me dire pour quelle affaire M. le juge d'instruction me convoque? demanda Florentin en affermissant sa voix.

—Pour l'affaire Caffié.

—Et à quelle heure dois-je me présenter devant M. le juge d'instruction?

—Tout de suite.

—Mais mon fils n'a pas déjeuné! s'écria madame Cormier. Au moins prends quelque chose avant de partir, mon cher enfant.

—Ce n'est pas la peine.

Il lui fit un signe pour qu'elle n'insistât pas: sa gorge était trop serrée pour avaler un morceau de pain, et il importait de ne pas trahir son émotion devant cet agent.

—Je suis à vous, dit-il.

Venant à sa mère, il l'embrassa, mais légèrement, sans épanchement, comme s'il ne sortait que pour une courte absence.

—A tout à l'heure!

Elle était éperdue: mais, comprenant qu'elle compromettait son fils si elle s'abandonnait, elle se contint.

XX

Puisque c'était un rôle qu'il remplissait, Florentin se dit qu'il devait le jouer jusqu'au bout de son mieux, en entrant dans la peau du personnage qu'il voulait être, et ce rôle était celui de témoin.

Il avait été le clerc de Caffié; la justice voulait l'interroger sur son ancien patron, rien n'était plus naturel; c'était cela seulement, et rien que cela, qu'il pouvait admettre; par conséquent, il devait s'intéresser aux recherches de la police, et avoir la curiosité d'apprendre où elles en étaient.

Ce fut la question qu'il posa à l'agent lorsqu'ils marchèrent côte à côte dans la rue:

—Avancez-vous dans l'affaire Caffié?

—Je ne la connais pas, dit l'agent, qui trouvait prudent de rester sur la réserve, et je n'en sais pas plus que ce que racontent les journaux.

En sortant de la maison de sa mère, Florentin avait remarqué sur le trottoir opposé un homme qui paraissait être là en station; au bout de quelques minutes, en tournant une rue, il vit que cet homme les suivait à une certaine distance: donc ce n'était point une simple comparution devant le juge d'instruction, car on ne prend pas ces précautions avec: un témoin.

Lorsqu'ils arrivèrent place Clichy, l'agent lui demanda s'il voulait monter en voiture, mais il n'accepta point. A quoi bon? c'était une dépense inutile.

Alors il vit l'agent lever son chapeau comme s'il saluait quelqu'un, mais sans que ce salut bien certainement s'adressât à personne; et aussitôt l'homme qui les suivait se rapprocha. Ce coup de chapeau était un signal: comme, des quartiers déserts des Batignolles, ils entraient dans la foule, on craignait qu'il n'essayât de se sauver; le caractère de l'arrestation s'accentuait.

Après les pressentiments et les craintes qui l'avaient tourmenté en ces derniers jours, cela n'était pas pour l'étonner, mais puisque l'on gardait ces ménagements avec lui c'est que tout n'était pas encore décidé: il devait donc se défendre de son mieux. Affolé avant le danger, il se sentait moins faible maintenant qu'il était dedans.

En arrivant au palais de Justice, il fut immédiatement introduit dans le cabinet du juge d'instruction. Mais celui-ci ne s'occupa pas de lui aussitôt: il était en train d'interroger une femme; il continua, et Florentin put l'examiner à la dérobée: c'était un homme de tournure élégante et aisée, jeune encore, qui avait plutôt l'air d'un boulevardier ou d'un sportsman que d'un magistrat, sans rien de solennel ni d'imposant.

Tout en continuant son interrogatoire, lui aussi examinait Florentin, mais d'un coup d'oeil rapide, sans insister, comme par hasard, et simplement parce que ses regards la rencontraient. Devant une table, un greffier écrivait, et près de la porte deux gendarmes attendaient avec la physionomie ennuyée et vide de gens qui sont ailleurs.

Bientôt le juge d'instruction leva la tête vers eux:

—Vous pouvez emmener l'inculpée.

Puis tout de suite s'adressant à Florentin, il lui demanda son nom, ses prénoms, et son domicile.

—Vous avez été le clerc de l'agent d'affaires Caffié; pourquoi l'avez-vous quitté?

—Parce que mon travail était trop pénible.

—Vous craignez le travail?

—Non, quand il n'est pas excessif; il l'était chez M. Caffié et ne me laissait pas le temps de travailler pour moi: je devais arriver à l'étude le matin à huit heures, j'y déjeunais et n'en partais qu'à sept heures pour aller dîner chez ma mère aux Batignolles; j'avais une heure et demie pour cela; à huit heures et demie il fallait que je fusse de retour et je restais jusqu'à dix heures ou dix heures et demie. En acceptant cette place j'avais cru que je pourrais achever mon éducation interrompue par la mort de mon père, faire mon droit, et devenir mieux qu'un misérable clerc d'homme d'affaires; cela n'était pas possible avec M. Caffié: je le quittai, et ce fut cette seule raison qui nous sépara.

—Où avez-vous été ensuite?

C'était là la question délicate, celle que Florentin redoutait, car elle pouvait soulever contre lui des préventions que rien ne détruirait; cependant il ne pouvait pas ne pas répondre, car ce qu'il ne dirait pas lui-même d'autres le révéleraient: une enquête sur ce point était trop facile.

—Chez un autre homme d'affaires, M. Savoureux, rue de la Victoire, où je ne devais pas travailler le soir. J'y suis resté trois mois environ et suis parti pour l'Amérique.

—Pourquoi?

—Parce que, lorsque j'ai voulu me mettre sérieusement au travail je me suis aperçu que mes études avaient été interrompues trop longtemps pour qu'il me fût possible de les reprendre: j'avais oublié une bonne partie de ce que j'avais mal appris; j'échouerais sans doute à mon baccalauréat, je ne pourrais commencer mon droit que trop tard. Je quittai la France pour l'Amérique, où j'espérais trouver une bonne situation.

—Vous êtes revenu à Paris.

—Il y a trois semaines.

—Et vous avez été chez Caffié?

—Oui.

—Quoi faire?

—Lui demander un certificat qui remplaçât celui qu'il m'avait donné et que j'avais perdu.

—C'est le jour du crime.

—Oui.

—A quelle heure?

—Je suis arrivé chez lui vers deux heures quarante-cinq minutes, et j'en suis reparti vers trois heures et demie.

Vous a-t-il donné le certificat que vous demandiez?

—Oui; le voici.

Et, le tirant de sa poche, il le présenta au juge d'instruction: c'était une attestation disant que, pendant tout le temps que M. Florentin Cormier avait été son clerc, Caffié n'avait eu qu'à se louer de lui, de son travail comme de son exactitude et de sa probité.

—Et vous n'êtes pas revenu chez lui dans la soirée? demanda le juge d'instruction.

—Pourquoi y serais-je revenu? j'avais obtenu ce que je désirais.

—Enfin y êtes-vous ou n'y êtes-vous pas revenu?

—Je n'y suis pas revenu.

—Vous souvenez-vous de ce que vous avez fait en sortant de chez Caffié?

Si Florentin avait pu se faire la moindre illusion sur sa comparution devant le juge d'instruction, la façon dont était conduit son interrogatoire la lui aurait enlevée: ce n'était pas un témoin qu'on questionnait, c'était un inculpé; il n'avait pas à éclairer la justice, il avait à se défendre.

—Parfaitement, dit-il; il n'y a pas si longtemps. En sortant de la rue Sainte-Anne, comme je n'avais rien à faire, je suis descendu sur les quais, et j'ai bouquiné depuis le port Royal jusqu'à l'Institut; mais à ce moment une averse est survenue et je suis remonté aux Batignolles où je suis resté avec ma mère.

—Quelle heure était-il lorsque vous êtes arrivé chez madame votre mère?

—Cinq heures et quelques minutes.

—Ne pouvez-vous pas préciser?

—Cinq heures un quart à quelques minutes près, soit avant, soit après.

—Et vous n'êtes pas ressorti?

—Non.

—Est-il venu quelqu'un chez madame votre mère, après que vous avez été rentré?

—Personne; ma sœur est rentrée à sept heures comme toujours, lorsqu'elle revient de sa leçon.

—Avant de monter chez vous, avez-vous parlé à quelque locataire de la maison?

—Non.

Il y eut une pause et Florentin sentit les yeux du juge fixés sur lui avec une persistance gênante: il semblait que ce regard, qui l'enveloppait de la tête aux pieds, voulût le déshabiller.

—Autre chose, dit le juge d'instruction; vous n'avez pas perdu un bouton de pantalon pendant que vous étiez chez Caffié?

Florentin attendait cette question; et depuis longtemps il avait examiné la réponse qu'il lui ferait. Nier était impossible. Il serait trop facile de le convaincre de mensonge, car, par cela seul qu'on la lui poserait, ce serait dire qu'on avait en main la preuve que ce bouton lui appartenait. Il fallait donc confesser la vérité, si grave qu'elle pût être.

—Effectivement, dit-il, et voici comment...

Il raconta en détail l'histoire du dossier classé sur la plus haute planche d'un casier; sa quasi-chute; l'arrachement du bouton dont il ne s'était aperçu que dans la rue.

Le juge d'instruction ouvrit un tiroir et en tira une petite boîte dans laquelle il prit un bouton qu'il présenta à Florentin.

—Est-ce celui-ci? demanda-t-il.

Florentin le regarda.

—Il m'est assez difficile de répondre, dit-il enfin; un bouton ressemble à un autre.

—Pas toujours.

—Il faudrait pour cela que j'eusse remarqué la forme de celui que j'ai perdu, et je n'y ai prêté aucune attention: il me semble que personne ne sait au juste comment et en quoi sont faits les boutons qu'il porte.

De nouveau le juge d'instruction l'examina:

—Mais le pantalon que vous avez aujourd'hui n'est-il-pas le même que celui auquel ce bouton a été arraché?

—C'est celui que je portais le jour où j'ai été chez M. Caffié.

—Alors il est tout simple de comparer le bouton que je vous montre à ceux de votre pantalon, et votre réponse devient facile.

Il était impossible d'échapper à cette vérification.

—Déboutonnez votre gilet, dit le juge, et faites votre comparaison avec soin, avec tout le soin que vous jugerez bon: la question a son importance.

Florentin ne la sentait que trop, l'importance de cette question; mais, telle qu'elle lui était posée, il ne pouvait pas ne pas répondre franchement.

Il déboutonna son gilet et compara le bouton trouvé avec les siens.

—Je crois que c'est bien le bouton que j'ai perdu, dit-il.

Bien qu'il se fût appliqué à ne pas trahir son angoisse, il sentit que sa voix tremblait et qu'elle avait un accent rauque; alors il voulut expliquer cette émotion:

—C'est là un hasard vraiment terrible pour moi, dit-il.

Le juge d'instruction ne répondit pas.

—Mais parce que j'ai perdu un bouton chez M. Caffié, il n'en résulte pas que ce bouton m'ait été arraché dans une lutte!

—Vous avez votre système, vous le ferez valoir ce n'est pas ici le lieu; je n'ai plus qu'une question à vous poser: Par quel bouton avez-vous remplacé celui que vous aviez perdu?

—Par le premier venu.

—Qui l'a cousu?

—Moi.

—C'est votre habitude de recoudre vos boutons vous même?

Bien que le juge d'instruction n'eût insisté, sur cette dernière question ni par le ton ni par la forme qu'il lui donnait, Florentin voyait l'accusation que sa réponse allait formuler.

—Quelquefois, dit-il.

—Cependant, en rentrant chez vous, vous avez trouvé votre mère, m'avez-vous dit; avait-elle des raisons pour ne pouvoir pas vous recoudre elle-même ce bouton?

—Je ne lui ai pas demandé de le faire.

—Mais quand elle vous a vu le coudre, elle ne vous a pas pris l'aiguille des mains?

—Elle ne m'a pas vu.

—Pourquoi?

—Elle était occupée à préparer notre dîner.

—Il suffit.

—J'étais dans l'entrée de notre logement où depuis mon retour on m'a établi un lit; ma mère était dans la cuisine.

-La cuisine et l'entrée ne communiquent pas entre elles?

—La porte était fermée.

Tout un flot de paroles lui monta aux lèvres pour protester contre les conclusions qui semblaient résulter de ses réponses, mais il s'arrêta; il se voyait pris dans un engrenage, et tous ses efforts pour s'en dégager ne faisaient que l'étreindre plus fortement.

Puisqu'on ne le questionnait plus, le meilleur, semblait-il, était de ne rien dire; et il garda le silence pendant un temps assez long, dont il n'apprécia que vaguement la durée: le juge parlait à mi-voix, le greffier écrivait rapidement, et il n'entendait qu'un murmure monotone que déchiraient les grincements d'une plume sur le papier.

—On va vous lire votre interrogatoire, dit le juge.

Il voulait tendre toute son attention sur cette lecture, mais il ne tarda pas à en perdre le fil: quand les questions passaient d'un fait à un autre, il restait à celui qui venait d'être examiné et arrivait trop tard à celui qu'on abordait: l'impression qu'il éprouva cependant fut que ce qu'il avait dit avait été fidèlement reproduit ou résumé; il signa.

—Maintenant, dit le juge d'instruction, mon devoir m'oblige, en présence des charges qui ressortent de votre interrogatoire, à délivrer contre vous un mandat de Dépôt.

Florentin reçut le coup sans broncher.

—Je sais, dit-il, que toutes les protestations que je ferais entendre n'auraient en ce moment aucun effet; je vous les épargnerai donc; mais j'ai une faveur... une grâce à vous demander: c'est de me permettre d'annoncer mon arrestation à ma mère et à ma soeur... qui m'aiment tendrement. Oh! vous lirez ma lettre.

—Faites, monsieur.

XXI

Après le départ de son fils et de l'agent, madame Cormier était restée anéantie: son fils! son Florentin! le pauvre enfant! et elle s'était abîmée dans son désespoir.

N'avaient-ils pas assez souffert! Leur fallait-il cette nouvelle épreuve! Pourquoi la vie leur était-elle si impitoyablement cruelle?

Tout une série de plaintes qui s'enchaînaient l'avait fait remonter d'année en année jusqu'à la mort de son mari,—le point de départ de leurs malheurs. Qu'avait-elle eu de bon depuis ce jour? Après tant d'autres, ce dernier coup qui s'abattait sur elle était le plus dur et l'écrasait. Ah! pourquoi le docteur Saniel ne l'avait-il pas laissée mourir; au moins elle n'aurait pas vu cette dernière catastrophe, cette honte: son fils accusé d'assassinat, en prison, aux assises!

Et, ces plaintes, elle les répétait tout haut en pleurant, avec le soulagement d'une douleur qui s'abandonne: elle était seule dans son logement désert; personne pour l'entendre, la regarder, la gronder.

Car, lorsqu'elle se laissait ainsi prendre par le chagrin, Philis la grondait toujours, tendrement il est vrai, avec de douces paroles, avec des caresses, mais enfin elle la grondait: une surveillance de tous les instants, pas une minute de liberté quand elle était à la maison. Qu'un soupir lui échappât, qu'une contraction plissât ses lèvres, que ses yeux fussent voilés de tristesse, aussitôt Philis s'en apercevait et, d'un coup d'oeil, d'un mot: «Maman!» elle lui rappelait qu'il ne fallait pas s'abandonner.

Et pourquoi ne s'abandonnerait-elle pas? Elle n'était vraiment pas raisonnable, Philis, de vouloir qu'on ne se plaignît jamais de la vie et de l'injustice des choses. Pour résister, il faut avoir des nerfs qui permettent la résistance; et, ces nerfs solides, elle ne les avait point, pauvre femme qu'elle était.

Maintenant qu'elle était seule, elle pouvait au moins pleurer à son aise, et se plaindre et gémir.

Elle pleura, elle gémit; mais il arriva un moment, où après avoir été à l'extrême du désespoir qui lui montrait son fils condamné comme assassin et exécuté, elle s'arrêta en se demandant si elle n'allait pas trop loin. Ce n'était plus Philis qui lui disait qu'il est mauvais de s'abandonner, c'était elle-même.

Pour être appelé devant le juge d'instruction, il n'en résultait pas que Florentin ne dût pas revenir et qu'il fût perdu, comme son affolement maternel l'avait imaginé.

Sans bien connaître les habitudes de la justice, elle croyait qu'on ne procédait point avec les gens qu'on arrête comme cet agent l'avait fait: «Monsieur le juge d'instruction vous prie de passer à son cabinet»; ce n'étaient point des manières de gendarme.

Il allait revenir; certainement elle pouvait l'attendre.

Et elle l'avait attendu sans vouloir déjeuner; il serait content, le pauvre enfant, quand il rentrerait, de ne pas se mettre à table tout seul. D'ailleurs, elle était trop profondément bouleversée pour pouvoir manger. Avec soin, elle avait couvert de cendres le charbon du fourneau pour que son haricot de mouton restât chaud: c'était son plat favori, avec des navets, et, justement elle en avait trouvé d'excellents, tendres et frais, le matin, au marché; quelle faim il aurait!

Le temps s'était écoulé, les minutes, les heures, et il n'arrivait pas; il avait fallu allumer d'autres charbons, les couvrir aussi, et malgré toutes ces précautions la sauce avait tourné: quel ennui!

Alors ses angoisses l'avaient reprise: un témoin n'est pas retenu ainsi par un juge d'instruction, et, bien que Florentin en eût long à raconter sur Caffié, bien qu'on ne pensât pas à l'interrompre lorsqu'il parlait, il devenait de plus en plus impossible d'admettre qu'il ne se fût point passé quelque chose d'extraordinaire. On l'aurait donc arrêté? Mais alors qu'allait-il advenir de lui?

Elle était retombée dans une crise de larmes et de désespoir, mais cette fois sans éprouver du soulagement à être seule; au contraire, elle aurait voulu que Philis fût là: avec elle on ne perdrait pas la tête; elle savait toujours se tirer d'affaire; elle trouvait quelque chose à dire; peut-être, après tout, les choses n'étaient-elles pas aussi graves qu'elles paraissaient.

Heureusement, elle ne devait pas rentrer tard ce jour-là: il n'y aurait qu'à l'attendre et à ne pas désespérer jusqu'à ce qu'elle arrivât.

Elle attendit, et depuis plusieurs années elle avait si bien pris l'habitude de compter pour tout sur sa fille, qu'elle se rassura presque à se dire qu'elle allait arriver.

Enfin un bruit de pas légers et hâtés se fit entendre sur le palier: aussi vivement qu'elle le put, Madame Cormier alla ouvrir la porte et fut stupéfaite de voir la figure convulsée de sa fille: évidemment Philis avait été surprise par la brusque ouverture de la porte.

—Tu sais donc tout? s'écria madame Cormier.

Philis la prit dans ses bras et l'entraîna dans la salle à manger où elle la fit asseoir:

—Calme-toi, dit-elle, rassure-toi, on ne le gardera pas.

—Tu as un moyen?

—Nous trouverons; je te promets qu'on ne le gardera pas.

—Tu en es sûre?

—Je te le promets.

—Tu me rends la vie. Mais comment as-tu su?

—Il m'a écrit: le concierge m'a remis, comme je passais, sa lettre qui venait d'arriver.

—Que dit-il?

Madame Cormier prit la lettre que Philis lui tendait, mais le papier tremblait tellement dans sa main agitée qu'elle ne put pas lire.

—Lis-la-moi.

Philis la reprit et lut:

hère petite soeur,

près m'avoir entendu, le juge d'instruction me

arde. Adoucis pour maman la douleur de ce coup;

is-lui comprendre qu'on ne peut pas ne pas

econnaître bientôt la fausseté de cette accusation

t, de ton côté, emploie-toi à rendre évidente cette

ausseté, tandis que, du mien, je vais travailler à

rouver mon innocence.

mbrasse bien la pauvre maman pour moi, et

rouve dans ta tendresse, dans ta force et ta bonté

es consolations pour elle; la mienne sera de penser

ue tu es près d'elle, chère petite soeur bien-aimée.

LORENTIN.

—Et c'est ce brave garçon qu'on accuse d'un assassinat! s'écria madame Cormier en fondant en larmes.

Il fallut plusieurs minutes à Philis pour calmer un peu cette crise.

—C'est à lui qu'il faut penser, maman; ne nous abandonnons pas.

—Tu vas faire quelque chose, n'est-ce pas, ma petite Philis?

—Je vais aller trouver M. Saniel.

—M. Saniel est médecin, il n'est pas avocat.

—Justement c'est comme médecin que M. Saniel peut sauver Florentin. Il sait que Caffié a été tué sans lutte entre lui et son assassin, conséquemment sans arrachement du bouton. Qu'il le dise, qu'il le prouve au juge d'instruction et l'innocence de Florentin est démontrée. Je vais chez lui.

—Je t'en prie, ne me laisse pas seule trop longtemps.

—Je reviens tout de suite.

Ce fut en courant que Philis descendit des Batignolles à la rue Louis-le-Grand. A son coup de sonnette saccadé, Joseph qui avait repris sa place dans l'antichambre, ouvrit vivement, et, comme Saniel n'avait personne, elle entra tout de suite dans son cabinet.

—Qu'as-tu? demanda-t-il en voyant son agitation.

—Mon frère est arrêté.

—Ah! le pauvre garçon.

Ce que Saniel avait dit à Philis pour expliquer que cette arrestation ne pouvait pas avoir lieu était sincère, il le croyait, et même il faisait plus que de le croire, il le voulait. Quand il s'était décidé à supprimer Caffié, il n'avait pas admis que la justice pût jamais découvrir un coupable: ce serait un crime qui resterait impuni, comme il y en a tant, et personne ne serait inquiété. Voilà que maintenant elle en trouvait un qui était arrêté, et ce coupable était le frère de la femme qu'il aimait. Il fut un moment déconcerté.

—Comment a-t-il été arrêté? demanda-t-il, autant pour savoir que pour se remettre.

Elle raconta ce qu'elle savait et lut la lettre de Florentin.

—C'est un bon garçon que ton frère, dit-il, comme s'il se parlait à lui-même.

—Tu vas le sauver.

—Comment cela.

Ce fut un cri qui lui échappa sans qu'elle en comprît la portée, sans qu'elle devinât davantage l'expression de curiosité inquiète du regard qu'il avait attaché sur elle.

—A qui veux-tu que je m'adresse, si ce n'est à toi? N'es-tu pas tout pour moi! mon appui, ma direction, non conseil, mon Dieu!

Elle expliqua ce qu'elle attendait de lui.

Une fois encore, une exclamation échappa à Saniel:

—Tu veux que j'aille chez le juge d'instruction, moi!

—Qui mieux que toi peut expliquer comment les choses se sont passées?

Saniel, qui était revenu de son premier mouvement de surprise, ne broncha pas; évidemment elle parlait avec une entière bonne foi, sans rien soupçonner, et ce serait folie de chercher autre chose que ce qu'elle disait.

—Mais on ne se présente pas ainsi devant un juge d'instruction, répondit-il; c'est lui qui vous appelle.

—Pourquoi n'irais-tu pas au-devant de sa convocation, puisque tu sais des choses qui peuvent l'éclairer?

—Est-il vraiment habile de devancer cette convocation? En allant le trouver, je me fais le défenseur de ton frère....

—C'est cela précisément que je te demande.

—....Et, par cela seul que je me présente en défenseur, j'enlève du poids à ma déposition, qui aurait plus d'autorité si elle était celle d'un simple témoin.

—Mais quand te demandera-t-on cette déposition? Pense aux souffrances de Florentin pendant ce temps d'attente, à celles de maman, aux miennes. Il peut perdre la tête. Il peut se tuer. Son âme n'est pas ferme; celle de maman qui n'est pas non plus bien solide, résistera-t-elle à tout ce que vont publier les journaux? Il y a ce malheureux passé qu'on va rappeler et qui nous couvrira de honte.

Saniel hésita un moment.

—Eh bien! j'irai, dit-il, non ce soir même, il est trop tard, mais demain matin.

—Oh! cher Victor, s'écria-t-elle en le serrant dans ses bras, je savais bien que tu le sauverais: nous te devrons sa vie, comme nous te devons déjà, celle de maman, comme je te dois le bonheur; n'ai-je pas raison de dire que tu es mon Dieu?

Quand elle fut partie pour revenir au plus vite près de sa mère, il eut un moment de retour sur soi qui lui fit regretter cette faiblesse; car c'était bien une faiblesse une sensiblerie bête, indignes d'un homme fort, qui ne se serait pas laissé ainsi toucher et entraîner. Quel besoin avait-il d'aller provoquer le danger quand il pouvait rester bien tranquille, sans que personne pensât à lui? N'était-ce pas une folie? La justice voulait un coupable; il en fallait un à la curiosité publique: pourquoi leur enlever celui qu'elles avaient? Qu'il y réussît, n'en chercheraient-elles pas un autre? Là était l'imprudence et—à dire le vrai mot—la démence. Maintenant qu'il n'était plus sous l'influence des beaux yeux éplorés de Philis, il n'allait pas commettre cette imprudence. Toute la soirée il s'affermit dans cette idée; et quand il se coucha, sa résolution était prise: il n'irait pas chez le juge d'instruction.

Mais en s'éveillant il eut la surprise de constater que cette résolution du soir n'était plus celle du matin, et que ce dualisme de personnalité qui déjà l'avait frappé s'affirmait de nouveau: c'était la nuit qu'il avait résolu la mort de Caffié et le soir qu'il l'avait exécutée; c'était le matin qu'il en avait abandonné l'idée, comme c'était le matin qu'il revenait sur la décision prise la veille de ne pas aller au secours de ce pauvre garçon, De quoi donc était faite la volonté de l'homme, ondoyante comme la mer et variable comme le vent, qu'il avait eu la folie de croire si ferme chez lui?

A midi, il arrivait au Palais de Justice et faisait passer au juge d'instruction sa carte, sur laquelle il avait simplement écrit trois mots: «Pour l'affaire Caffié.»

Presqu'aussitôt il fut reçu, et brièvement il exposa comment, selon lui, Caffié avait été tué d'une mort rapide et foudroyante, par une main ferme en même temps qu'intelligente, celle d'un tueur de profession.

—C'est la conclusion de votre rapport, dit le juge d'instruction.

—Ce que je n'ai pas pu indiquer dans mon rapport, puisque je ne connaissais pas la trouvaille du bouton et les conclusions auxquelles elle a conduit, c'est qu'il n'y a pas eu lutte, comme on le suppose, entre l'assassin et sa victime.

Et médicalement, il démontra comment cette lutte avait été impossible.

Le juge d'instruction l'écouta attentivement, sans un mot, sans un geste d'interruption.

—Vous connaissez ce jeune homme? dit-il.

—Je l'ai vu une seule fois; mais je connais sa mère, que j'ai soignée, et c'est à son instigation que je me suis décidé à vous présenter ces observations.

—Sans doute, elles ont leur valeur; mais je vous ferai remarquer qu'elles ne tendent à rien moins qu'à détruire notre hypothèse.

—Si elle n'est pas fondée!

—Je vous ferai remarquer que vous êtes négatif, monsieur le docteur, et non suggestif. Nous avons un coupable et vous n'en avez pas. En voyez-vous un?

Saniel crut s'apercevoir que le juge d'instruction le regardait avec une persistance inquiétante:

—Non, dit-il vivement.

Puis, s'étant levé, il ajouta avec plus de calme:

—Ce n'est pas dans mon rôle.

Il n'avait qu'à se retirer, ce qu'il fit, et en suivant le long vestibule sonore il se dit que ce magistrat avait raison: il tenait un coupable, croyait-il; pourquoi l'aurait-il lâché?

Pour lui, il avait fait ce qu'il pouvait.

FIN DE LA PREMIÈRE PARTIE.

DEUXIÈME PARTIE

I

Saniel avait passé les premières épreuves de ses deux concours si brillamment que les résultats n'en étaient douteux ni pour l'un ni pour l'autre. En soutenant sa thèse pour l'agrégation, il avait forcé son auditoire à l'admiration: tour à tour agressif, hargneux, ironique, éloquent, il avait si bien réduit son adversaire aux abois que celui-ci, écrasé à la fin, n'avait rien pu répondre. Dans sa leçon d'une heure qu'il avait faite sur la mort dans les maladies du coeur, il avait déployé tant de clarté dans la démonstration, une si belle sobriété de paroles, une éloquence scientifique si ferme, si simple, si sûre que, ses adversaires les plus injustes avaient dû reconnaître qu'il possédait les qualités des grands professeurs: un brutal mais quelqu'un. Brutal, il l'avait été aussi dans les épreuves pour le concours des hôpitaux: comme son diagnostic était opposé à celui de ses juges, sans ménagements, sans compliments, rien que pour l'amour du vrai, il avait accumulé tant de preuves fortes à l'appui de son opinion, une logique si serrée, une argumentation si entraînante, que le jury avait décidé de retourner au lit du malade, et qu'après un nouvel examen, dans lequel il avait reconnu son erreur, le président lui avait dit: «Quand je serai malade, c'est vous qui me soignerez.»

Que pouvait peser la mort de Caffié mise en balance avec tous ces résultats? Si peu, qu'elle ne comptait même pas et n'aurait tenu aucune place dans ses préoccupations, si elle ne s'était trouvée mêlée à l'accusation qui allait faire passer Florentin aux assises.

Dégagée de ce fait, la mort du vieil homme d'affaires ne lui passait que rarement par l'esprit: il avait autre chose en tête, vraiment, que ce souvenir qui ne s'imposait ni par un regret ni par un remords, et ce n'était pas au moment où il touchait au but qu'il allait, avec Caffié, embarrasser ou attrister son triomphe.

Un peu avant que le délai de deux mois pendant lequel la poste restante garde les lettres fût près d'expirer, il avait été réclamer celles qui contenaient les trente mille francs dans les divers bureaux où il les avait adressées, et, remettant les billets sous de nouvelles enveloppes, il les avait expédiées comme la première fois, mais en commençant par les bureaux les derniers inscrits sur son almanach, puis il n'y avait plus pensé.

Qu'avait-il besoin de cet argent qui, en réalité, lui était une gêne? Depuis qu'il l'avait, ses habitudes étaient restées les mêmes, si ce n'est qu'il ne se débattait plus contre ses créanciers. Il se fût jugé lâche et misérable de l'employer à se donner un bien-être dont la misère l'avait jusqu'à ce moment privé, et l'idée ne lui en était même pas venue. Comme aux jours de détresse, il continuait à déjeuner avec la portion de boeuf nature ou de fricandeau au jus que Joseph allait lui chercher à la gargote du coin, et le seul changement à la tradition était que maintenant on payait comptant et de force, car le gargotier qui exigeait l'argent quand on ne lui en offrait point, n'en voulait plus depuis qu'on ne demandait plus crédit: «On portera ça sur la note.» Et ce qu'il faisait pour les choses matérielles de la vie se répétait pour tout; non par prudence, non pour ne pas attirer l'attention, mais simplement parce qu'il n'y avait pour lui ni désir ni nécessité de rien changer à ce qui se faisait autrefois: son ambition était ailleurs et plus haut que dans les petites satisfactions, très petites pour lui, que peut donner l'argent.

Il n'eût point eu à s'occuper de Florentin que certainement il eût passé des journées entières, peut-être même des séries de jours, sans donner une pensée à Caffié; mais Florentin et surtout Philis lui rappelaient que, cette tranquillité dont il jouissait maintenant, c'était à la mort de Caffié qu'il la devait, et elle s'en trouvait relativement troublée.

Que les recherches de la justice vinssent maintenant jusqu'à lui, il ne le croyait pas: tout se réunissait pour le confirmer dans sa sécurité. Ce qu'il avait si laborieusement arrangé aurait réussi à souhait, et la seule imprudence qu'un moment d'aberration lui eût fait commettre ne paraissait pas avoir été remarquée; personne n'avait signalé sa présence au café, en face de la maison de Caffié, et personne non plus ne s'était étonné de son obstination à rester là à une heure si caractéristique.

Mais il ne suffisait pas qu'il fût lui-même à l'abri de ces recherches, il fallait encore qu'il empêchât Florentin d'être injustement condamné pour un crime dont il était innocent: c'était déjà beaucoup que le pauvre garçon fût emprisonné et que sa soeur fût désespérée, sa mère malade de chagrin; mais qu'il fût, en plus, envoyé à l'échafaud ou au bagne, ce serait trop; en soi la mort de Caffié serait peu de chose: elle devenait atroce si elle amenait un pareil dénouement.

Il ne fallait pas, il ne voulait pas que cela fût; et il devait tout faire, non seulement pour que la condamnation n'eût pas lieu, mais encore pour que la détention ne se prolongeât pas.

C'était à ce sentiment qu'il avait obéi en allant expliquer au juge d'instruction que les charges contre Florentin résultant de la trouvaille du bouton ne reposaient sur rien, puisqu'il n'y avait pas eu lutte; mais la façon dont on avait accueilli son intervention, en lui montrant que la justice n'était pas disposée à laisser déranger son hypothèse par une simple démonstration médicale, l'avait jeté dans l'inquiétude et la perplexité.

Sans doute, un autre à sa place eût laissé les choses continuer leur cours et, puisque la justice avait un coupable dont elle se contentait, n'eût rien fait pour le lui enlever; tandis qu'elle suivait son hypothèse pour prouver la culpabilité de celui qu'elle tenait, elle ne cherchait point ailleurs; quand elle l'aurait fait condamner, tout serait fini; enterrée, l'affaire Caffié, comme Caffié était lui-même enterré; le silence se faisait avec l'oubli et pour lui la sécurité. Le crime était puni, la conscience publique satisfaite ne réclamait plus rien, pas même de savoir si la dette avait été acquittée par celui qui la devait réellement, il y avait eu payement, cela suffisait. Mais il n'était pas cet autre, et, s'il trouvait légitime la mort de ce vieux coquin, c'était à condition qu'on ne la fît pas payer à Florentin, à qui elle n'avait profité en rien.

Il fallait donc que Florentin fût relâché au plus vite, et c'était son devoir de s'y employer, son devoir impérieux,—non seulement envers Philis, mais encore envers lui-même.

Telle que l'affaire s'était trouvée engagée après la démarche auprès du juge d'instruction, il avait compris et il avait fait comprendre à Philis éperdue que, jusqu'au jour de la comparution de Florentin devant les jurés, il ne pouvait plus rien ou presque rien directement. Ce jour-là, il est vrai, il reprendrait son autorité, et, en parlant au nom de la science, il prouverait aux jurés que l'histoire du bouton était une invention de policiers aux abois qui ne supportait pas l'examen: mais jusque-là, le pauvre garçon restait à Mazas, et, si assuré qu'on pût être d'un acquittement à ce moment, mieux valait une ordonnance de non-lieu immédiate, si on pouvait l'obtenir.

Pour cela l'intervention et la direction d'un médecin étaient de peu d'utilité; c'était celle d'un avocat qu'il fallait.

Lequel prendre? Philis aurait voulu qu'on s'adressât au plus illustre, à celui qui, par son talent, son autorité, ses succès, devait gagner toutes ses causes. Mais il lui avait représenté que ces faiseurs de miracles n'existaient probablement pas plus au barreau qu'en médecine, où l'on ne pouvait appeler un médecin qui ne perdît pas de malades, et que, existât-il d'ailleurs, ni elle ni lui ne possédaient la grosse somme dont il faudrait le payer. A la vérité, il eût volontiers abandonné les trente mille francs que la poste restante gardait, ou une forte partie de cette somme, pour que Florentin fût mis en liberté; mais, outre qu'il eût été imprudent de tirer les billets de leur cachette en ce moment, il ne pouvait pas avouer qu'il avait trente mille francs ni même dix mille: comment se les serait-il procurés? Du plus illustre des avocats, ils avaient donc dû descendre à un modeste, et comme, pour faire ce choix, Saniel ne se reconnaissait aucune compétence, il avait décidé avec Philis de consulter Brigard, qui, mieux que personne, après avoir fabriqué depuis trente ans toute une armée d'avocats, avait qualité pour en trouver et en indiquer un bon.

Un mercredi, il était donc retourné à la parlotte de la rue Vaugirard, où il n'avait pas remis les pieds depuis sa tentative auprès de Glady; comme à l'ordinaire, il avait été reçu affectueusement par Crozat, qui l'avait grondé de se faire si rare, et, comme à l'ordinaire aussi, pour ne pas troubler la discussion engagée par une entrée bruyante, il était resté debout près de la porte: la réunion finie, il entretiendrait Brigard en particulier.

Ce soir-là, c'était une phrase de Chateaubriand qui servait de thème aux discours: «Le tigre tue et dort; l'homme tue et veille», et, en écoutant les développements auxquels elle prêtait, Saniel se disait tout bas que c'était vraiment dommage de ne pouvoir pas répondre par un simple fait d'expérience personnelle à toute cette rhétorique: jamais il n'avait si bien dormi, si tranquillement, que depuis que, par la mort de Caffié, il s'était débarrassé de tous les soucis qui en ces derniers mois, avaient tant tourmenté et abrégé son sommeil. Glady s'était particulièrement distingué et, du choc de cette antithèse, il avait fait jaillir des images qui avaient été chaudement applaudies ou soulignées par de petits cris d'admiration dont Brigard donnait le signal. A travers la fumée, Saniel avait cherché Nougarède, pour voir quel effet produisait sur lui ce succès de son rival, mais il ne l'avait pas trouvé.

A la fin, Brigard avait résumé la discussion en constatant que rien ne prouvait mieux la puissance de la conscience humaine que cette différence entre l'homme et la bête; puis, après que les cruchons de bière avaient été vidés, on s'était retiré: Glady le premier, la peur d'avoir à subir un nouvel assaut de Saniel faisant passer avant la joie, de goûter son triomphe celle d'échapper à un emprunt.

Alors Saniel, restant seul avec Brigard et Crozat, avait exposé sa demande.

—Mais c'est l'affaire Caffié?

—Précisément.

Et longuement il avait expliqué l'intérêt qu'il portait à Florentin, fils d'une de ses clientes, ainsi que la situation de cette cliente.

—Eh bien, mon cher, le conseil que j'ai à vous donner, c'est de confier l'affaire à Nougarède. Vous me direz: Nougarède, est ceci et cela. Tout ce que vous voudrez, si vos objections remontent à deux ans; à ce moment, j'en conviens, elles étaient fondées: un peu creux et vide, c'est vrai. Mais depuis il s'est formé; sa parole n'a rien perdu de son charme entraînant, et son esprit s'est affermi; il a gagné en étendue autant qu'en profondeur; enfin, selon moi, c'est l'homme qu'il vous faut. Je l'ai entendu, dans ses deux dernières affaires aux assises; avec sa faconde méridionale, ses manières séduisantes et câlines, la sympathie qu'il inspire à première vue, la chaleur, l'émotion, la tendresse dont il use sans en abuser, il a enlevé le jury. Sans doute, ce n'est pas un maître; mais votre cliente peut-elle se payer un maître, et ce maître, occupé de cinquante affaires importantes, se donnerait-il à la vôtre comme le fera Nougarède? Sans compter que Nougarède subira votre influence, la mienne, et, qu'il s'emploiera à obtenir une ordonnance de non-lieu si c'est possible, ce qui vaudra mieux qu'un acquittement.

Crozat avait appuyé dans ce sens, en recommandant d'aller voir Nougarède dès le lendemain:

—Le matin, n'est-ce pas? parce qu'après le Palais Nougarède est tout à son mariage, qui, comme vous le voyez, l'a empêché de venir ce soir.

—Comment! Nougarède se marie? s'était écrié Saniel, surpris que le disciple préféré donnât ce démenti à la doctrine et aux exemples du maître.

—Mon Dieu, oui; il ne faut pas trop lui en vouloir. Il subit les fatalités d'un milieu spécial. Sans que nous le sachions, Nougarède, on peut le dire maintenant et même on doit le dire, était l'amant heureux d'une jeune personne charmante, fille d'une de nos plus gracieuses comédiennes de genre et élevée dans un couvent à la mode; vous voyez la situation. De cette liaison était né un enfant, un délicieux petit garçon. Il semblait tout naturel, n'est-ce pas, qu'ils vécussent en union libre, puisqu'ils s'aimaient, et n'affaiblissent point par des liens légaux, la force de ceux qui les attachaient à cet enfant. Mais il y avait la mère, comédienne comme je vous l'ai dit, et qui en cette qualité, pour son passé, pour son milieu, voulait que sa fille reçût tous les sacrements que la loi—et l'Eglise peuvent conférer. Elle a si bien manoeuvré que le pauvre Nougarède a cédé; il va à la mairie, il va à l'église, il légitime l'enfant, et même il accepte une dot de deux cent mille francs. Je le plains, le malheureux; mais j'avoue que j'ai la faiblesse de ne pas le condamner comme il le mériterait sil se mariait dans un milieu honnête.

Saniel avait été un peu surpris de ces points de ressemblance avec la jeune personne charmante que Caffié lui avait proposée. Fille d'une de nos plus gracieuses comédiennes de genre, élevée dans un couvent à la mode, mère d'un délicieux petit garçon, dotée de deux cent mille francs: la rencontre était pour le moins curieuse; mais, s'il s'agissait d'une seule et même femme, il n'était pas fâché de voir que Nougarède avait été moins difficile que lui.

II

En se rendant chez Nougarède, Saniel s'imaginait vaguement que l'avocat allait lui dire qu'un acquittement était certain si Florentin passait aux assises et même qu'une ordonnance de non-lieu était probable. Mais son espérance ne s'était point réalisée.

—L'aventure du bouton nous serait arrivée, à vous ou à moi, qu'elle n'aurait pas la même gravité que pour ce garçon; nous n'avons pas d'antécédents sur lesquels on puisse établir des présomptions, lui en a: les quarante-cinq francs qui constituent un détournement par homme à gages seront certainement le point de départ de l'accusation; on commence par une faiblesse, on finit par un crime. Entendez-vous l'avocat général? il débute par le portrait du clerc d'autrefois, laborieux, exact, scrupuleux, content de peu et mettant sa satisfaction dans le devoir accompli; puis, en opposition, il passe à celui du clerc d'aujourd'hui: aussi irrégulier dans son travail que dans sa conduite, dévoré de besoins, pressé de jouir, mécontent de tout et de tous, des autres comme de lui-même. «Est-il exemple plus frappant que celui que vous avez en ce moment devant vous, messieurs les jurés? Le voilà cet irrégulier dont je vous parlais; sans instruction spéciale, il a la bonne fortune inespérée de trouver une situation honorable; mais il faut travailler et le travail le gêne, surtout parce qu'il l'empêche de s'amuser; ce qu'il veut, ce sont les plaisirs de la vie mondaine, celle des heureux de ce monde qu'il envie. Sa situation, il la quitte pour une autre qui lui laissera la liberté de satisfaire ses appétits. Qu'en fait-il, de cette, liberté? Il se livre à la débauche et se plonge dans cette existence désordonnée qu'il voulait. De dangereuses sirènes l'attirent, le charment, le fascinent, et il est perdu. Elles aussi sont dévorées par le besoin du luxe. Où trouverait-il l'argent qu'elles exigent de lui, et que sa passion n'a pas la force de refuser? Dans la caisse de son patron. Il commence par détourner quarante-cinq francs et finit par en voler trente-cinq mille après un assassinat.» Soyez sûr que, si l'affaire vient aux assises, comme je le crois, vous entendrez ces paroles, ou tout au moins ce thème, et je vous affirme que nous aurons du mal à détruire l'impression qu'il aura produite sur les jurés; mais nous y arriverons... je l'espère.

Il avait fallu renoncer à l'ordonnance de non-lieu et se dire que l'affaire viendrait aux assises; mais de ce qu'on est accusé il n'en résulte pas qu'on sera condamné, et Saniel avait persisté dans sa croyance que Florentin ne pouvait pas l'être: assurément la prison préventive était dure pour le pauvre garçon, et la comparution devant le jury, avec toute l'ignominie qui en est l'accompagnement obligé, serait plus dure encore; mais enfin tout cela disparaîtrait dans la joie de l'acquittement: à ce moment on trouverait bien quelque idée ingénieuse, sympathie, appui effectif, pour lui payer ce qu'il aurait souffert. Certainement les choses se passeraient ainsi, et l'acquittement serait enlevé haut la main.

Il se l'était dit et redit sur tous les tons, et, du jour où il avait remis l'affaire à Nougarède, il avait été souvent voir celui-ci pour se l'entendre répéter.

—N'est-ce pas qu'il ne peut pas être condamné?

—On peut toujours être condamné, même quand on est innocent, comme on peut toujours mourir, vous le savez, même avec une excellente santé.

Cette réserve, qui l'avait contrarié, ne l'avait pas autrement inquiété sur le résultat final: Nougarède, en malin qu'il était, exagérait le danger possible pour grandir son importance et, en fin de compte, son succès.

Dans une de ces visites, il s'était rencontré avec madame Nougarède, mariée depuis quelques jours, et, en reconnaissant en elle la jeune vierge à l'enfant dont Caffié lui avait montré le portrait, il s'était affermi dans son idée que la conscience, telle qu'on la comprend, était décidément un singulier instrument de pesage, à qui l'on faisait dire ce qu'on voulait: à quoi bon toutes ces hypocrisies et qui croyait-on tromper?

Bien qu'il eût toujours répété à Philis que l'acquittement était certain, et qu'il lui eût promis de s'occuper de Florentin,—ce qu'il avait réellement fait d'ailleurs,—elle ne s'en était complètement remise ni à lui ni à Nougarède du soin de défendre son frère, et avec eux elle avait travaillé à cette défense.

Ce qui avait retardé le renvoi devant les assises, croyait Nougarède, c'étaient les recherches tentées pour savoir si, pendant son séjour en Amérique, Florentin n'avait pas travaillé dans quelque grande usine de viande, dans quelque bergerie, quelque garderie de troupeaux, où il aurait appris à se servir du couteau des égorgeurs de bestiaux, ce qui était le point capital pour l'accusation. Afin de parer à ce danger, Philis, de son côté, avait écrit dans les diverses villes où Florentin avait passé, pour prouver que, pendant ces deux années de séjour, son temps avait été employé de telle sorte qu'il n'avait pas pu faire cet apprentissage: à la vérité, il avait travaillé à la Plata comme comptable, pendant six mois, dans les bureaux d'une grande bergerie de Bahia-Blanca; mais de ce qu'il avait tenu les écritures d'une bergerie il ne résultait pas qu'il en eût jamais égorgé les moutons.

Quand elle recevait une lettre, elle l'apportait tout de suite à Saniel, puis après à Nougarède; et, en même temps, de tous les côtés, à Paris, parmi ceux qui avaient eu des relations avec son frère, elle cherchait des témoignages qui prouvassent au jury qu'il ne pouvait pas être l'homme que l'accusation croyait. C'était ainsi que, toute seule, sans autres moyens d'action que ceux qu'elle trouvait dans sa tendresse fraternelle et sa vaillance, elle avait organisé une instruction parallèle à celle de la justice, qui, au jour du jugement, pèserait d'un certain poids, semblait-il, sur la conviction du jury, en lui montrant quelle avait été la vie vraie de cet irrégulier et de ce débauché, capable de tout pour assouvir son appétit et satisfaire ses besoins.

Chaque fois qu'elle avait obtenu une déposition favorable, elle accourait chez Saniel pour lui en faire part, et alors en duo ils se répétaient qu'une condamnation était impossible.

—Tu crois, n'est-ce pas?

—Ne l'ai-je pas toujours dit?

Il avait dit aussi qu'on ne pouvait pas arrêter Florentin en basant l'accusation sur le bouton arraché; de même il avait dit que certainement une ordonnance de non-lieu serait rendue par le juge d'instruction; mais ils ne voulaient s'en souvenir ni l'un ni l'autre.

Les choses en étaient là quand, un samedi soir, Saniel avait vu Philis tomber chez lui radieuse.

Dès la porte, elle s'écria:

—Il est sauvé!

—Ordonnance de non-lieu?

—Non, mais maintenant peu importe; nous pouvons aller aux assises.

Elle poussa un soupir qui disait combien étaient grandes ses craintes, malgré la confiance qu'elle affirmait quand elle répétait qu'une condamnation était impossible.

Il avait quitté le bureau devant lequel il travaillait et, venant à elle, il l'avait prise dans son bras pour la faire asseoir près de lui sur le divan:

—Tu vas voir que je ne me laisse pas enlever par l'illusion et que, comme je te le dis, il est sauvé, bien sauvé. Tu sais qu'un journal illustré a publié son portrait?

—Je ne lis pas les journaux illustrés.

—Tu aurais pu le voir à la montre des kiosques où il s'étale; c'est là que je l'ai vu, moi, hier matin, en sortant, et je suis restée pétrifiée, rouge de honte, éperdue, ne sachant où me cacher: «Florentin Cormier, l'assassin de la rue Sainte-Anne.» N'est-ce pas infâme qu'on puisse ainsi déshonorer un innocent? C'était ce que je me disais en baissant les yeux devant les kiosques que je rencontrais sur mon chemin, sans me douter de la joie qu'allait m'apporter la publication de ce portrait. Où le journal s'est-il procuré la photographie d'après laquelle la gravure a été exécutée? je n'en sais rien. On était venu nous en demander une; mais tu peux imaginer comment j'avais accueilli celui qui s'était présenté, n'imaginant pas qu'il pût résulter quelque chose de bon pour nous de ce que je considérais comme une honte.

—Et qu'est-il résulté?

—La preuve que ce n'est pas Florentin qui était chez Caffié au moment où l'assassinat a été commis. Toute la journée d'hier et toute la matinée d'aujourd'hui, j'étais restée sous l'impression de honte qui me poursuivait, quand à trois heures j'ai reçu ce petit mot de la concierge de la rue Sainte-Anne.

Elle sortit de sa poche un morceau de papier plié en forme de lettre, avec une adresse grossièrement écrite, qu'elle tendit à Saniel.

«Mademoiselle,

Si vous voulez passer rue Sainte-Anne, j'ai

quelque chose à vous apprendre qui vous fera

bien plaisir, à ce que je crois.

Je suis votre servante.

Veuve ANAÏS BOUCHU.»

—Tu sais que la vieille concierge aux reins ankylosés n'a jamais voulu admettre que mon frère pouvait être coupable. Florentin avait été poli et bon avec elle pendant son séjour chez Caffié, et elle lui en est restée reconnaissante. Bien souvent, elle m'avait dit qu'elle était certaine qu'on découvrirait le coupable, que les cartes l'annonçaient, et que, quand cela arriverait, elle me priait de l'en avertir. Au lieu que ce soit moi qui ait eu à lui apporter cette bonne nouvelle, c'est elle, comme tu le vois, qui m'a écrit de venir la recevoir d'elle. Tu penses comme je suis descendue vivement des Batignolles à la rue Sainte-Anne. Si loin qu'allât mon imagination, elle restait cependant au-dessous de la réalité: je comptais sur quelque indice favorable, une découverte, un témoignage, non sur une preuve; et cette preuve, nous l'avons. Quand j'arrivai, la vieille femme me prit les deux mains et me dit qu'elle allait me conduire tout de suite auprès d'une dame qui avait vu l'assassin de Caffié.

Vu! s'écria Saniel, frappé d'un coup qui le secoua de la tête aux pieds.

—Parfaitement vu, comme je te vois. Elle ajouta que cette dame était la propriétaire de la maison et qu'elle habitait le second corps de bâtiment, au deuxième étage sur la cour, juste en face le cabinet de Caffié. Cette dame, qui s'appelle madame Dammauville, veuve d'un avoué, est atteinte de paralysie, elle ne quitte pas sa chambre depuis un an, je crois. Ce fut ce que la concierge m'expliqua en traversant la cour et en montant l'escalier, répétant toujours: «Vos chagrins sont finis, ma pauvre demoiselle», mais sans me dire comment et pourquoi. Quand je la pressais, elle répondait: «Attendez encore un peu, Madame vous l'expliquera mieux que moi, et puis elle n'aime pas qu'on bavarde.»

Si elle avait pu observer Saniel, elle l'aurait vu pâlir au point que ses lèvres étaient aussi blanches que ses joues; mais tout à son récit, elle s'absorbait dans ce qu'elle disait.

—Une domestique nous introduisit chez madame Dammauville, que je trouvai couchée sur un petit lit auprès d'une fenêtre, et la concierge lui dit qui j'étais. Elle m'accueillit d'une façon affable, et, après m'avoir fait asseoir en face d'elle, elle me dit qu'ayant su par sa concierge que je m'occupais de réunir des témoignages en faveur de mon frère, elle en avait un à me donner qui allait démontrer que l'assassin de Caffié n'était pas celui que la justice avait arrêté et retenait. Le soir de l'assassinat de Caffié, elle était dans cette même chambre, étendue sur ce même lit, devant cette même fenêtre, et, après avoir lu pendant toute la journée, elle réfléchissait et rêvait à son livre, en regardant vaguement dans la cour le soir qui descendait et déjà brouillait tout dans son ombre. Machinalement, elle avait fixé ses yeux sur la fenêtre du cabinet de Caffié qui lui faisait face; tout à coup, elle vit un homme de grande taille, qu'elle prit pour un tapissier, s'approcher de cette fenêtre et tâcher de manoeuvrer les rideaux; il n'y réussit pas; alors Caffié se leva, et, prenant la lampe, il vint l'éclairer, de telle sorte que la lumière tombait en plein sur le visage de ce tapissier. Tu comprends, n'est-ce pas?

—Oui, murmura Saniel.

—Elle le vit donc très bien, assez pour ne pas l'oublier et le confondre avec un autre: taille élevée, cheveux longs, barbe blonde frisée; le vêtement, celui d'un monsieur, non d'un pauvre diable. Les rideaux furent tirés; il était alors cinq heures un quart ou cinq heures vingt minutes; et c'est à ce moment même que Caffié a été égorgé par ce faux tapissier qui n'a évidemment tiré les rideaux que pour tuer Caffié en toute sécurité, sans être vu, n'imaginant pas que, précisément, on venait de le voir accomplissant un fait qui le dénonçait pour l'assassin aussi sûrement que si on l'avait surpris le couteau à la main. En lisant dans les journaux le signalement de Florentin, quand il avait été arrêté, madame Dammauville avait cru que la justice tenait le coupable: taille élevée, cheveux longs, barbe frisée, il y avait, en effet, des points de ressemblance; mais dans le portrait publié par le journal illustré qu'elle reçoit, elle n'a pas reconnu celui qui avait manoeuvré les rideaux, et elle a la certitude que la justice se trompe! Tu vois que Florentin est sauvé.

III

Comme il n'avait rien répondu à ce cri de triomphe, surprise elle le regarda.

Elle le vit pâle, le visage bouleversé, sous le coup, bien évidemment, d'une émotion violente qu'elle ne s'expliquait pas.

—Qu'as-tu? demanda-t-elle avec inquiétude.

—Rien! répondit-il brutalement.

—Tu ne veux pas affaiblir mon espoir? dit-elle, n'imaginant pas qu'il pût ne pas penser à cet espoir et à Florentin.

Dans son désarroi, c'était une voie qu'elle lui ouvrait: en la suivant, il aurait le temps de se reconnaître.

—Il est vrai, dit-il.

—Tu ne trouves donc pas que ce que madame Dammauville a vu prouve l'innocence de Florentin?

—Ce qui peut être une preuve pour madame Dammauville, pour toi, pour moi, en sera-t-il une pour la justice?

—Cependant....

—Je te voyais si pleine de joie que je n'osais t'interrompre.

—Alors tu crois que ce témoignage est sans valeur, murmura-t-elle accablée.

—Je ne dis pas cela. Il faut réfléchir, peser le pour et le contre, envisager la situation à divers points de vue,—ce que j'essaye de faire; de là ma préoccupation qui t'étonne.

—Dis qu'elle m'écrase; je m'étais si bien laissée enlever.

—Il ne faut pas être écrasée, pas plus qu'il ne faut être envolée. Certainement, ce que cette dame vient de te dire constitue un fait considérable....

—N'est-ce pas?

—Sans aucun doute; mais, si le témoignage qu'elle apporte peut être gros de conséquences, c'est à condition que le témoin est digne de foi.

—Crois-tu que cette dame peut avoir inventé une pareille histoire?

—Je ne dis pas cela; mais avant tout il faut savoir ce qu'elle est.

—La veuve d'un avoué.

—Veuve d'avoué, propriétaire: évidemment, cela constitue un état social qui mérite considération pour la justice; mais l'état moral, quel est-il? Tu dis qu'elle est paralysée?

—Depuis plus d'un an.

—De quelle paralysie? C'est là un mot bien vague pour nous autres; il y a des paralysies qui troublent la vision, il y en a qui troublent la raison. Est-ce d'une de ces paralysies que cette dame est atteinte? ou bien est-ce d'une autre qui lui a permis de voir réellement, le soir de l'assassinat, ce qu'elle raconte, et qui laisse maintenant ses facultés mentales en état sain? C'est là, avant tout, ce qu'il serait important de savoir.

Philis était anéantie.

—Je n'avais pas pensé à tout cela, murmura-t-elle.

—Il est bien naturel que tu n'y aies pas pensé; mais je suis médecin, et, pendant que tu parlais, c'est le médecin qui t'écoutait.

—C'est vrai, c'est vrai! répéta-t-elle accablée; je n'ai vu que Florentin.

—A ta place, je n'aurais vu, comme toi, que mon frère, et me serais laissé emporter par l'espoir; mais je ne suis pas à ta place: c'est par ta voix que parle cette femme, que je ne connais pas et contre laquelle je dois me tenir en garde par cela seul que c'est une paralytique qui fait ce récit.

Elle ne put pas retenir les larmes qui lui étaient montées aux yeux, et silencieusement elle les laissa couler, ne trouvant rien à répondre.

—Je suis fâché de te peiner, dit-il.

—Je ne voyais que la liberté de Florentin.

—Je ne dis pas que ce témoignage de madame Dammauville n'aura pas d'influence sur la justice, et surtout sur les jurés; mais je dois t'avertir que tu t'exposerais à une terrible déception si tu croyais que, par cela seul qu'elle affirme que le portrait publié par un journal illustré n'est pas celui de l'homme qu'elle a vu ou cru voir, à cinq heures un quart dans le cabinet de Caffié, on va remettre ton frère en liberté. Ce n'est pas sur un témoignage de cette espèce et de cette qualité que la justice se décide; mieux que nous, elle sait à quelles illusions on peut se laisser prendre quand il s'agit d'un crime qui occupe et passionne la curiosité publique: il y a des témoins qui, de la meilleure foi du monde, croient avoir vu les choses les plus extraordinaires qui n'ont jamais existé que dans leur imagination; et il y a des gens qui s'accusent eux-mêmes plutôt que de n'avoir rien à dire.

Il entassait les mots par-dessus les mots, comme si, en cherchant à convaincre Philis, il pouvait espérer se convaincre lui-même; mais, quand le bruit de ses paroles s'affaiblissait, il était bien obligé de s'avouer que, quelle que fût la paralysie de cette femme, elle n'avait à cette occasion produit ni trouble dans la vision, ni trouble dans la raison: elle l'avait vu, bien vu, l'homme à la taille élevée, aux cheveux longs, à la barbe frisée, vêtu en monsieur, qui n'était pas Florentin; quand elle racontait l'histoire de la lampe et des cordons de tirage, elle savait ce qu'elle disait; toutes ses explications ne pouvaient donc avoir d'effet que sur Philis, et elles s'arrêteraient à elle.

Il est vrai que c'était quelque chose, car dans son premier mouvement de trouble il avait été bien près de se trahir. Sans doute il aurait dû se dire que cet incident des rideaux pouvait se traduire d'un moment à l'autre par un danger: mais tout s'était si rapidement passé qu'il n'avait jamais imaginé que, précisément au moment même où Caffié levait la lampe pour l'éclairer; il y avait une femme en face pour le regarder et le voir si bien, qu'elle ne l'eut pas oublié. Il avait cru mettre toutes les précautions de son côté en allant fermer ces rideaux, quand au contraire il aurait mieux fait de les laisser ouverts: sans doute la veuve de l'avoué aurait été témoin d'une partie de la scène, mais dans l'ombre elle n'aurait pas distingué ses traits comme elle avait pu le faire alors qu'il se posait lui-même en belle place, contre la fenêtre, sous la lumière; et avant qu'elle fût revenue de sa surprise, avant qu'elle eût appelé, qu'on fût arrivé à sa voix, qu'on eût descendu les deux étages, il aurait eu le temps de gagner la rue. Mais cette idée ne lui était pas venue à l'esprit, et, pour se mettre à l'abri d'un danger immédiat, il s'était jeté dans un autre qui, pour avoir une échéance incertaine, n'était pas moins grave.

Peu à peu Philis s'était retrouvée, et l'espérance que madame Dammauville avait mise dans son coeur, un moment écrasée par les observations de Saniel, s'était relevée.

—N'est-il pas possible que madame Dammauville ait réellement vu ce qu'elle raconte?

—Sans aucun doute, et même il y a des probabilités pour qu'il en soit ainsi, puisque l'homme qui a tiré les rideaux n'était pas ton frère, nous le savons, nous; malheureusement ce n'est pas nous qu'il faut convaincre, puisque d'avance notre conviction est faite; c'est ceux qui, d'avance aussi, en ont une qu'ils n'abandonneront que si on la leur arrache de force.

—Mais si madame Dammauville a bien vu?

—Ce qu'il faut avant tout savoir, c'est si elle est en état de bien voir; je n'ai pas dit autre chose.

—Un médecin le saurait sûrement en l'examinant?

—Sans doute.

—Si tu étais ce médecin?

—Moi?

Ce fut un cri plutôt qu'une exclamation: elle voulait qu'il se présentât devant cette femme; mais alors elle le reconnaîtrait!

Une fois encore, sous peine de trahir son émoi, il dut revenir sur ce premier mouvement.

—Mais comment veux-tu que j'aille examiner cette femme que je ne connais pas et qui ne me connaît pas. Tu sais bien que ce sont les malades qui choisissent leur médecin, et non les médecins qui choisissent leurs malades.

—Si elle t'appelait!

—A quel titre?

—Sans que tu la voies, par ce que j'apprendrais en faisant parler la concierge, ne pourrais-tu pas reconnaître son genre de paralysie.

—Ce ne serait qu'un à-peu-près bien vague: cependant, je t'engage à faire cette enquête et à l'étendre autant que tu pourras; tâches d'apprendre, non seulement tout ce qui touche à sa maladie, mais encore ce qui se rapporte à elle: quelle est sa situation, quelles sont ses relations, cela est important pour un témoin qui s'impose autant par ce qu'il est que par ce qu'il dit: tu comprends qu'une déposition qui détruit tout le système de l'accusation sera sévèrement discutée, et qu'elle ne sera acceptée que si madame Dammauville a, par son caractère et sa position, une autorité suffisante pour briser les résistances.

—Je tâcherai aussi de savoir quel est son médecin; peut-être le connais-tu. Ce qu'il te dirait vaudrait mieux que tous les propos que je pourrai te rapporter.

—Nous serions tout de suite fixés sur la paralysie, et nous verrions quel crédit nous pouvons accorder aux paroles de cette femme.

Tout en écoutant Philis et tout en parlant lui-même, il avait eu le temps d'envisager la situation que lui créait ce coup de foudre: évidemment, la première chose à faire était d'empêcher le soupçon de naître dans l'esprit de Philis, et c'était à quoi il s'était appliqué en se jetant dans des explications sur les divers genres de paralysie: il la connaissait assez pour voir qu'il avait réussi. Si tout d'abord elle avait été surprise de son émoi, elle lui trouvait maintenant des raisons suffisantes pour ne s'en inquiéter plus tard que dans le cas où des accusations directes s'élèveraient contre lui et la feraient revenir en arrière. Mais il ne devait pas s'en tenir à ce résultat; il fallait plus. Qu'allait-elle faire maintenant? Comment entendait-elle se servir de la déclaration de madame Dammauville? En avait-elle parlé à quelqu'un avant lui? Son intention était-elle d'aller raconter à Nougarède ce qu'elle venait d'apprendre? Tout cela devait être éclairci. Et autant que possible, il fallait qu'elle ne fît rien qu'à l'avance il ne connût et n'eût approuvé. Les circonstances étaient assez critiques pour qu'il ne laissât pas le hasard maître de les diriger et de les conduire à l'aveugle.

—Quand as-tu vu madame Dammauville? demanda-t-il.

—A l'instant.

—Et maintenant, que veux-tu faire?

—Je croyais que je devais avertir M. Nougarède.

—Évidemment, quelle que soit la valeur de la déclaration de madame Dammauville, il doit la connaître: ce sera à lui d'apprécier; seulement, comme il est bon de lui expliquer ce qui peut vicier cette déclaration, je vais, si tu veux, aller le trouver?

—Certainement je le veux et je t'en remercie.

—Toi, pendant ce temps-là, remonte auprès de ta mère, et dis-lui ce que tu as appris; mais, pour qu'elle ne se laisse par aller à un espoir exagéré, dis-lui aussi que s'il y a des chances, et de grandes, en faveur de ton frère, d'un autre côté, il y en a contre. Demain ou ce soir tu reviendras rue Sainte-Anne et tu commenceras ton enquête auprès de la concierge; si la vieille femme ne te dit rien d'intéressant, tu retourneras auprès de madame Dammauville, que tu demanderas à voir sous un prétexte quelconque: tu la feras parler en écoutant bien le rythme de sa voix, tu noteras si ses idées s'enchaînent, tu examineras sa face et ses yeux; enfin tu ne négligeras rien de ce qui te paraîtra caractéristique. Pour avoir soigné ta mère, tu connais presque aussi bien qu'un médecin les symptômes de la myélite et tu pourras voir tout de suite s'il en existe d'analogues chez madame Dammauville; ce sera déjà un point d'obtenu.

—Si j'osais! dit-elle timidement après une courte hésitation.

—Quoi?

—Je te demanderais de venir avec moi chez la concierge, tout de suite.

—Y penses-tu? s'écria-t-il.

Depuis le soir où il avait constaté la mort de Caffié, il n'était jamais retourné rue Sainte-Anne, et ce n'était pas quand le signalement donné par madame Dammauville courait déjà le quartier, sans doute, qu'il allait commettre l'imprudence de se montrer.

Mais il fallait expliquer cette exclamation.

—Comment veux-tu qu'un médecin se livre à une pareille enquête? De ta part, elle est toute naturelle. De la mienne, elle serait déplacée et ridicule; ajoute qu'elle serait dangereuse: tu as besoin de te concilier les bonnes grâces de cette madame Dammauville; et ce serait vraiment s'y prendre bien maladroitement que de lui donner prétexte à croire que tu cherches à savoir si elle a ou n'a pas sa raison.

—C'est vrai, dit-elle. Je n'avais pas pensé à cela. Je me disais que, tandis que je ne peux qu'écouter tout ce que voudra bien me raconter la concierge, tu saurais, toi, l'interroger d'une façon utile pour l'amener à dire ce que tu as intérêt à apprendre.

—J'espère que ton enquête me l'apprendra; en tout cas, ne brusquons rien; si demain tu ne me rapportes que des choses insignifiantes, nous verrons à aviser; en attendant, retourne chez la concierge ce soir même, interroge-la;

s'il est possible, monte chez madame Dammauville, et ne rentre chez ta mère qu'après avoir obtenu quelques renseignements sur ce que nous avons si grand intérêt à apprendre. Moi, de mon côté, je vais chez Nougarède.

IV

Ce n'était point pour fausser le récit de Philis que Saniel avait tenu à voir Nougarède: à quoi bon? ce serait une maladresse qui tôt ou tard se découvrirait toute seule et tournerait alors contre lui; il aurait voulu, avec l'autorité du médecin, expliquer que ce témoignage d'une paralytique pouvait n'avoir pas plus d'importance que celui d'une folle.

Mais, aux premiers mots de son explication, Nougarède l'avait arrêté:

—Ce que vous dites-là est très possible, mon cher ami; mais je vous ferai remarquer que ce n'est pas à nous de soulever des objections de ce genre. Voilà, un témoignage qui peut sauver notre client: acceptons-le tel qu'il est et d'où qu'il vienne. C'est l'affaire de l'accusation de prouver que notre témoin n'a pas pu voir ce qu'il raconte avoir vu, ou que son état mental ne lui permet pas de savoir ce qu'il dit. Et, soyez sans crainte, les recherches ne manqueront pas. Ne donnons donc pas nous-mêmes l'éveil de ce côté; ce serait naïf.

Ce n'était certes pas là ce que Saniel avait voulu; seulement il avait cru devoir, en sa qualité de médecin, indiquer à quels écueils on pouvait se heurter.

—Notre devoir, poursuivit l'avocat, est donc de manoeuvrer de façon à les éviter, et voici comment je comprendrais le rôle de ce témoin réellement providentiel, s'il est encore possible de le lui faire prendre. Puisqu'il vous est venu à l'esprit, vous qui souhaitez l'acquittement de ce pauvre garçon, que le témoignage de madame Dammauville pouvait être vicié par cela seul qu'il émanait d'une femme malade, il est incontestable, n'est-ce pas, que cette même idée se présentera à ceux qui tiennent à la condamnation. Ce témoignage serait irréfutable, il s'imposerait de telle sorte qu'on ne pourrait élever contre lui aucun reproche, qu'il enlèverait l'acquittement à quelque moment qu'il se produisit: c'est de cinq heures un quart à cinq heures et demie que Caffié a été assassiné: à cinq heures un quart juste, une femme respectable par sa position, et que ses facultés intellectuelles aussi bien que ses facultés physiques rendent digne de toute croyance, aurait vu dans le cabinet de Caffié un homme, qu'il est matériellement impossible de confondre avec Florentin Cormier, tirer les rideaux de la fenêtre et préparer ainsi le crime; elle ferait sa déposition dans ces conditions et dans ces termes, que l'affaire serait finie: il n'y aurait pas de juge d'instruction, après confrontation, pour envoyer Florentin Cormier devant les assises, et y en eût-il un qu'il ne se trouverait assurément pas dans le jury deux voix pour la condamnation. Mais ce n'est pas ainsi que les choses se présentent et se passeront. Sans doute, madame Dammauville porte un nom qui lui vaut crédit, surtout au palais: son mari était un avoué estimé, un frère de celui-ci a été notaire à Paris; ce n'est pas la première venue, il s'en faut.

—Vous êtes-vous jamais trouvé en relations avec elle? demanda Saniel.

—Jamais; je vous dis ce qui est de notoriété publique dans le monde des affaires. Moralement, elle est donc irréprochable. Mais physiquement, intellectuellement, en est-il de même? Pas du tout, par malheur. C'est une femme atteinte d'une maladie qui bien souvent ne laisse intactes ni les facultés de l'esprit ni celles des sens; sa vue peut subir des aberrations, son esprit des hallucinations. Donc, on peut argumenter sur ce qu'elle dit, et, s'il se trouve un médecin pour affirmer que sa paralysie ne donne lieu ni à ces aberrations ni à ces hallucinations, il s'en trouvera bien un autre qui contestera ces affirmations et arrivera à une conclusion radicalement opposée. Voilà pour le témoin lui-même; maintenant passons au témoignage. Il ne dit pas, ce témoignage, que l'homme qui a tiré les rideaux à cinq heures un quart était fait de telle sorte qu'il est matériellement impossible de le confondre avec Florentin Cormier, parce qu'il était petit, ou bossu, ou chauve, ou vêtu en rôdeur de barrière, tandis que Florentin est grand, droit, chevelu, barbu et vêtu en monsieur; simplement, il dit que l'homme qui a tiré les rideaux était de taille élevée, avec des cheveux longs, une barbe blonde frisée, et vêtu en monsieur. Mais ce signalement est précisément celui de Florentin Cormier comme il est le vôtre d'ailleurs....

—Le mien! s'écria Saniel.

—Le vôtre, comme celui de bien des gens. Et c'est là ce qui, malheureusement pour nous, lui enlève cette irréfutabilité qu'il nous faudrait. Comment est-elle certaine que cet homme de taille élevée, aux cheveux longs et à la barbe frisée n'est pas Florentin Cormier, puisque celui-ci se caractérise par cela même? Et c'est la nuit, à douze ou quinze mètres de distance, à travers une fenêtre aux vitres obscurcies par la poussière des paperasses et par le brouillard, que cette femme malade, dont les yeux sont troublés, dont l'esprit est affaibli par la souffrance, a pu, dans un espace de temps très court, alors qu'elle n'avait aucun intérêt à se graver dans la mémoire ce qu'elle voyait, saisir des signes certains qu'elle se rappelle aujourd'hui assez fortement pour affirmer que l'homme qui a tiré les rideaux n'est pas Florentin Cormier, contre qui tant de charges se sont accumulées de divers côtés, et qui n'a pour lui que ce témoignage... que toute personne sensée ne pourra pas ne pas trouver suspect!

—Mais c'est vrai, dit Saniel, heureux de se laisser prendre à ce plaidoyer qui était le sien.

—Ce qui fait la vérité d'une chose, mon cher, c'est la manière de la présenter; changeons cette manière et nous allons la fausser. Pour arriver à la conclusion qui vous a fait dire: «C'est vrai!» je suis parti de l'idée que dès demain le récit de madame Dammauville était connu de la justice, qu'on entendait la brave dame dans l'instruction, et qu'on avait tout le temps d'examiner ce témoignage que vous-même trouvez suspect. Maintenant partons d'un point opposé. Le récit de madame Dammauville n'est pas connu de la justice ou, s'il en transpire quelque chose, nous nous arrangerons pour que ce quelque chose soit tellement vague que l'instruction n'y attache que peu d'importance; et cela est possible si nous-même ne basons pas sur ce témoignage toute une nouvelle défense. Nous arrivons au jugement, et, quand l'instruction a fait entendre ses témoins qui nous ont accablés: l'agent d'affaires Savoureux, le tailleur Valérius, etc.; c'est le tour de madame Dammauville: elle raconte simplement ce qu'elle a vu, et affirme que l'homme qui est sur le banc des accusés n'est pas le même que celui qui, à cinq heures un quart, a tiré les rideaux. Voyez-vous le coup de théâtre? L'accusation ne l'a pas prévu: elle n'a pas fait d'enquête sur la santé du témoin; elle n'a pas là de médecin tout prêt à alléguer les troubles de la vision et de la raison; très probablement, elle ne pense pas à la vitre obscurcie, pas plus qu'à la distance; enfin tous les arguments qu'on pourrait nous opposer si on avait le temps de les mettre en bon ordre manquent, et nous emportons haut la main l'acquittement.

Les choses, arrangées ainsi, étaient trop favorables à Saniel; pour qu'il n'accueillît pas avec un sentiment de soulagement cette combinaison qui amenait l'acquittement de Florentin plus sûrement, semblait-il, que tout ce qu'ils avaient combiné jusqu'à ce jour pour sa défense; cependant il lui vint à la pensée une objection qu'il communiqua aussitôt à Nougarède:

—Voudra-t-on admettre que madame Dammauville ait gardé le silence sur un fait aussi grave et attendu l'audience pour le révéler?

—Ce silence, elle l'a bien gardé jusqu'à hier; pourquoi ne pas lui passer quelques jours de plus? il est évident que, si elle n'a pas raconté ce qu'elle avait vu, c'est qu'elle avait des raisons pour se taire, il est vraisemblable que, étant malade, elle n'a pas voulu s'exposer aux ennuis et aux fatigues d'un interrogatoire, alors que sa déposition, pouvait, à ses yeux, n'avoir pas grande importance. Qu'aurait-elle révélé à l'instruction? Que l'homme qui avait commis le crime était de grande taille, avec la barbe blonde frisée? Cet homme, la justice le tenait, ou elle en tenait donc un, le signalement répondait à celui-là, ce qui pour madame Dammauville était la même chose; elle n'avait donc pas à appeler les gens de la police, le juge d'instruction; pour leur révéler des choses... insignifiantes: pour sa tranquillité et aussi parce qu'elle jugeait n'avoir rien d'intéressant à dire, elle n'a pas parlé. C'est quand le hasard lui a mis sous les yeux un portrait de l'accusé qu'elle a reconnu que la justice ne tenait pas le vrai coupable, et alors elle a rompu le silence. Le moment où le hasard lui a mis ce portrait sous les yeux n'est pas à préciser; je me charge d'arranger cela. Ce n'est pas là qu'est la difficulté.

—Où la voyez-vous?

—Dans ceci: que madame Dammauville peut avoir déjà raconté son histoire à tant de personnes qu'elle soit tombée dans le domaine public, où l'instruction l'a ramassée; alors plus de coup de théâtre; on l'interroge, on examine la déposition, on lui oppose tout ce que nous disions tout à l'heure, et nous n'avons plus qu'un témoignage suspect. La première chose à faire est donc, dès aujourd'hui, de savoir à quel point cette histoire s'est répandue et; s'il en est temps encore, d'empêcher qu'elle ne se répande davantage.

—Cela n'est guère facile, il me semble.

—Je crois que mademoiselle Philis peut l'obtenir. En voilà une brave fille, vaillante, intelligente, décidée, que rien n'abat ni ne déconcerte, et qui est la preuve vivante que nous ne valons que par la force et la souplesse du ressort intérieur; au reste, je n'ai pas à faire son éloge, puisque vous la connaissez mieux que moi, et ce que je dis n'a d'autre but que d'expliquer la confiance que je mets en elle. Puisque je ne peux pas intervenir moi-même, j'estime que personne mieux qu'elle n'est en état d'agir sur madame Dammauville, sans l'inquiéter comme sans la blesser, et d'amener le résultat que nous cherchons. Je suis sûr qu'elle a déjà gagné madame Dammauville et qu'elle sera écoutée avec sympathie.

—Voulez-vous que je lui écrive de venir vous voir demain?

—Non; le mieux serait que vous la vissiez vous-même ce soir, si cela est possible.

—Je vais aller aux Batignolles en vous quittant.

—Elle entrera parfaitement dans son rôle, j'en suis certain; et elle réussira, j'en ai l'espoir; mais tout ne sera pas dit.

—Il me semble que votre combinaison repose surtout sur le coup de théâtre de la non-reconnaissance de Florentin par madame Dammauville: comment amènerez-vous cette paralytique à l'audience?

—C'est sur vous que je compte.

—Et comment?

—Vous l'examinerez.

—Que j'aille chez elle!

—Pourquoi pas?

—Parce que je ne suis pas son médecin.

—Vous le deviendrez.

—C'est impossible.

—Je ne trouve pas du tout impossible que vous soyez appelé en consultation; je n'ai pas oublié que votre thèse a été faite sur les paralysies dues à l'affection de la moelle, et elle a été assez remarquable pour que nous nous en soyons occupés dans notre parlotte de la rue de Vaugirard; vous avez donc autorité en la matière.

—Ce n'est pas pour avoir fait quelques travaux sur l'anatomie pathologique des lésions médullaires, et spécialement sur les altérations des racines antérieures de la moelle, qu'on acquiert de l'autorité dans une question aussi étendue et aussi délicate.

—Ne soyez pas trop modeste, cher ami; j'ai eu à consulter dernièrement l'article *Paralysie* dans mon Dictionnaire de médecine, et j'ai vu votre travail cité à chaque page. De plus, la façon dont vous venez de passer votre concours vous a mis en lumière; on ne parle que de vous. Il n'y a donc rien d'impossible à ce que mademoiselle Philis, racontant que sa mère a été guérie par vous d'une paralysie précisément, n'amène madame Dammauville à l'idée de vous consulter, et que son médecin ne vous appelle.

—Vous ne ferez pas cela!

—Et pourquoi ne le ferais-je pas?

Ils se regardèrent un moment en silence, et Saniel détourna les yeux.

—Je ne déteste rien tant que de paraître me mettre en avant.

—Dans l'espèce, il ne s'agit pas de ce que vous détestez ou de ce que vous aimez: il s'agit de sauver ce malheureux jeune homme que vous savez innocent; et vous pouvez, pour une bonne part, nous aider. Vous examinez madame Dammauville: vous voyez de quelle paralysie elle est atteinte et, conséquemment, quels reproches on peut opposer à son témoignage; en même temps vous voyez, si vous pouvez la guérir, ou tout au moins la mettre en état de venir à l'audience.

—Et s'il est constaté qu'elle ne pourra pas quitter son lit?

—Alors j'apporte un changement à mon ordre de bataille, et c'est pour cela qu'il est d'une importance capitale—vous savez que c'est le mot—que je sois averti à l'avance.

—Vous faites recevoir sa déposition par le juge d'instruction?

—En aucun cas; mais je fais écrire une lettre par elle que je lis au moment voulu, et je cite son médecin pour qu'il explique qu'il n'a pas permis à sa cliente de venir à l'audience: sans doute, l'effet produit ne serait pas celui que je cherche, mais enfin, nous en aurions toujours un.

V

Après Philis, voilà que Nougarède voulait qu'il vît madame Dammauville, et cette coïncidence n'était pas le moindre danger de la situation qui s'ouvrait.

Qu'elle le vît, et les chances étaient pour qu'elle reconnût en lui l'homme qui avait tiré les rideaux; car, s'il avait pu parler à Philis et à Nougarède de troubles de vision ou de raison, il ne croyait pas à ces troubles, qui n'étaient pour lui que des échappatoires.

Philis, lorsqu'il arriva chez madame Cormier, n'était pas encore rentrée, et il eut à expliquer à la mère inquiète pourquoi sa fille se trouvait en retard.

Alors ce fut un délire de joie devant lequel il se sentit embarrassé. Comment briser l'espérance de cette malheureuse mère?

Ce qu'il avait dit à Philis et à Nougarède, il le répéta: Avant de voir Florentin libre, il fallait savoir ce que valait le témoignage de madame Dammauville; et il expliqua comment la valeur de ce témoignage pouvait se trouver compromise.

—Mais il est possible aussi qu'un paralytique jouisse de toutes ses facultés! s'écria madame Cormier avec une décision qui n'était ni dans ses habitudes ni dans son caractère.

—Assurément.

—N'en suis-je pas un exemple?

—Sans doute.

—Alors Florentin serait sauvé.

—C'est ce que nous devons espérer. Je ne vous prémunis contre un excès de joie que par un excès de prudence; au reste, il est probable que mademoiselle Philis va pouvoir nous fixer en rentrant.

—Vous auriez peut-être mieux fait d'aller rue Sainte-Anne: vous l'auriez encore trouvée.

C'était donc une manie universelle de vouloir l'envoyer rue Sainte-Anne!

Ils attendirent; mais la conversation fut difficile et lente entre eux; ce n'était ni à Philis ni à Florentin que Saniel pensait, c'était à lui et à ses propres craintes; de son côté, madame Cormier courait au-devant de sa fille: alors il y avait de longs silences que madame Cormier interrompait en allant dans la cuisine surveiller son dîner, prêt depuis plus de deux heures et qu'elle tenait au chaud.

Ne sachant que dire et que faire en présence de la mine sombre de Saniel et de sa préoccupation, qu'elle ne s'expliquait pas, elle lui demanda s'il avait dîné.

—Pas encore.

Si vous vouliez accepter une assiette de potage; j'ai du bouillon d'hier, Philis ne l'a pas trouvé mauvais.

Mais il n'accepta point, ce qui peina madame Cormier. Il y avait longtemps que, pour elle, Saniel était une sorte de dieu, et, depuis qu'elle le voyait si zélé à s'occuper de Florentin, le culte qu'elle lui avait voué s'était fait encore plus fervent. Combien de fois parlant de lui avec Philis, s'était-elle écriée «Comment pourrons-nous jamais nous acquitter envers M. Saniel!» et voilà qu'au moment où elle espérait pouvoir lui être agréable il la refusait. Mais elle ne lui en voulut pas: sans doute, il avait ses raisons; rien de ce qui venait de lui ne pouvait être mal.

Cependant les minutes s'écoulaient et Philis n'arrivait pas; enfin, on entendit son pas précipité.

—Comment! vous êtes venu prévenir maman? s'écria-t-elle en apercevant Saniel.

D'ordinaire, madame Cormier l'écoutait respectueusement, mais elle lui coupa la parole.

—Et madame Dammauville? demanda-t-elle.

—Madame Dammauville a des yeux excellents; c'est une femme de tête qui, sans le secours d'aucun homme d'affaires, administre sa fortune.

Défaillante, madame Cormier se laissa tomber sur une chaise.

—Oh! le pauvre enfant! murmurait-elle.

Des exclamations de joie lui échappaient qui n'avaient pas de sens précis.

Philis, radieuse, regardait Saniel, qui faisait des efforts pour ne pas rester sombre, et paraître s'associer à cette joie.

—C'est bien ce que je pensais, dit-il; mais il était imprudent de s'abandonner aujourd'hui à des espoirs que demain aurait détruits.

Pendant qu'il parlait, il échappait au moins à l'embarras de sa situation et à l'examen de Philis.

—Qu'a dit M. Nougarède? demanda-t-elle.

—Je vous l'expliquerai tout à l'heure; commencez par nous raconter ce que vous avez appris de madame Dammauville; c'est son état qui décidera notre conduite, au moins celle que Nougarède conseille d'adopter.

—Quand la concierge m'a vue revenir, commença Philis, elle a montré une certaine surprise; mais n'est une bonne femme qui se laisse facilement apprivoiser, et je n'ai pas eu trop de peine à la faire raconter sur madame Dammauville tout ce qu'elle sait. Il y a trois ans que madame Dammauville est veuve, sans enfant; elle a environ quarante ans; et c'est depuis son veuvage qu'elle habite sa maison de la rue Sainte-Anne. Jusqu'à l'année dernière, elle n'était pas mal portante, cependant elle allait tous les ans aux eaux à Lamalou. Il y a un an, elle a été prise de douleurs qu'on a cru rhumatismales et à la suite desquelles s'est déclarée la paralysie qui la tient au lit. Elle souffre parfois à crier, mais ce sont des crises qui ne durent pas toujours. Dans les intervalles elle vit de la vie ordinaire, si ce n'est qu'elle ne se lève point: elle lit beaucoup, reçoit quelques amies, sa belle-soeur, veuve d'un notaire, ses neveux et nièces, un des vicaires de la paroisse, car elle est pieuse et surtout très charitable. Ses yeux sont excellents. Jamais elle n'a eu ni délire ni hallucination. Elle est très réservée, déteste les bavardages, et cherche par-dessus tout à vivre tranquille; aussi l'assassinat de Caffié l'a-t-il exaspérée: elle ne voulait pas qu'on lui en parlât et elle-même n'en parlait à personne; elle aurait même dit que, si elle était en état de quitter sa maison, elle la vendrait, pour ne plus entendre prononcer le nom de Caffié.

—Comment a-t-elle parlé du portrait et de l'homme qu'elle a vu dans le cabinet de Caffié? demanda Saniel.

—C'est justement la question à laquelle la concierge n'a pas pu répondre; alors je me suis décidée à me présenter de nouveau chez madame Dammauville.

—Es-tu brave! dit madame Cormier avec fierté.

—Je t'assure que je ne l'étais guère en montant l'escalier: après ce que je venais d'apprendre de son caractère, c'était vraiment de l'audace de venir une seconde fois, à deux heures d'intervalle, troubler sa tranquillité; mais il le fallait. Elle voulut bien me recevoir. En montant, j'avais cherché une raison pour justifier ou tout au moins pour expliquer ma seconde visite, et je n'en avais trouvé qu'une aventureuse pour laquelle je dois demander votre indulgence.

Elle dit cela en se tournant vers Saniel, mais les yeux baissés, sans oser le regarder et avec une émotion pour lui inquiétante.

—Mon indulgence? dit-il.

—J'ai agi sans avoir le temps de bien réfléchir et sous la pression de la nécessité immédiate. Comme madame Dammauville se montrait surprise de me revoir, je lui dis que ce qu'elle m'avait appris était si grave et pouvait avoir de telles conséquences pour la vie et l'honneur de mon frère, que j'avais pensé à revenir le lendemain accompagnée d'une personne au courant des affaires, devant laquelle elle répéterait son récit, et que c'était la permission de me présenter avec cette personne que je lui demandais; cette personne, c'était vous.

—Moi!

—Et voilà pourquoi, dit-elle faiblement, sans lever les yeux sur lui, j'ai besoin de votre indulgence.

—Mais je vous avais dit... s'écria-t-il avec une violence que le mécontentement qu'on eût ainsi disposé de lui ne suffisait pas à justifier.

—....Que vous ne pouviez pas vous présenter chez madame Dammauville en qualité de médecin sans qu'elle vous eût fait appeler, je ne l'avais pas oublié; aussi n'était-ce pas comme médecin que je voulais vous prier de m'accompagner... mais comme ami, si vous me permettez de parler ainsi, comme l'ami le plus dévoué, le plus ferme, le plus généreux que nous ayons eu le bonheur de rencontrer dans notre détresse.

—Ma fille parle en mon nom comme au sien, dit madame Cormier avec une gravité émue, et je tiens à ajouter que c'est une amitié respectueuse, une reconnaissance profonde que nous vous avons vouée.

Bien que Philis fût tremblante de voir l'effet qu'elle avait produit sur Saniel, elle continua avec fermeté:

—Vous m'accompagniez donc et, sans rien faire ostensiblement, sans rien dire qui fût d'un médecin, pendant qu'elle parlait, vous pouviez l'examiner. A ma demande, madame Dammauville répondit par son consentement donné avec une parfaite bonne grâce. Je retournerai donc demain chez elle et, si vous jugez que c'est utile, si vous croyez devoir accepter le rôle que je vous ai attribué sans vous avoir consulté, vous pouvez m'accompagner.

Il ne répondit pas à ces dernières paroles, qui étaient une invitation en même temps qu'une question.

—Ne l'avez-vous pas examinée comme je vous l'avais dit? demanda-t-il après un moment de réflexion.

—Avec toute l'attention dont j'étais capable dans mon angoisse: le regard m'a paru être droit et sans aucun trouble; la voix est régulière, bien rythmée; les paroles se suivent sans hésitation, les idées s'enchaînent, elles s'expriment avec ordre. Il n'y a aucune trace de souffrance sur ce visage jaune, qui porte seulement la marque d'une douleur résignée; elle remue les bras librement; mais les jambes, autant que j'ai pu en juger sous la couverture qui les cachait, sont immobiles; par plusieurs points il me semble que sa paralysie se rapproche de celle de maman; il est vrai que, par d'autres, elle s'en écarte; elle doit être extrêmement frileuse, car, bien que le temps ne soit pas froid aujourd'hui, la température de sa chambre m'a paru très élevée.

—Voilà un examen, dit Saniel, qu'un médecin n'eût pas mieux conduit, à moins d'interroger la malade, et j'aurais été avec vous dans cette visite que nous n'en saurions pas plus que ce que vous avez observé. Il paraît certain que madame Dammauville est en pleine possession des facultés qui rendent son témoignage inattaquable.

Madame Cormier attira sa fille, et passionnément elle l'embrassa.

—Je n'aurais donc rien à faire chez cette dame, continua Saniel, avec la précipitation d'un homme qui vient d'échapper à un danger; mais votre rôle à vous, mademoiselle, n'est pas fini, et vous devrez retourner demain chez elle pour remplir celui que Nougarède vous confie.

Il expliqua ce que Nougarède attendait d'elle.

—Certainement, dit-elle, je ferai pour Florentin tout ce qu'on me conseillera: je retournerai chez madame Dammauville, j'irai partout; mais me permettez-vous de m'étonner qu'on ne profite pas tout de suite de cette déclaration pour obtenir la mise en liberté de mon frère?

Il répéta les raisons que Nougarède lui avait données pour ne pas procéder de cette manière.

—Je ne voudrais rien dire qui ressemblât à un reproche, répliqua madame Cormier avec plus de décision qu'elle n'en mettait ordinairement dans ses paroles; mais peut-être M. Nougarède fait-il entrer des considérations personnelles dans son conseil. Nous, notre intérêt est que Florentin soit rendu au plus vite à notre affection, et qu'on lui épargne les souffrances de la prison. Mais je comprends qu'à une ordonnance de non-lieu dans laquelle il ne paraît pas, M. Nougarède préfère le grand jour de l'audience, où il pourra prononcer une belle plaidoirie, utile à sa réputation.

—Qu'il ait ou n'ait pas fait ce calcul, dit Saniel, les choses sont ainsi. Moi aussi, j'aurais préféré l'ordonnance de non-lieu, qui avait le grand avantage de tout terminer immédiatement. Nougarède ne croit pas que cette route soit bonne à prendre: il faut suivre celle qu'il nous trace.

—Nous la suivrons, dit Philis, et je crois qu'elle pourra amener le résultat qu'attend M. Nougarède, car madame Dammauville ne doit avoir parlé du portrait qu'à très peu de personnes. Quand j'ai tâché de la faire s'expliquer sur ce point, sans lui poser directement cette question, elle m'a dit qu'elle n'avait raconté à sa concierge la non-ressemblance entre le portrait et l'homme qu'elle a vu tirer les rideaux, que pour que celle-ci, qui plusieurs fois l'avait entretenue de Florentin et de mes démarches, m'avertit. Je verrai donc demain dans quelle mesure son récit a pu se répandre et j'irai vous en avertir vers cinq heures, à moins que vous ne préfériez que j'aille tout de suite chez M. Nougarède.

—Commencez par moi, et nous irons ensemble chez lui, s'il y a lieu. Je vais lui écrire.

—Si je comprends bien le plan de M. Nougarède, il me semble qu'il repose sur la comparution de madame Dammauville à l'audience. Cette comparution sera-t-elle possible? C'est ce que je ne pourrai pas savoir; un médecin seul pourrait répondre. Saniel ne voulut pas laisser paraître qu'il avait compris ce nouvel appel.

—J'oubliais de vous dire, continua Philis, que celui qui la soigne est le docteur Balzajette, demeurant rue de l'Échelle; le connaissez-vous?

—Un solennel qui cache sa nullité sous la dignité de ses manières.

Il n'eut pas plutôt lâché ces quelques mots qu'il en sentit la maladresse; elle devait avoir un excellent médecin, madame Dammauville, et si haut placé dans l'estime de ses confrères que, s'il ne la guérissait point, c'était parce qu'elle était incurable.

—Alors, comment pouvons-nous espérer qu'il la guérira en temps pour qu'elle paraisse à l'audience? dit Philis.

—Il ne répondit pas et se leva pour se retirer. Timidement, madame Cormier répéta son invitation; mais il n'accepta pas, malgré le tendre regard que Philis attachait sur lui; il était obligé de rentrer sans pouvoir attendre davantage.

VI

Pourrait-il résister à la pression qui de tous les côtés à la fois le poussait vers la rue Sainte-Anne? Il semblait que rien n'était plus facile que de ne pas commettre la folie d'y céder, et cependant telle était la persistance des efforts qui se réunissaient contre lui, qu'il devait se demander si un jour il ne serait pas amené malgré lui à leur obéir: Philis, Nougarède, madame Cormier; maintenant d'où viendrait la nouvelle attaque?

N'y avait-il pas là quelque chose d'extraordinaire qu'il eût même qualifié de providentiel ou de fatal, s'il avait cru à la Providence ou à la Fatalité?

Depuis plusieurs mois il était arrivé à une sécurité complète, qui l'avait convaincu que tout danger était à jamais écarté; mais voilà que tout à coup ce danger éclatait dans de telles conditions qu'il devait reconnaître qu'il ne pouvait plus y avoir de sécurité pour lui: aujourd'hui madame Dammauville le menaçait; demain ce serait un autre. Qui? il n'en savait rien. Tout le monde. Et c'était l'angoisse de sa situation d'être condamné à vivre désormais dans la crainte et sur la défensive, sans repos, sans oubli.

Mais ce n'était pas du lendemain qu'il devait en ce moment s'inquiéter, c'était de l'heure présente, c'est-à-dire de madame Dammauville.

Pour qu'elle eût dit avec tant de fermeté, sur la vue d'un simple portrait, que l'homme qui avait fermé les rideaux n'était pas Florentin, il fallait qu'elle eût une excellente mémoire des yeux, en même temps qu'une résolution d'esprit et une décision dans les idées qui lui permettaient d'affirmer sans hésitation ce qu'elle croyait la vérité.

S'ils se rencontraient jamais, elle le reconnaîtrait donc, et, le reconnaissant, elle parlerait.

Serait-elle crue?

C'était là que se trouvait la question décisive, et il semblait qu'étant donné le caractère de cette femme entourée de considération et de respect, qui était intelligente, circonspecte, réservée, on ne devait guère douter qu'elle ne le fût, ou tout au moins qu'elle ne soulevât contre lui des présomptions contre lesquelles il serait obligé de se défendre.

Des négations ne suffiraient pas. Il n'était pas venu chez Caffié à cinq heures un quart. Où était-il à ce moment? Quel témoignage pourrait-il invoquer pour justifier de l'emploi de son temps dans cette soirée? Ne serait-ce pas alors que sa présence dans le café serait signalée, et se dresserait contre lui pour l'écraser? La blessure de Caffié avait été faite par une main habile à donner la mort, et précisément cette main savante était la sienne plus encore que celle d'un tueur de profession. Sa situation au moment du crime était désespérée, tout le monde le savait: aux abois, harcelé par ses créanciers, poursuivi par les huissiers, menacé d'être mis dans la rue; et c'était à ce moment que tout à coup, miraculeusement, il avait payé ses dettes. Avec quoi? Qui pourrait accepter l'histoire de Monte-Carlo, bonne quand il n'y avait pas de charges contre lui, détestable et accusatrice au contraire quand ces charges s'étaient élevées.

Un mot, une simple insinuation de madame Dammauville et il était perdu, sans défense, sans lutte possibles.

A la vérité, et par bonheur, puisqu'elle était paralysée, et retenue sur son lit, il n'était pas exposé à se trouver face à face avec elle au coin d'une rue ou dans une maison tierce, ni à entendre le cri de surprise qu'elle ne manquerait pas de pousser en le reconnaissant; mais cela ne suffisait pas pour qu'il s'endormît dans une imprudente sécurité en se disant que cette rencontre était invraisemblable. Il était invraisemblable aussi d'admettre que quelqu'un se trouvait précisément en face de la fenêtre de Caffié au moment où il avait tiré les rideaux, plus invraisemblable encore de croire que ce fait insignifiant en soi, que cette vision d'un court instant, se graveraient assez solidement dans une mémoire de femme pour se retrouver vivaces après plusieurs mois; comme s'ils dataient de la veille, et cependant, de toutes ces invraisemblances, il s'était formé une réalité qui l'enserrait si bien que d'un moment à l'autre elle pouvait l'étouffer.

Malgré les instances de Philis, de madame Cormier, de Nougarède et de toutes celles, quelles qu'elles fussent, qui pourraient encore surgir, il ne serait pas assez fou pour aller affronter le danger d'une reconnaissance dans la chambre où cette paralytique était clouée,—au moins cela était probable, car, après ce qui venait d'arriver, il n'était certain de rien,—mais elle pourrait très bien se faire ailleurs, cette reconnaissance.

Dans le plan de Nougarède, madame Dammauville venait à l'audience faire sa déclaration; lui-même était témoin: ils devaient donc, à un moment donné, se rencontrer, et il n'était pas impossible que ce fût en pleine audience que la reconnaissance éclatât par un coup de théâtre autrement dramatique que celui qu'avait arrangé Nougarède.

Sans doute, il y avait bien des chances pour que madame Dammauville ne pût pas quitter son lit et venir à l'audience; mais n'y en eût-il qu'une pour qu'elle le quittât, qu'il devait la prévoir et prendre ses précautions.

Une seule offrait des garanties: se rendre méconnaissable, couper sa barbe, couper ses cheveux, n'être plus l'homme aux cheveux longs et à la barbe blonde frisante qu'elle se rappelait: il eût été comme tout le monde qu'elle ne l'aurait sans doute pas remarqué lorsqu'il était venu à la fenêtre, et certainement, elle l'eût oublié, ou du moins confondu avec d'autres, tandis que la singularité de sa physionomie et de sa tournure, son air gaulois avaient marqué ce souvenir d'une empreinte caractéristique que le temps n'avait point effacée: il ne faut se permettre une originalité que quand on est sûr à l'avance de n'avoir jamais rien à craindre.

Assurément, rien n'était plus facile que de se faire couper la barbe et les cheveux: il n'y avait pour cela qu'à entrer chez le premier coiffeur qu'il allait rencontrer sur son chemin: en quelques minutes la transformation serait radicale.

Chez les indifférents, il n'avait pas trop à s'inquiéter de la curiosité que ce changement pourrait produire; plus d'un ne le remarquerait pas, et ceux qui seraient surpris au premier abord n'y penseraient bientôt plus, sans doute; d'ailleurs, pour ceux-là, il y avait une réponse facile: à la veille de devenir un personnage grave, il abandonnait les dernières excentricités du vieil étudiant, et passait les ponts sans esprit de retour sur la rive gauche.

Mais ce n'était pas seulement aux indifférents qu'il devait des comptes, il appartenait encore et bien plus à ceux avec lesquels il se trouvait en relations suivies: à Philis, à Nougarède.

Ne les avait-il pas remarqués, ces cheveux longs et cette barbe frisante, l'avocat, quand il avait constaté les points de ressemblance qui existaient entre les deux signalements, et, dès lors, n'était-ce pas une imprudence de l'amener à se demander pourquoi tout à coup, ce qui constituait cette ressemblance disparaissait chez l'un des deux.

Dangereuse chez l'avocat, cette question le devenait bien plus encore chez Philis: Nougarède ne pouvait marquer que de la surprise; Philis pouvait demander des explications.

Et il devrait lui répondre d'autant plus nettement que, quatre ou cinq fois déjà, il avait failli se trahir à propos de madame Dammauville, et que, si elle avait laissé passer ses exclamations ou ses moments d'embarras, ses hésitations ou ses refus sans l'interroger franchement, elle n'en avait pas moins été étonnée certainement: qu'il se montrât devant elle sans cheveux et sans barbe, ce serait un nouvel étonnement qui s'ajouterait aux autres, des rapprochements s'établiraient, et logiquement, par la force même des choses; malgré elle, malgré son amour et sa foi, elle arriverait à des conclusions auxquelles elle ne pourrait pas se soustraire:—Comme ça, tout à coup; pourquoi?—Déjà cinq ou six mois auparavant, cette question des cheveux longs et de barbe de Fleuve mythologique s'était agitée, entre eux: comme il se plaignait un jour des bourgeois qui ne voulaient pas venir à lui, elle lui avait doucement expliqué que, pour plaire à ces bourgeois et les attirer, le moyen n'était peut-être pas très bon d'étonner ceux qu'on ne choquait pas: que des redingotes moins longues, des chapeaux moins larges de bord, des cheveux plus courts, une barbe moins hirsute, un ensemble enfin qui le rapprochait d'eux leur serait peut-être plus agréable; et, à ce moment, il s'était fâché, lui répondant nettement qu'il était à prendre tel quel ou à ne pas prendre, et que ces concessions n'entraient pas dans son caractère. Comment maintenant brusquement entrer dans ces concessions, et cela précisément à l'heure même où le succès de ses concours le mettait au-dessus de ces petites compromissions: il avait résisté quand il avait besoin de tout le monde et qu'un client était pour lui affaire de vie ou de mort; il cédait quand il n'avait plus besoin de personne et qu'il se moquait des clients. La contradiction serait vraiment trop forte et telle qu'elle ne pourrait pas ne pas frapper Philis, dont l'attention n'avait déjà eu que trop d'occasions de s'éveiller.

Et cependant, si délicate que fût cette décision à prendre de se rendre méconnaissable, c'eût été démence de sa part de la reculer: le plus tôt serait le mieux; sa faute avait été de ne pas prévoir, le lendemain de la mort de Caffié, que des circonstances pourraient surgir un jour ou l'autre qui la lui imposeraient; à ce moment, elle n'eût pas présenté les mêmes dangers que maintenant; mais partant de l'idée qu'il n'avait été vu par personne, qu'il ne pouvait pas avoir été vu, il s'était complu dans la sécurité que lui donnait cette conviction et, tranquillement, il s'y était engourdi.

Le réveil avait sonné; les yeux ouverts il voyait l'abîme au bord duquel sa maladresse l'avait amené: combien ne serait-il pas fort si, depuis trois mois, il n'avait plus ces cheveux et cette barbe qui portaient contre lui le plus terrible témoignage; au lieu de se réfugier dans de misérables échappatoires quand Philis et Nougarède lui avaient demandé de voir madame Dammauville, il eût intrépidement tenu tête, et se fût rendu chez elle comme ils le voulaient: maintenant il serait sauvé et bientôt Florentin le serait aussi.

Et il s'était cru intelligent! et fièrement il s'était imaginé qu'il pourrait à l'avance combiner si bien les choses qu'il serait à l'abri de toute surprise! il arriverait ce qu'il aurait prévu, rien de plus: la leçon que lui donnait l'expérience était rude, et ce n'était pas la première: le soir de la mort de Caffié, il avait déjà eu la perception très nette qu'une situation nouvelle venait de s'ouvrir pour lui, qui, jusqu'à la fin de sa vie, le ferait le prisonnier de son crime. A la vérité, cependant, cette impression s'était assez vite affaiblie; mais voilà qu'elle reprenait plus forte que jamais, et à coup sûr, pour ne plus le lâcher; ce pressentiment dont il ne pouvait se dégager, n'en était-il pas lui-même la preuve?

Mais rien ne servait de revenir en arrière, c'était le présent, c'était l'avenir qu'il devait sonder d'un coup d'oeil clair et ferme, s'il ne voulait pas se perdre.

Tout bien pesé, bien examiné, il devait se faire couper les cheveux et la barbe; car, si aventureuse que fût cette résolution, si fâcheuse qu'elle pût devenir en provoquant la curiosité et les questions, c'était le seul moyen d'empêcher une reconnaissance possible.

Machinalement, par habitude, il se dirigea vers la rue Neuve-des-Petits-Champs, où demeurait son coiffeur; mais il n'avait pas fait quelques pas que la réflexion l'arrêta: ce serait certainement une maladresse de provoquer les bavardages de ce coiffeur qui le connaissait, et qui, pour le plaisir de causer, raconterait aux gens du quartier qu'il venait de couper les cheveux et la barbe du docteur Saniel.—Celui qui avait une si longue barbe?—Lui-même.—Tiens, c'est drôle.—Il fallait qu'il n'y eût rien de drôle en lui, ni sur son compte. Il revint donc vers le boulevard où certainement il n'était pas connu.

Mais prêt à mettre la main sur le bouton de la boutique où il avait décidé d'entrer, il changea encore d'avis: il venait de trouver l'explication qu'il fallait pour Philis, et comme il tenait à éviter la surprise qu'elle ne manquerait pas d'éprouver si, brusquement, elle le voyait sans cheveux et sans barbe, il lui donnerait cette explication avant de les faire couper, de façon que, tout d'abord et sans chercher autre chose, elle comprît que cette opération était indispensable.

Et il s'en alla dîner, furieux contre lui-même contre les choses de voir à quels misérables expédients il en était réduit.

VII

Le lendemain, à cinq heures, quand Philis sonna, ce fut lui qui alla ouvrir; car Joseph, qui n'était jamais venu le dimanche, ne venait pas davantage maintenant.

A peine entrée, elle voulut comme d'habitude se jeter à son cou, et avec un élan qui disait combien elle était heureuse de le voir; mais de la main il l'arrêta.

—Qu'as-tu? demanda-t-elle paralysée et pleine de craintes.

—Rien, ou tout au moins peu de chose.

—Contre moi?

—Certes non, chère petite.

—Tu es malade?

—Non pas malade, mais j'ai des précautions à garder qui m'empêchent de t'embrasser. Je vais t'expliquer cela. Ne n'inquiète pas, ce n'est pas grave.

—Vite, s'écria-t-elle, en l'examinant pour tâcher de le devancer par la pensée.

—Tu as des choses à me dire, toi?

—Oui, et de bonnes. Mais, je t'en prie, parle d'abord; ne me laisse pas dans cette inquiétude.

—Je t'assure que tu n'as pas à t'inquiéter, et, quand je te parle ainsi, tu sais que tu dois me croire; tu vois bien que je n'ai pas l'air inquiet moi-même.

—C'est pour les autres que tu t'inquiètes, jamais pour toi:

—Sais-tu ce que c'est que la pelade?

—Non.

—C'est une affection spéciale du système pileux, les cheveux, la barbe, due à la présence dans l'épiderme d'une sorte de champignon; eh bien, il est probable que j'ai gagné cette affection.

—C'est grave?

—Ennuyeux et gênant pour un homme, mais désastreux pour une femme, puisque avant tout traitement on doit commencer par couper les cheveux. Tu comprends donc que si, comme je le crois, j'ai la pelade, je ne vais pas t'exposer à te la donner en t'embrassant, car elle se transmet avec une extrême facilité par le contact, et alors il faudrait faire pour toi ce que je vais être obligé probablement de faire pour moi, c'est-à-dire te couper les cheveux. Chez moi, c'est insignifiant; mais ne serait-ce pas un meurtre de sacrifier ces belles mèches frisées qui donnent tant de charme à la physionomie.

—Tu dis: probablement.

—C'est que je ne suis pas encore tout à fait certain d'avoir la pelade. Il y a une quinzaine de jours, je me suis senti un léger prurit à la tête, et naturellement je n'y ai pas prêté attention; j'avais autre chose à faire et, d'ailleurs, je n'allais pas pour une démangeaison me croire atteint d'une maladie parasitaire. Mais, après un certain temps, mes cheveux sont devenus secs par plaques, ternes, et ils se sont arrachés facilement, puis ils sont tombés spontanément. Je me suis dit que je m'occuperais de cela; mais je n'ai pas eu le temps et les jours se sont écoulés; d'ailleurs, dans le surmenage que m'imposaient mes concours, il y avait des raisons plus que suffisantes pour expliquer la chute de mes cheveux. Enfin aujourd'hui, peu de temps avant ton arrivée, ayant un peu de liberté, j'ai voulu savoir à quoi m'en tenir et j'ai examiné au microscope un de ces cheveux malades; si je n'avais pas été dérangé je serais maintenant fixé.

—Reprends ton examen.

—J'ai le temps; d'ailleurs l'opération, pour être complète, ne se fait pas en quelques minutes; après avoir étudié le cheveu, il faut rechercher les spores dans les pellicules épidermiques. Si c'est bien la pelade, comme j'ai lieu de le croire, demain tu me verras sans cheveux et sans barbe; je n'hésiterai pas, malgré l'étonnement que je provoquerai en me montrant rasé.

—Qu'est-ce que cela te fait?

—Je ne peux pas dire à tout le monde: je me suis fait couper les cheveux et la barbe parce que je suis atteint d'une maladie parasitaire: on sait qu'elle est contagieuse, cette maladie, bien des gens se sauveraient.

—Les cheveux coupés, que deviendra la maladie?

—Avec un traitement énergique, elle disparaîtra rapidement; avant peu tu pourras m'embrasser si... tu ne me trouves pas trop laid.

—Oh! cher.

—Maintenant à toi: tu viens de chez madame Dammauville?

Il n'avait pas besoin d'insister: Philis avait accepté assez bien son histoire pour qu'il fût rassuré de son côté; ce ne serait point elle qui s'inquiéterait; quant aux autres, l'embarras d'avouer une maladie contagieuse serait aussi une explication suffisante, si jamais il était obligé d'en fournir une.

—Que t'a-t-elle dit? demanda-t-il.

—Pour commencer, de bonnes et gracieuses paroles qui montrent bien quelle excellente femme elle est. Après m'être présentée deux fois chez elle hier, tu comprends que je n'étais pas à mon aise en lui demandant aujourd'hui de me recevoir encore. Comme je tâchais de m'en excuser, elle m'interrompit: «Je suis heureuse de voir votre dévouement pour votre frère, et vous n'aurez jamais à vous excuser de me demander mon concours; il vous est acquis dans tout ce que je pourrai.» Ainsi encouragée, je lui expliquai ce que nous désirions d'elle; mais, contrairement à la promesse qu'elle venait de me faire, elle parut peu disposée à nous accorder ce concours. «Quelle singulière procédure!» répéta-t-elle plusieurs fois. Sans pouvoir lui donner les raisons de M. Nougarède, je lui dis que nous étions obligés de nous conformer aux conseils de ceux qui dirigeaient l'affaire, et que je la suppliais de nous aider. Enfin, elle se laissa gagner, mais à regret et en protestant. «Je ferai ce que vous voudrez, me dit-elle; mais je ne puis pas vous assurer que les personnes de mon entourage et les gens à mon service n'ont pas parlé; de même je ne peux pas vous promettre de quitter ce lit pour me rendre à la cour d'assises le jour de l'audience; il y a un an que je garde la chambre: on me promet un mieux prochain...»

—Elle compte se lever bientôt? interrompit Saniel.

—Je te répète ses paroles, auxquelles j'ai prêté assez d'attention pour ne pas les oublier: «On me promet un mieux prochain, mais se réalisera-t-il? Je vais presser mon médecin pour qu'il me donne une réponse, et, quand vous reviendrez me voir, je vous la communiquerai.» Profitant de la porte qu'elle m'ouvrait, je mis l'entretien sur ce médecin: il me semble, mais je n'en suis pas certaine, qu'elle n'a en lui qu'une confiance relative; il était le camarade de classe de son mari ainsi que de son beau-frère le notaire, il est le parent ou l'ami de toutes les personnes qu'elle voit, il marie les filles, rompt les liaisons compromettantes des garçons, raccommode les ménages qui vont mal, confesse les femmes, distrait les maris, choisit les domestiques et, par-dessus le marché, quand l'occasion s'en présente, il soigne ceux qui sont malades, les guérit quand ça se trouve ou les laisse mourir au hasard; tu vois quelle catégorie de médecins il appartient.

—Je t'ai dit que je le connaissais.

—Vois si je me suis trompée, et à ce que je te rapporte ajoute ce que tu sais déjà. Effrayée de voir en quelles mains se trouvait madame Dammauville, j'ai pris tous les chemins détournés que j'ai pu m'ouvrir et j'ai fini par savoir—sans le lui avoir demandé directement—qu'elle n'avait pas vu d'autre médecin depuis un an: au moment où la paralysie s'est déclarée, il y a eu une consultation, et depuis elle s'est contentée du docteur Balzajette; non pas tant par indifférence ou par incrédulité, par désespérance ou par apathie, que pour ne pas le contrarier: «C'est un si brave homme! m'a-t-elle dit; pourquoi lui faire de la peine? Ma maladie a été établie par la consultation: il la soigne aussi bien que le ferait un autre.»

Saniel trouva l'occasion bonne pour revenir sur la maladresse qu'il avait commise en exprimant franchement son opinion sur le solennel Balzajette:

—C'est probable, dit-il.

—Est-ce certain? Crois-tu que depuis un an il ne se soit rien présenté dans la maladie de madame Dammauville qui aurait exigé un traitement nouveau, que le solennel Balzajette était incapable de trouver, à lui tout seul?

—Il n'est pas si nul que tu supposes.

—C'est toi qui parles de nullité.

—Diagnostiquer une maladie et la traiter sont deux choses; c'est la consultation dont tu parles qui a établi la maladie de madame Dammauville et institué le traitement que Balzajette n'a qu'à appliquer, et sa capacité, je te l'assure, suffit à cette tâche.

Comme elle se montrait peu rassurée, il crut devoir insister; car c'était une imprudence de laisser Philis férue de l'idée que, s'il soignait madame Dammauville, sûrement il la guérirait, fallût-il pour cela un miracle:

—Nous avons un certain temps devant nous, puisque l'ordonnance de renvoi devant les assises n'est pas encore rendue; d'autre part, madame Dammauville t'a promis de presser son médecin pour savoir s'il espère la mettre en état de quitter son lit bientôt; attendons donc.

—Ne vaudrait-il pas mieux agir qu'attendre?

—Au moins, attendons la réponse de Balzajette à la demande de sa malade; ou elle sera satisfaisante, et alors nous n'aurons rien à faire; ou elle ne le sera pas, et alors je te promets de voir Balzajette. Je le connais assez pour pouvoir lui parler de ta cliente, alors surtout qu'il m'est permis, en faisant intervenir ton frère, de m'intéresser ouvertement à son rétablissement.

—Oh! cher, cher, murmura-t-elle dans un élan de reconnaissance émue.

—Tu ne peux pas douter de mon dévouement, à toi d'abord, et à ton pauvre frère ensuite. Tu m'as demandé une chose impossible que j'ai dû à mon grand regret te refuser, précisément par cela qu'elle était impossible; mais, tu le sais bien, je suis à toi et aux tiens entièrement.

—Pardonne-moi.

—Je n'ai rien à te pardonner; à ta place, je penserais comme toi, mais je crois qu'à la mienne tu agirais comme moi.

—Sois certain que je n'ai jamais eu dans le cœur une idée de blâme pour ce qui est chez toi affaire de dignité; c'est parce que tu es haut et fier que je t'aime si passionnément.

Elle se leva.

—Tu pars, dit-il.

—Je voudrais porter à maman les bonnes paroles de madame Dammauville: tu sens avec quelle angoisse elle m'attend.

—Partons; je te quitterai au boulevard pour monter chez Nougarède.

L'entrevue avec l'avocat fut courte.

—Vous voyez, cher ami, que mon plan est bon; amenez-moi madame Dammauville à l'audience et nous passerons quelques instants agréables.

Cette fois, Saniel n'eut pas les hésitations de la veille et il entra dans la première boutique de coiffeur qu'il trouva sur son chemin.

—Monsieur veut une frisure? demanda le garçon en le faisant asseoir dans un fauteuil.

—Non, coupez-moi les cheveux à la tondeuse, et rasez-moi.

—Ah! par exemple!

Quand Saniel rentra chez lui, il alluma deux bougies et, les posant sur sa cheminée, il se regarda dans la glace.

La coquetterie n'avait jamais été son péché, et il lui était souvent arrivé de passer des séries de semaines sans arrêter ses yeux sur une glace: un débarbouillage avec un torchon rude, un coup de peigne à ses cheveux, un fort brossage à sa barbe, sa cravate nouée à la diable, et c'était toute sa toilette, pour laquelle les miroirs ne lui servaient à rien. Cependant quand il était jeune garçon, avant que la barbe lui poussât, il était quelquefois resté devant la petite glace de son lavabo à s'étudier avec curiosité, se demandant ce qu'il était et ce qu'il deviendrait, de même que réfléchissant à son avenir et sondant son intelligence, il s'était demandé à quoi il serait bon et quel homme la vie ferait de lui; et de cette époque il se rappelait un visage énergique aux traits nettement dessinés, à la physionomie ouverte et franche qui, sans être ce qu'on appelle jolie, n'était cependant pas désagréable. Depuis, la barbe, en poussant, avait caché quelques-uns de ses traits et changé cette physionomie; mais, maintenant qu'elle était tombée, il se disait sans trop réfléchir qu'il allait sans doute retrouver le jeune garçon dont il avait gardé l'image dans sa mémoire.

Ce qu'il trouva devant la glace, ce fut un front plissé transversalement, des sourcils obliques, relevés à l'extrémité interne, et une bouche aux lèvres serrées, abaissées aux coins; des sillons étaient creusés dans les joues, et toute la physionomie, heurtée, ravagée, exprimait la dureté.

Qu'était devenue celle du jeune homme d'autrefois? Il avait devant lui l'homme que la vie avait fait et dont les violentes contractions des muscles de la face avaient modelé le visage.

—Voilà bien vraiment une gueule d'assassin! murmura-t-il.

Puis, regardant sa tête rasée, il ajouta avec un triste sourire:

—Et peut-être celle d'un condamné à mort dont la toilette vient d'être faite pour la guillotine.

VIII

S'être rendu méconnaissable était, sans doute, une bonne précaution; mais, entré dans cette voie, il ne serait tranquille que quand il les aurait épuisées toutes, et de telle sorte que madame Dammauville ne pût jamais retrouver l'homme qu'elle avait si bien vu sous la lampe de Caffié.

Précisément parce qu'il n'était pas coquet et n'avait aucune prétention à la beauté ou à la séduction, il avait échappé à la manie photographique. Une seule fois, il s'était fait photographier et encore malgré lui, après s'être défendu, simplement pour ne pas refuser sans raison un ancien camarade qui, abandonnant la médecine pour la photographie, avait voulu sa tête.

Mais maintenant cette seule fois était de trop, car il pouvait y avoir un danger à ce que son portrait, fait trois ans auparavant, et le représentant avec ces cheveux et cette barbe qu'il venait de supprimer, traînât de par le monde. Sans doute, il y avait peu de chances pour que jamais il en passât une épreuve devant les yeux de madame Dammauville; mais, n'en existât-il qu'une contre cent mille, qu'il devait s'arranger pour n'avoir pas à la craindre. Un journal avait bien publié le portrait de Florentin; à un moment donné et dans certaines circonstances qu'on ne pouvait pas prévoir, mais possibles à la rigueur, un autre journal publierait peut-être aussi le sien. Il ne fallait pas que cela fût, et, pour son repos, il ne voulait pas se dire que ce danger pouvait le menacer.

De ce portrait, son camarade lui avait offert douze épreuves, et, comme ses relations n'étaient pas nombreuses, il les gardait encore dans un tiroir pour la plus grande partie; il en avait envoyé un à sa mère, encore vivante à ce moment; un au curé de son village, et, plus tard, il en avait donné un à Philis; il devait donc lui en rester neuf. Il les chercha et, les ayant trouvés dans leur boîte au fond du tiroir où il les avait mis quand il les avait reçus, il les brûla immédiatement.

Des trois qui restaient, un seul pouvait porter témoignage contre lui, celui de Philis; mais il lui serait facile de le reprendre en inventant un prétexte; quant aux deux autres, il n'était pas admissible, vraiment, qu'il en eût jamais rien à craindre, celui de sa mère étant passé aux mains d'une vieille tante, qui le gardait accroché par quatre clous au mur enfumé de sa maisonnette; celui de son curé étant caché au fond d'un village perdu où personne n'irait le déterrer.

Mais d'où le danger pouvait surgir et d'où il était sage de l'attendre, c'était du côté du photographe qui avait peut-être des épreuves en main et qui sûrement conservait le cliché; ce fut sa première démarche du lendemain.

En entrant dans l'atelier de son ancien camarade, il éprouva une désagréable déception qui le troubla et l'inquiéta: il n'avait pas donné son nom, et comptant sur les changements que la coupe de ses cheveux et de sa barbe apportaient à sa physionomie, il s'était dit que ce camarade, qu'il n'avait pas vu depuis longtemps d'ailleurs, ne le reconnaîtrait certainement pas.

Lorsqu'il eut fait quelques pas dans l'atelier, le chapeau à la main, en étranger qui va aborder un inconnu, il vit venir à lui le photographe, la main tendue, le sourire d'un accueil amical sur le visage:

—Vous, mon cher! Quelle bonne fortune me vaut le plaisir de votre visite; puis-je vous être utile à quelque chose?

—Vous me reconnaissez?

—Comment! si je vous reconnais? C'est pour la suppression de votre barbe et de vos cheveux que vous le demandez? Évidemment, cela vous change et vous donne une nouvelle physionomie; mais je serais indigne de mon métier si, par un arrangement de chevelure, je me laissais dérouter au point de ne pas vous reconnaître. D'ailleurs, des yeux d'acier comme les vôtres ne se laissent pas oublier c'est un signalement cela et une signature.

Alors ce moyen en qui il avait mis tant de confiance n'était qu'une imprudence nouvelle, comme la question: «Vous me reconnaissez donc?» était une maladresse.

—Nous allons poser tout de suite, n'est-ce pas? dit le photographe. Très curieuse, cette tête rasée, et plus intéressante encore, je crois, qu'avec la barbe et les cheveux: les traits de caractère s'accusent mieux.

—Ce n'est pas pour un nouveau portrait que je viens, c'est pour l'ancien; en avez-vous des épreuves?

—Je ne crois pas; mais on va chercher; en tout cas, si vous en voulez, il est facile de vous en tirer, puisque j'ai le cliché.

—Voulez-vous faire faire ces recherches, car je n'ai plus une seule épreuve de celles que vous m'avez données, et, en me regardant ce matin devant ma glace, j'ai trouvé de tels changements entre ma figure d'aujourd'hui et celle d'il y a trois ans, que je voudrais les étudier; il m'est venu à ce propos des idées sur l'expression de la physionomie dont je voudrais contrôler l'exactitude avec pièces à l'appui.

Les recherches faites par un commis n'amenèrent aucun résultat: il n'y avait pas d'épreuves.

—Justement, il y a quelques jours, je pensais à en faire tirer, dit le photographe; car voilà enfin venu pour vous le jour de gloire où votre portrait a sa place marquée dans les vitrines et les collections: on ne parle que de vos concours. Bien que j'aie abandonné la médecine sans esprit de retour, je ne suis pas devenu indifférent à ce qui la touche, et j'ai connu vos succès. Quel portrait mettrons-nous en circulation? l'ancien ou le nouveau?

—Le nouveau.

—Alors préparons-nous pour la pose.

—Pas aujourd'hui; c'est d'hier seulement que je me suis fait raser, à la suite d'une menace de pelade et la peau recouverte par la barbe a gardé une crudité de blancheur, qui accentuerait encore la dureté de ma physionomie, ce qui est vraiment inutile; nous attendrons donc que l'air m'ait bruni un peu; alors je reviendrai, je vous le promets.

—Combien voulez-vous d'épreuves de votre ancien portrait.

—Une me suffit.

—Je vous en enverrai une douzaine.

—Ne prenez pas cette peine, je les prendrai quand je viendrai poser; mais en attendant ne pourriez-vous pas me montrer le cliché?

—Rien de plus facile; on va vous l'apporter.

En effet, on l'apporta bientôt et Saniel prit la plaque de verre, du bout des doigts, délicatement, avec précaution, aux deux coins opposés, de façon à ne pas l'effacer; puis, comme il se trouvait dans l'ombre d'un rideau bleu tendu sous le vitrage, il en sortit pour se diriger vers la cheminée, où la lumière tombait crue, et il commença son examen.

—C'est bien cela, disait-il; très curieux!

—Il n'y a que la photographie pour avoir cette valeur documentaire.

Pour comparer ce document avec la réalité, Saniel se rapprocha encore de la cheminée, au-dessus de laquelle se trouvait une glace; quand ses pieds touchèrent la plaque de marbre qui formait l'encadrement du foyer, il s'arrêta, regardant alternativement le cliché, qu'il tenait précieusement dans ses mains, et son visage que reflétait la glace.

Tout à coup il poussa une exclamation: il venait de lâcher le cliché, qui, tombant bien à plat sur le marbre, s'était cassé en petits morceaux qui avaient sauté çà et là.

—Quel maladroit je fais!

Il montra un dépit qui ne devait pas laisser le plus petit doute au photographe au cas où celui-ci en aurait eu: c'était un élément de travail perdu, et tous ceux qui ont travaillé savent qu'on n'accepte pas de gaieté de coeur une pareille déception.

Il faudra vous procurer une des épreuves que vous avez données, dit le photographe; car, pour moi, je n'en ai pas une seule; mais cela ne doit pas être impossible.

—Je chercherai.

Ce qu'il chercha en sortant, ce fut de savoir si, oui ou non, il avait réussi à se rendre méconnaissable, car il ne pouvait pas s'en tenir à cette expérience, faussée par cela seul que cet ancien camarade était photographe: c'était chez lui affaire de métier de noter les traits typiques qui distinguent une physionomie d'une autre, et il avait acquis dans une longue pratique une sûreté de coup d'oeil que ne pouvait pas posséder madame Dammauville.

Parmi les personnes avec lesquelles il avait des relations, il lui sembla que celle qui se trouvait dans les meilleures conditions pour donner un caractère de certitude à l'épreuve, était madame Cormier. Et tout de suite il monta aux Batignolles: à cette heure, il savait Philis sortie pour une leçon; madame Cormier serait seule, et, comme elle n'avait assurément pas été prévenue par sa fille qu'il devait se faire raser, l'expérience se présenterait de façon à donner un résultat aussi exact que possible.

A son coup de sonnette, ce fut madame Cormier qui vint ouvrir et il salua sans qu'elle le reconnût; mais comme l'entrée était sombre, cela n'avait pas grande signification. Le chapeau à la main, il la suivit dans la salle à manger, sans parler, pour que la voix ne le trahît point.

Alors, après qu'elle eut regardé un moment avec une surprise inquiète d'abord, elle se mit à sourire:

—Mais c'est M. Saniel! s'écria-t-elle. Mon Dieu! que je suis sotte, de ne pas vous avoir reconnu; cela vous change tellement de vous être fait raser! Pardonnez-moi.

—C'est parce que je me suis fait raser que je viens vous demander un service.

—A nous, cher monsieur! Ah! parlez vite; nous serions si heureuses de vous prouver notre reconnaissance.

—Je voudrais prier mademoiselle Philis de me rendre, si elle l'a encore, une photographie que je lui ai donnée il y a un an environ.

Comme Philis voulait avoir la liberté d'exposer cette photographie franchement, pour la garder toujours devant elle, c'était en présence de sa mère qu'elle l'avait demandée et en présence de madame Cormier que Saniel l'avait donnée.

—Si elle l'a toujours! s'écria madame Cormier; ah! cher monsieur, vous ne savez pas la place que toutes vos bontés et les services que vous nous avez rendus vous ont acquise dans notre coeur.

Et, passant dans la pièce voisine, elle en rapporta un petit cadre en velours dans lequel se trouvait la photographie; Saniel l'en retira en expliquant l'étude pour laquelle il en avait besoin et, après avoir promis de la rapporter bientôt, il s'en revint chez lui.

Décidément, tout avait bien marché: le cliché détruit, l'épreuve de Philis entre ses mains, il n'avait plus rien à craindre de ce côté; quant à l'expérience tentée sur madame Cormier, elle était assez décisive pour lui inspirer pleine confiance: si madame Cormier, qui l'avait vu si souvent, si longuement, et qui pensait à lui à chaque instant, ne l'avait pas reconnu, comment admettre que madame Dammauville, qui ne l'avait aperçu que de loin et pendant quelques secondes seulement, le reconnaîtrait après plusieurs mois?

L'écueil était donc heureusement franchi, et, si périlleux qu'il eût tout d'abord paru, il n'aurait pas dû lui faire perdre la tête: ne s'habituerait-il donc jamais à l'idée que sa vie ne pouvait pas avoir la tranquille monotonie d'une existence bourgeoise, qu'elle éprouverait des heurts et des orages, mais que, s'il savait rester toujours maître de sa force et de sa volonté, il devait la mener à bon port!

Le calme qui était le sien avant cette bourrasque lui revint donc bien vite, et, quand les dernières épreuves de ses concours, confirmant les succès des premières, lui eurent donné les deux titres qu'il avait si ardemment désirés et poursuivis au prix de tant de peines, de tant d'efforts, de tant de privations, il put en toute sécurité jouir de son triomphe.

Enfin, il tenait le présent dans des mains vigoureuses, et l'avenir était à lui!

Maintenant, il pouvait marcher droit, hardiment, la tête haute, en bousculant ceux qui le gênaient, d'une allure qui était celle de son tempérament.

Bien que ces derniers mois eussent été terriblement agités pour lui par tout ce qui touchait à l'affaire de Caffié et de Florentin, et surtout par les fatigues, les émotions, les fièvres de ses concours, il n'avait cependant pas interrompu ses travaux particuliers ni un jour, ni une heure, et ses expériences poursuivies depuis tant d'années lui avaient enfin donné des résultats importants, que la prudence seule l'avait empêché de publier. En opposition avec l'enseignement officiel de l'école, ces découvertes auraient fait dresser les cheveux sur de vieux crânes où, depuis longtemps, on n'en voyait plus, et ce n'était pas le moment, quand il demandait la porte, de s'attirer l'hostilité de ces vénérables portiers qui barreraient le chemin à un révolutionnaire. Mais, maintenant, qu'il était dans la place pour dix ans au moins, il n'avait plus de ménagements à garder, ni pour les personnes, ni pour les idées, et il pouvait parler.

IX

Saniel avait vu son collègue le solennel Balzajette, et, assez adroitement pour ne provoquer ni la surprise ni le soupçon, il avait pu lui parler de madame Dammauville, à laquelle il s'intéressait incidemment; sans insister, en passant et seulement pour justifier sa question, il avait expliqué la nature de cet intérêt.

Pour être solennel, Balzajette n'en était pas moins bavard, et même c'était sa solennité qui faisait son bavardage: il s'écoutait parler, et quand, les jambes légèrement écartées, il était bien posé sur un trottoir pas trop étroit, bombant la poitrine, appuyant son menton rose, rasé de frais, sur sa cravate blanche, décrivant dans l'air, de sa main baguée, des gestes nobles et démonstratifs, on pouvait, si on avait la patience de l'écouter, lui faire dire tout ce qu'on voulait: car il était convaincu que son interlocuteur passait un moment agréable dont le souvenir ne s'effacerait pas; ses malades pouvaient l'attendre dans la douleur ou dans l'angoisse, il n'en hâtait pas le majestueux débit de ses phrases ronflantes aux adjectifs choisis, et à moins qu'il ne se rendît à une invitation à dîner, ce qui lui arrivait cinq jours au moins par semaine, il ne vous lâchait qu'après vous avoir fait partager l'admiration qu'il professait pour lui-même.

C'était à une affection de la moelle qu'était due la paralysie de madame Dammauville: par conséquent, elle était parfaitement guérissable; et même Balzajette s'étonnait qu'avec son traitement et ses soins cette guérison se fit attendre:

—Mais que vous dirai-je, jeune confrère; vous savez mieux que moi qu'avec les femmes tout est possible... surtout l'impossible!

Et, pendant une demi-heure il avait complaisamment raconté les étonnements que causaient à son savoir et à son expérience les femmes du monde qu'il soignait: certainement il n'entendait pas contester les leçons que le médecin reçoit à l'hôpital,—à Dieu ne plût qu'il eût pareille outrecuidance!—mais combien plus variées, combien plus complètes, combien plus profondes étaient celles que donnait la clientèle mondaine quand on était assez heureux pour s'en être créé une.

—Enfin, pour me résumer, que vous dirai-je, jeune confrère?...

Et ce qu'il avait dit et redit, expliqué et ré-expliqué avec des digressions enchevêtrées les unes dans les autres, c'était comment il voulait remettre sa cliente sur pied avant peu. Certainement, il n'entendait pas contester les travaux récents publiés sur l'anatomie pathologique des lésions médullaires,—à Dieu ne plût qu'il eût une pareille outrecuidance!—mais l'expérience est l'expérience, et, sans forfanterie, il croyait pouvoir compter sur celle que trente années de pratique dans sa clientèle mondaine lui avaient acquise.

—On ne traite pas une duchesse comme une marchande des quatre saisons, n'est-ce pas, mon jeune confrère?

Bien qu'en dehors d'un journal boulevardier Balzajette ne lut rien et n'ouvrit jamais un livre pour se tenir au courant, cependant la jeune réputation de Saniel était venue jusqu'à lui,—par ses oreilles,—et précisément parce qu'elle était jeune, il tenait à ménager ce confrère, qui semblait appeler à se faire une belle place. Malgré la haute estime qu'il professait pour ses mérites et sa personne, il n'était pas sans savoir vaguement que les médecins de sa génération, arrivés à de grandes situations, ne le traitaient pas avec toute la considération qu'il s'accordait lui-même, et, pour donner une leçon à ses anciens camarades, il était bien aise de nouer de bonnes relations avec un jeune dans le mouvement; il parlerait de son jeune confrère Saniel: «Vous savez, celui qui vient d'être nommé agrégé», et il raconterait les conseils que lui Balzajette lui avait donnés.

Que madame Dammauville fût remise sur pied, par cette vieille baderne, en temps pour venir à l'audience, Saniel en doutait fort, surtout après que Balzajette lui eut expliqué son traitement; mais, avec la situation que lui aurait faite cette comparution, il ne pouvait que s'en réjouir. Sans doute, il serait fâcheux pour Florentin de n'avoir pas ce témoignage et de ne pas profiter du coup de théâtre préparé par Nougarède; mais, pour lui-même, il ne pouvait que s'en trouver heureux. Malgré toutes les précautions qu'il avait prises, mieux valait ne pas s'exposer à une rencontre avec madame Dammauville dans la chambre des témoins ou même à l'audience. On s'en tiendrait à une lettre appuyée par la déposition de Balzajette, et Florentin n'en serait pas moins acquitté: seul Nougarède aurait à regretter son coup de théâtre; mais il n'avait pas à s'inquiéter des satisfactions ou des déceptions de Nougarède.

Bien entendu, il n'avait pas dit à Philis les idées que son entretien avec Balzajette lui avait suggérées, se contentant de lui résumer les conclusions de cet entretien: avant peu madame Dammauville serait sur pied; Balzajette l'affirmait; s'il n'était pas un maître infaillible, il en savait assez pour qu'on pût ajouter foi à sa parole: puisqu'il promettait un mieux rapide, on devait croire à ce mieux: Florentin serait sauvé; il n'y avait qu'à laisser aller les choses, elles étaient en bonne voie, en aussi bonne que si on les avait soi-même dirigées.

Et Philis, madame Cormier, Nougarède, Florentin lui-même, que la cellule de Mazas n'avait cependant réconcilié, ni avec l'espérance, ni avec la justice providentielle, s'étaient tous complu dans cette idée.

Aussi, quand la chambre des mises en accusation renvoya Florentin devant les assises, l'émoi ne fut-il pas trop violent chez madame Cormier et Philis: madame Dammauville serait en état de faire sa déposition, puisque la veille même elle avait pu quitter son lit, et, bien qu'elle ne fût restée levée qu'une heure, bien qu'elle n'eût pu sortir de sa chambre que pour aller dans son salon, cela suffisait. Nougarède disait que l'affaire viendrait à la seconde session d'avril: d'ici là, madame Dammauville serait assez solide sur ses jambes pour paraître devant le jury et enlever l'acquittement.

Avec Philis, Saniel avait répété que la guérison était certaine, et avec elle aussi il s'en était hautement réjoui; mais tout bas il n'avait pas été sans s'inquiéter de cette guérison: cette rencontre, dont l'idée seule l'avait épouvanté au point de lui faire perdre la tête, allait donc se produire et dans des conditions qui ne pouvaient pas ne pas l'émouvoir. A la vérité, les précautions qu'il avait prises, devaient le rassurer, mais enfin il n'en restait pas moins une incertitude troublante. Qui pouvait savoir! Il eût préféré qu'elle ne quittât pas sa chambre, comme le traitement de Balzajette le donnait à prévoir, et que Nougarède trouvât un moyen pour obtenir sa déposition sans qu'elle l'apportât elle-même; il se fût senti plus rassuré, et c'eût été d'un esprit plus tranquille, avec un visage plus impassible, qu'il se fût rendu à l'audience.

Était-il vraiment méconnaissable? C'était la question qui maintenant l'obsédait, et plusieurs fois par jour il se plaçait devant une glace, la photographie qu'il avait prise chez Philis à la main, et longuement il comparait sa physionomie actuelle avec celle du portrait. Parfois il trouvait que les dissemblances étaient telles que quelqu'un qui ne saurait pas à l'avance que ces deux physionomies appartenaient à la même tête ne l'imaginerait jamais. Mais d'autres fois c'étaient des points de contact qui le frappaient, et alors il se disait qu'ils pouvaient aussi frapper madame Dammauville. La barbe, les cheveux étaient tombés; mais les yeux, ces yeux d'acier, comme disait son ancien camarade le photographe, étaient restés, et rien ne pouvait les changer ni les cacher. Un moyen s'offrait: porter un lorgnon bleu ou des lunettes, se blesser dans une expérience de chimie qui lui imposerait un bandage; mais ce serait un déguisement qui provoquerait la curiosité et des questions d'autant plus dangereuses qu'il coïnciderait avec la suppression de la barbe et des cheveux.—Pourquoi donc a-t-il cherché à changer si complètement sa physionomie?—Il ne fallait pas qu'on se demandât cela, car ce serait ouvrir une piste qui pouvait mener loin.

Mais ces inquiétudes ne le tourmentèrent pas longtemps, car Philis, qui maintenant passait tous les jours rue Sainte-Anne, prendre des nouvelles de madame Dammauville, arriva un soir désespérée et lui annonça que ce jour-là la malade n'avait pu rester levée que quelques minutes et qu'elle avait dû reprendre le lit.

Elle n'irait donc pas à l'audience.

Cette appréhension de se rencontrer face à face, avec madame Dammauville avait fini par l'exaspérer: il se trouvait lâche de la subir, et, puisqu'il n'avait pas la force de la secouer, il était heureux de s'en trouver débarrassé par la seule intervention du hasard, qui, après lui avoir été mauvais si longtemps, lui devenait favorable; la roue tournait.

—Vois madame Dammauville tous les jours, dit-il à Philis, et note tout ce qu'elle ressent; peut-être trouverai-je, pour réparer cet accroc, quelque chose que je suggérerai à Balzajette sans qu'il se doute de rien. D'ailleurs il est à croire que la recrudescence de froid que nous subissons entrer pour une bonne part dans sa rechute, et il est probable qu'avec un peu de chaleur printanière elle ira mieux.

Il avait voulu par ce conseil endormir l'inquiétude de Philis et gagner du temps; ce fut précisément le contraire qui arriva; dans son angoisse, qui s'accroissait à mesure qu'approchait le procès, ce n'était pas à des probabilités pas plus qu'à l'influence incertaine du printemps que Philis pouvait se fier, il lui fallait plus et mieux; mais, de peur d'être refusée, elle se garda de lui dire ce qu'elle espérait obtenir.

Ce fut seulement quand elle eut réussi qu'elle parla.

Tous les soirs, en sortant de chez madame Dammauville, elle venait lui raconter ce qu'elle avait appris, et pendant trois jours son récit avait été le même:

—Elle ne peut pas quitter son lit.

Et toujours il lui avait fait la même réponse:

—C'est le froid; certainement, le temps va changer: à la fin de mars, cette gelée et ce vent ne peuvent pas continuer.

Il était peiné de sa désolation et de son angoisse; mais qu'y pouvait-il? Ce n'était pas sa faute si cette rechute se produisait juste au moment décisif; le hasard avait été pendant assez longtemps contre lui: il n'allait pas le contrarier au moment où il se mettait de son côté, en cédant au désir que Philis n'osait pas exprimer, mais qu'il devinait, et en acceptant de voir madame Dammauville.

Le quatrième jour, quand elle entra dans son cabinet, il comprit tout de suite à son allure que quelque changement heureux pour Florentin s'était produit.

—Madame Dammauville s'est levée? dit-il.

—Non!

—Je l'avais pensé à la vivacité et à la légèreté de ton entrée.

—C'est que je suis en effet, bien heureuse: madame Dammauville veut te consulter.

Il lui prit violemment les deux mains et les secouant:

—Tu as fait cela! s'écria-t-il.

Elle le regarda épouvantée.

—Toi! toi! répétait-il avec une fureur croissante.

—Au moins, écoute-moi, murmura-t-elle; tu verras que je ne t'ai compromis en rien.

Compromis! c'était bien à la dignité professionnelle qu'il pensait vraiment!

—Je n'ai pas besoin de t'écouter: je n'irai pas.

—Ne dis pas cela.

—Il ne manquait plus que de disposer de moi à votre guise.

—Victor?

La colère l'affolait.

—Je vous appartiens donc; je suis donc ta chose; tu fais donc de moi ce que tu veux; tu décides et je n'ai qu'à obéir! C'en est trop, à la fin! Tu peux partir, tout est fini entre nous.

Elle l'écoutait anéantie; mais ce dernier mot, qui la frappait dans son amour, lui rendit la force; à son tour elle lui prit les deux mains, et, bien qu'il voulût les dégager, elle les retint dans les siennes:

—Tu peux me jeter à la figure toutes les paroles que t'arrache la colère; tu peux m'adresser tous les reproches que tu trouves que je mérite; je ne me révolterai pas. Sans doute j'ai des torts envers toi, et je sens toute leur portée en voyant combien profondément tu es blessé; mais me chasser, me dire que tout est fini entre nous, non, Victor, tu ne feras pas cela; tu ne le diras pas, car tu sais que jamais homme n'a été aimé comme je t'aime, adoré, respecté: et volontairement, de parti pris, même pour sauver mon frère, je t'aurais compromis!

Il la repoussa:

—Va-t'en, dit-il durement.

Elle se jeta à genoux et, retenant les mains qu'il lui retirait, elle les embrassa désespérément.

—Mais écoute-moi, s'écria-t-elle; avant de me condamner, laisse-moi dire ce que j'ai pour ma défense. Quand même je serais cent fois plus coupable que je ne le suis réellement, tu ne peux pas me repousser avec cette dureté impitoyable.

—Va-t'en!

—Tu perds la tête; la colère t'égare. Qu'as-tu? Il est impossible que ce soit moi qui, par ma maladresse, par ma faute, te mette dans cet état d'exaspération folle. Qu'as-tu, mon bien-aimé?

Ces quelques mots firent plus que la soumission désespérée de Philis et que ses élans d'amour: elle avait raison, il perdait la tête; et si coupable qu'elle se trouvât envers lui, elle ne pouvait pas admettre évidemment que la faute qu'elle avait commise le jetât dans cet accès de folie furieuse; cela n'était pas naturel, et il fallait que, dans ses paroles comme dans ses actions, tout fût naturel, tout fût explicable.

—Eh bien! parle, dit-il, je t'écoute; au surplus, il vaut encore mieux savoir. Parle donc.

X

—Tu dois comprendre, dit-elle avec un peu plus de calme,—car, puisqu'il lui permettait de parler, elle espérait bien le convaincre,—que depuis quatre jours j'ai fait tout ce que j'ai pu pour amener madame Dammauville à l'idée d'appeler en consultation avec M. Balzajette un médecin...

—Qui serait moi.

—... Toi ou un autre; je n'ai prononcé aucun nom; tu ne dois pas me croire assez maladroite pour aller grossièrement te mettre en avant; ce n'eût pas été un bon moyen pour te faire accepter par une femme intelligente; et j'ai assez souci de ta dignité pour ne pas jouer avec elle. Je croyais qu'un autre médecin que M. Balzajette trouverait un remède, un moyen quelconque, un miracle, si tu veux, qui permettrait à madame Dammauville de se rendre au palais de Justice, et je le disais; je le disais sur tous les tons, de toutes les manières, avec autant de persuasion que j'en pouvais mettre dans mes paroles. N'était-ce pas la vie de mon frère que je défendais, notre honneur? Tout d'abord, je trouvai madame Dammauville très opposée à cette idée.—Un autre médecin, à quoi bon? M. Balzajette l'avait bien soignée, puisqu'il avait pu lui faire quitter le lit. Il est vrai qu'elle avait dû le reprendre; mais c'était là un accident qu'on ne pouvait lui imputer sans injustice. Combien de raisons expliquaient cet accident? Sa longue maladie, sa faiblesse, les mauvaises conditions d'un temps dur. Elle irait mieux bientôt, elle le sentait. D'ailleurs, dût-elle se faire porter au palais de Justice, qu'elle n'hésiterait pas.

—Elle ferait cela!

—Assurément. Personne n'a plus qu'elle le sentiment du juste: elle se trouverait coupable de ne pas apporter son témoignage à un innocent; ne pas le sauver quand elle le peut, serait prendre la responsabilité de sa perte. Il est donc certain que, si elle ne peut pas venir à l'audience toute seule, elle fera tout pour y venir n'importe comment, au bras de M. Balzajette, sur une civière. J'étais donc assez tranquille de ce côté; mais je ne l'étais pas pour la civière. Que penserait-on si on la voyait en cet état? Quelle impression ferait sur les jurés cette malade! Sa maladie laisserait-elle à son témoignage toute sa valeur? Cela me fit insister. Je crois t'avoir dit que madame Dammauville me témoigne maintenant une sympathie affectueuse, qui chaque jour va s'augmentant: elle me fait rester près d'elle plus longtemps; elle m'écoute avec bienveillance; enfin elle me témoigne une véritable amitié; comme si je la connaissais depuis longtemps et avais pu lui rendre service. Je mis cette bienveillance à profit pour revenir sur la question de la consultation, mais, je te le répète, sans prononcer ton nom et sans jamais te mettre en avant. Que cela soit bien entendu et, je t'en prie, crois-moi quand je te l'affirme. Je lui représentai que, puisque M. Balzajette pouvait se dire, avec toutes les apparences de la raison, qu'il l'avait guérie, il ne devait pas se fâcher qu'elle désirât chercher à consolider cette guérison; que d'ailleurs elle avait des motifs impérieux qui l'obligeaient à ne pas attendre, car il lui en coûterait beaucoup de se présenter à la cour d'assises dans un appareil théâtral qui n'était pas du tout dans son caractère et dans ses habitudes. Il ne m'avait pas fallu grande finesse pour deviner que le souci de peiner ce vieil ami de son mari, qu'elle est trop intelligente pour ne pas connaître, était l'empêchement principal qui s'opposait à cette consultation. Ce fut alors que ton nom fût prononcé.

—Tu l'avoues donc!

—Tu vas voir comment et tu diras si tu dois t'en fâcher. Je n'ai pas passé tant de temps auprès de madame Dammauville sans lui parler de maman, et par conséquent sans lui dire comment tu l'as guérie d'une paralysie qui, par plus d'un point, ressemblait à la sienne. Il n'était pas mal, n'est-ce pas, de dire ce que tu avais fait pour nous, et, sans rien laisser soupçonner de mon amour, je pouvais bien sans doute faire ton éloge que dictait la seule reconnaissance. Tu connais trop les malades pour ne pas deviner que madame Dammauville elle-même m'avait, la première, interrogée bien des fois sur ces points de ressemblance entre sa paralysie et celle de maman, sur le traitement que tu avais ordonné, sur les effets qu'il avait produits, et naturellement comme toujours, quand je parle de toi, quand j'ai la joie de prononcer ton nom, je lui avais répondu longuement, en détail; ce n'est pas un crime, cela?

Elle attendit un moment en le regardant; sans adoucir la dureté de son regard, il lui fit signe de continuer.

—Quand j'insistai pour la consultation, madame Dammauville se rappela ce que je lui avais dit et la première,—tu entends: la première,—prononça ton nom. Je n'avais pas de raisons, il me semble, pour m'enfermer dans une réserve qui eût été inexplicable et incompréhensible; je racontai donc tout ce que pouvait dire une femme d'un homme dans ta position. Puisque tu avais soigné et guéri ma mère, j'avais bien le droit de faire ton éloge; avec une nature comme la sienne, elle n'eût pas compris que je ne le fisse point, et certainement elle eût cru à l'ingratitude de ma part. Je citai ton travail sur les maladies de la moelle, et cela encore était tout naturel: puisque c'est d'une maladie de la moelle que ma mère a été guérie, il m'était permis, si ignorante que je fusse en médecine, de l'avoir lu et étudié avant la guérison. Comme elle manifestait le désir de le connaître, j'offris de le lui prêter...

—Est-ce naturel, cela?

—Avec une autre que madame Dammauville, non, sans doute; mais elle n'est point un esprit frivole, ses lectures sont sérieuses; elle sait beaucoup; enfin, je crus pouvoir le lui prêter sans faire mal et sans encourir ton blâme. Je le lui apportai il y a deux jours, et tout à l'heure elle m'a dit que sa lecture l'avait décidée à t'appeler.

—Je n'irai certes pas: elle a son médecin.

—Ne va pas imaginer que je suis chargée de te demander de lui faite visite tout est entendu avec M. Balzajette, qui doit t'écrire ou te voir, je ne sais au juste.

—Cela serait bien extraordinaire de la part de Balzajette!

—Peut-être le juges-tu mal. Quand madame Dammauville lui a parlé de toi, il n'a pas soulevé la plus petite objection; au contraire, il a fait ton éloge; il dit que tu es un des rares jeunes en qui on peut avoir confiance; ce sont ses propres paroles que madame Dammauville m'a rapportées.

—Que m'importe le jugement de cette vieille bête!

—Je t'explique comment tu es appelé en consultation, non parce que j'ai parlé de toi, mais parce que tu inspires confiance à M. Balzajette. Si bête qu'il soit, il te rend justice et sait ce que tu vaux.

Il était donc arrivé, le moment de cette rencontre qu'il n'avait pas voulu croire possible tout d'abord, et qui, cependant, se présentait dans de telles conditions qu'il ne voyait pas comment l'éviter. Refuser Philis, il le pouvait; mais Balzajette? Comment? sous quel prétexte? Un collègue l'appelait en consultation, pourquoi ne s'y rendrait-il pas? Il eût prévu ce coup, qu'il aurait quitté Paris jusqu'au moment du procès; mais il était pris à l'improviste. Que dire pour justifier une absence qu'il n'avait pas annoncée? Il n'avait pas de mère, de frères qui pussent l'appeler et auprès desquels il fût obligé de rester. D'ailleurs il voulait aller à l'audience, et, puisque son témoignage devait peser d'un poids considérable sur la conviction des jurés, c'était son devoir de l'apporter à Florentin; c'eût été une lâcheté méprisable de manquer à ce devoir, et, de plus, c'eût été une imprudence: aux yeux de tous, il devait paraître n'avoir rien à craindre, et cette assurance, cette confiance en soi étaient une des conditions de son salut. Or, s'il venait à l'audience, et à tous les points de vue il était impossible qu'il n'y vînt pas, il s'y rencontrerait avec madame Dammauville, puisqu'elle voulait s'y faire porter au cas où elle ne pourrait pas s'y rendre librement. Soit chez elle, soit au palais de Justice, la rencontre était donc fatale, et, quoi qu'il eût fait, les circonstances plus fortes que sa volonté l'avaient préparée et amenée: tout ce qu'il tenterait ne l'empêcherait pas.

La seule question qui méritât d'être à cette heure sérieusement pesée était celle de savoir où cette rencontre serait moins dangereuse pour lui,—chez madame Dammauville, ou au Palais? Tout le reste était au-dessus de lui, et échappait à sa volonté.

Il réfléchissait ainsi silencieusement, sans plus s'occuper de Philis que si elle n'était pas près de lui, ne la regardant pas, les yeux perdus dans le vague, le front contracté, les lèvres serrées, quand la sonnette de l'entrée résonna: comme Joseph était à son poste, Saniel ne bougea pas.

—Si c'est un malade, dit Philis, qui ne voulait pas partir déjà, j'attendrai dans la salle à manger.

Et elle se leva.

Avant qu'elle fût sortie, Joseph entra:

—Monsieur le docteur Balzajette, dit-il.

—Tu vois, s'écria Philis.

Sans lui répondre, Saniel fit signe à Joseph d'introduire le docteur Balzajette, et, tandis qu'elle disparaissait légèrement, sans bruit, il se dirigea vers le salon.

Balzajette vint à lui les deux mains tendues:

—Hé! bonjour, mon jeune confrère! Enchanté de vous rencontrer.

L'accueil était bienveillant, amical et aussi protecteur; Saniel y répondit de son mieux.

—Depuis que nous nous sommes rencontrés, continua Balzajette, j'ai pensé à vous. A cela, rien que de naturel, car vous m'inspirez une vive sympathie, et ce n'est pas d'aujourd'hui; la première fois que vous êtes venu me faire visite, vous m'avez tout de suite plu; je vous ai deviné et me suis dit «Voilà un grand garçon qui fera son chemin.» Vous souvenez-vous?

Assurément il se souvenait; et de toutes les visites qu'il avait faites à ce moment aux médecins et aux pharmaciens de son quartier, celle à Balzajette avait été la plus dure; il était impossible de montrer plus de morgue, plus de hauteur; plus de dédain, que ce solennel n'en avait mis dans son accueil. Mais alors le jeune confrère était perdu dans la foule des pauvres diables et vraisemblablement il y resterait; tandis que, maintenant qu'il en était sorti, on ne savait pas où il irait.

—Je vous disais que j'avais pensé à vous, continua Balzajette; c'est à propos de cette cliente dont vous m'avez parlé; vous savez?

—Madame Dammauville?

—Précisément. Je l'ai remise sur pied comme j'en étais sûr et comme je vous l'avais annoncé; mais, depuis, cette mauvaise température lui a fait reprendre le lit. Ce n'est qu'une affaire de jours, sans aucun doute; seulement, en attendant, la pauvre femme s'irrite, s'impatiente; vous savez, jeune confrère, les femmes! Enfin, que vous dirai-je? Pour calmer cette impatience, je lui ai spontanément proposé une consultation, et naturellement j'ai prononcé votre nom, qui était indiqué par votre beau travail sur les lésions médullaires; je l'ai appuyé comme il convenait, avec l'estime qu'il s'est acquise, et j'ai eu la satisfaction de le voir accepter.

Saniel remercia comme s'il croyait à la parfaite sincérité de cette proposition spontanée.

—J'aime les jeunes, et tiens à vous dire que, toutes les fois que l'occasion s'en présentera, je serai heureux de vous introduire dans ma clientèle. Pour madame Dammauville, quel jour voulez-vous que nous prenions?

Comme Saniel paraissait hésitant, Balzajette, se méprenant sur la cause de son silence, insista:

—C'est une impatiente, dit-il; prenons donc le jour le plus rapproché qu'il sera possible.

Il fallait répondre, et dans ces conditions un refus n'était pas explicable.

—Voulez-vous demain? dit-il.

—Demain, c'est entendu. Votre heure?

Avant de répondre, Saniel alla à son bureau et consulta un almanach, ce qui parut parfaitement ridicule à Balzajette:

—Est-ce qu'il s'imagine, le jeune confrère, que je vais croire son temps si étroitement pris, qu'il lui faut des combinaisons pour me donner une heure? Mais ce n'était point une combinaison de ce genre que Saniel cherchait: poser devant cette vieille baderne, l'éblouir, il avait bien la tête à cela! Son almanach donnait le lever et le coucher du soleil, et c'était l'heure précise de ce coucher qu'il voulait: 26 mars, 6 h. 20 m.; à ce moment, il ne ferait pas encore assez nuit pour que les lampes fussent allumées chez madame Dammauville, et déjà, cependant, le jour serait assez sombre pour que dans l'incertitude du soir elle le vît mal.

—Voulez-vous six heures un quart? Je passerai vous prendre à six heures.

—Volontiers; seulement je vous demanderai d'être très exact; j'ai un dîner pour sept heures, rue Royale.

Et Saniel promit l'exactitude; ce dîner était une circonstance favorable qui lui promettait de sortir de chez madame Dammauville avant qu'on apportât les lampes.

Quand Balzajette fut parti, il alla rejoindre Philis dans la salle à manger où elle attendait anxieuse:

—Rendez-vous est pris pour demain, à six heures un quart, chez madame Dammauville.

Elle se jeta à son cou:

—Je savais bien que tu me pardonnerais.

XI

Ce ne fut pas sans émotion que, le lendemain, Saniel vit s'écouler l'après-midi, et, bien qu'il se fût mis au travail pour employer son temps, à chaque instant il s'interrompait pour regarder l'heure.

Parfois il trouvait qu'elle passait vite, puis tout de suite qu'elle ne marchait pas.

Cette agitation l'exaspérait, car le calme n'avait jamais été plus nécessaire que dans cette circonstance; qu'un danger se présentât et ce n'était qu'en restant maître de soi qu'il pouvait se sauver: il lui fallait le sang-froid du chirurgien dans une opération, le coup d'oeil du général dans une bataille, et le sang-froid pas plus que le coup d'oeil ne se trouvent chez les nerveux et les agités.

Surgirait-il, ce danger?

C'était la question qui revenait sans cesse, s'imposait, quoi qu'il fît pour l'écarter, et le jetait dans ce trouble d'autant plus énervant qu'il se rendait parfaitement compte de l'inanité d'un pareil examen. A quoi bon étudier les chances qu'il y avait pour ou contre? Tout cela était en l'air; aux mains du hasard, et par conséquent en dehors de sa volonté.

Ou il avait réussi à se rendre méconnaissable, ou il n'y était pas parvenu; c'était un fait auquel maintenant il ne pouvait rien.

Ce qui était humainement possible dans cet ordre d'idées, il l'avait prévu en choisissant une heure où l'obscurité du soir mettait les chances de son côté; pour le reste, il fallait s'en rapporter à la Fortune.

Et allant à sa cheminée, il restait devant la glace, comparant son visage à la photographie que madame Cormier lui avait remise, et muscle après muscle, il s'étudiait. Ah! s'il n'avait pas eu ces yeux bleu pâle, ces yeux d'acier, il se fût senti plus tranquille; mais dans l'obscurité, madame Dammauville verrait-elle son regard?

Toute la journée il avait étudié le ciel, car pour le succès de sa combinaison il importait qu'il ne fût ni trop clair ni trop sombre: trop clair, parce que madame Dammauville pourrait le bien dévisager; trop sombre, parce qu'on allumerait les lampes. Il devait se souvenir que c'était précisément sous la lumière d'une lampe qu'elle l'avait vu. Jusqu'au soir, le temps fut incertain, avec un ciel tantôt ensoleillé, tantôt nuageux; mais à ce moment les nuages furent emportés par un vent du nord, et le temps se mit décidément au froid, avec la clarté rose et pâle de la fin mars quand il gèle encore.

En s'examinant bien, il eut la satisfaction de constater qu'il était plus calme qu'au matin, et qu'à mesure que le moment de l'assaut s'était rapproché son agitation s'apaisait: la décision, la fermeté, le sang-froid lui étaient revenus; il se sentait maître de sa volonté et capable de n'obéir qu'à elle.

A six heures précises, il sonnait à la porte de Balzajette, et tout de suite ils partaient pour la rue Sainte-Anne. Heureux d'avoir un auditeur aux oreilles complaisantes, Balzajette faisait tous les frais de l'entretien, sans que Saniel eût à répondre de temps en temps autre chose que oui ou non, et, bien entendu, ce n'était pas de madame Dammauville qu'il parlait, mais d'histoires mondaines: de la première représentation de la veille à l'Opéra-Comique, à laquelle il avait assisté; de politique; du prochain Salon, où l'on verrait plusieurs tableaux importants pour lesquels les peintres lui avaient demandé son jugement, certains à l'avance que ce serait celui de l'opinion publique.

A six heures un quart juste, ils arrivaient à la maison de la rue Sainte-Anne, où Saniel n'était pas revenu depuis la mort de Caffié. En passant devant la loge de la vieille concierge, qui salua respectueusement Balzajette, il fut content de lui: son coeur ne battait pas trop vite, ses idées étaient fermes et nettes, tout au moment présent, ni en deçà ni au delà: si un danger se présentait il se sentait assuré de lui faire tête, sans affolement comme sans brutalité.

Au coup de sonnette tiré de main de maître par Balzajette, la porte fut ouverte aussitôt par une femme de chambre postée évidemment dans le vestibule pour attendre leur arrivée.

Balzajette passa le premier et Saniel le suivit, en donnant un rapide coup d'oeil aux pièces qu'ils traversaient: une salle à manger meublée d'acajou, et un salon en tapisserie à la main de couleur fanée; ils étaient arrivés à une porte à laquelle Balzajette frappa deux coups.

—Entrez, répondit une voix de femme au timbre ferme.

C'était le moment décisif: le jour était à souhait, ni trop vif ni trop obscur. Qu'allait dire le premier coup d'oeil de madame Dammauville?

—Mon confrère le docteur Saniel, annonça Balzajette en allant à madame Dammauville pour lui serrer la main.

Elle était étendue sur le petit lit dont avait parlé Philis, mais non contre les fenêtres, plutôt au milieu de la chambre, placé là évidemment d'après l'expérience d'une malade qui sait qu'on devra tourner autour d'elle pour l'examiner.

Profitant de cette disposition, Saniel passa tout de suite entre le lit et les fenêtres, de façon que le jour le frappât de dos et laissât, par conséquent, son visage dans l'ombre; cela se fit naturellement, sans aucune affectation, et il sembla qu'il n'avait pris ce côté du lit que parce que Balzajette avait pris l'autre.

L'examen commença, dirigé par Saniel, avec une netteté et une précision qui firent plaisir à Balzajette: il ne se perdait pas dans des paroles oiseuses, le jeune confrère, pas plus que dans des détails inutiles; il allait droit au but, ne demandant, ne cherchant que l'indispensable, et, comme les réponses de madame Dammauville étaient aussi précises que les questions de Saniel, tout en écoutant et en plaçant un mot bref de temps en temps, il se disait que son dîner ne serait pas retardé, ce qui était le point principal de sa préoccupation. Décidément, il comprenait la vie, le jeune confrère, on pourrait l'appeler en consultation; c'était un garçon à protéger, à lancer: avec sa tournure lourde, son allure brutale, sa tenue négligée, on, n'aurait pas de rivalité à craindre; avant qu'il eût pris les manières et la correction d'un homme du monde, s'il les prenait jamais, il s'écoulerait du temps.

Cependant quand madame Dammauville en vint à se plaindre du froid qu'elle éprouvait, Balzajette trouva que Saniel la laissait se perdre dans des détails un peu minutieux.

—Vous avez toujours été frileuse?

—Oui et avec une fâcheuse disposition à m'enrhumer pour un abaissement de température d'un ou deux degrés.

—Faisiez-vous de l'exercice en plein air?

—Très peu.

—On ne vous a jamais conseillé les affusions d'eau froide?

—Je ne les aurais pas supportées.

—Il faut vous dire, interrompit Balzajette, qu'avant d'habiter cette maison, cette vieille maison qui lui appartient, madame Dammauville occupait un appartement plus moderne, où elle était chauffée au calorifère, et où, par conséquent, il lui était facile de maintenir une température douce et uniforme à laquelle elle s'était habituée.

—En venant m'installer dans cette maison, où il n'était pas possible d'établir un calorifère, continua madame Dammauville, j'ai employé tous les moyens pour me mettre à l'abri du froid qui, j'en suis certaine, est mon grand ennemi: vous pouvez voir que j'ai fait poser de doubles bourrelets aux portes comme aux fenêtres.

Malgré cette invitation et le geste qui l'accompagnait, Saniel se garda bien de tourner la tête du côté de la fenêtre; il maintint son visage dans l'ombre, se contentant de regarder la porte qui lui faisait face.

—En même temps, continua madame Dammauville, j'ai appliqué des tentures sur les murs, des tapis sur le parquet, d'épais rideaux aux fenêtres, des portières aux portes, et malgré les grands feux que j'entretiens dans ma cheminée, bien souvent je n'arrive pas à me réchauffer.

—Est-ce que vous allumez aussi ce poêle? demanda Saniel en montrant un petit poêle mobile placé au coin de la cheminée.

—La nuit seulement, afin que mes domestiques n'aient pas à se relever d'heure en heure pour entretenir le feu de la cheminée: on le charge le soir avant que je m'endorme, on place le tuyau dans la cheminée, et jusqu'au matin il maintient une chaleur à peu près suffisante.

—J'estime qu'il conviendra de supprimer ce mode de chauffage, qui peut avoir de graves inconvénients, dit Saniel, et, mon confrère et moi, nous examinerons tout à l'heure la question de savoir s'il ne serait pas possible de vous donner la chaleur qu'il vous faut, rien qu'avec cette seule cheminée, sans fatiguer vos domestiques et sans vous réveiller trop souvent pour charger le feu. Mais continuons.

Quand il fut arrivé au bout de ses questions, il se leva pour examiner la malade sur son lit, mais sans tourner autour d'elle, et de façon à rester à contre-jour.

Comme peu à peu la réverbération du soleil couchant restée au ciel s'était affaiblie, Balzajette proposa de demander des lampes; sans mettre trop de hâte dans sa réponse, Saniel refusa: inutile, le jour suffisait.

Ils passèrent dans le salon, où ils se mirent d'autant plus vite d'accord, qu'à tout ce que Saniel disait Balzajette répondait:

—Je suis heureux de constater que vous partagez ma manière de voir; c'est cela, c'est bien cela!

Tous deux d'ailleurs avaient leurs raisons pour se hâter: Saniel, la peur des lampes; Balzajette, le souci de son dîner. Diagnostic, traitement à suivre, tout fut rapidement arrêté; Saniel proposait, Balzajette approuvait.

—C'est cela, c'est bien cela!

La question de la suppression du poêle mobile fut de même décidée en deux mots: pour la nuit, on installerait une grille dans la cheminée, on l'emplirait de charbon de terre qu'on couvrirait de poussier mouillé, et avec ce système, employé dans beaucoup de petites gares de chemins de fer, on aurait du feu jusqu'au matin.

—Rentrons, dit Balzajette, qui avait de l'initiative et de la décision pour toutes les choses matérielles.

Saniel, qui avait tenu ses yeux sur les fenêtres, était tranquille: il faisait encore assez jour pour qu'on n'eût pas besoin de lampes; d'ailleurs, pendant leur tête-à-tête, aucune domestique n'avait traversé le salon pour entrer chez madame Dammauville.

Mais, lorsque Balzajette ouvrit la porte de la chambre pour revenir auprès de la malade, un flot de lumière emplit le salon et les enveloppa: une lampe à abat-jour était posée sur une petite table auprès du lit; deux autres lampes avec des globes étaient allumées sur la cheminée, reflétant leur lumière dans la glace.

Comment n'avait-il pas prévu qu'il y avait, pour entrer dans la chambre de madame Dammauville, d'autre porte que celle du salon? Mais quand il l'aurait prévu, quand il aurait aperçu cette porte cachée par la tenture, cela n'eût atténué en rien le danger de sa situation. Il eut trouvé le temps de se préparer; voilà tout. Mais à quoi se préparer? Ou entrer dans la chambre et faire tête à ce danger, ou se sauver. Il entra.

—Voici ce que nous avons décidé, dit Balzajette, qui ne perdait jamais une occasion de se mettre en avant et de prendre la parole.

Pendant qu'il parlait, madame Dammauville ne paraissait pas l'écouter; elle avait attaché ses yeux sur Saniel, placé entre elle et la cheminée de manière à tourner le dos aux lampes, et elle le regardait avec une fixité caractéristique.

Balzajette, qui s'écoutait parler, ne remarquait rien; mais Saniel, qui savait ce qu'il y avait derrière ce regard, ne pouvait pas n'en pas être frappé; heureusement pour lui il n'avait qu'à laisser aller Balzajette, ce qui lui permettait de ne pas se trahir par le frémissement de la voix.

Cependant Balzajette semblait prêt d'arriver au bout de ses explications: tout à coup Saniel vit madame Dammauville étendre la main vers la lampe posée sur la table et soulever l'abat-jour en l'abaissant vers elle de façon à former un réflecteur qui projetât la lumière sur lui; en même temps il recevait un rayon lumineux en plein visage.

Madame Dammauville poussa un petit cri étouffé.

Balzajette s'arrêta, puis ses yeux étonnés allèrent de madame Dammauville à Saniel, et de Saniel à madame Dammauville.

—Vous n'êtes pas souffrante? dit-il.

—Pas du tout.

Que se passait-il donc? Mais il était rare qu'il demandât l'explication d'une chose qui le surprenait, aimant mieux la deviner et l'expliquer lui-même.

—Ah! j'y suis, dit-il avec un sourire satisfait: la jeunesse de mon jeune confrère vous étonne. C'est sa faute; pourquoi diable a-t-il fait couper ses longs cheveux et sa barbe fauve frisée.

Si madame Dammauville n'avait pas lâché l'abat-jour, elle aurait vu le visage de Saniel se décolorer et ses lèvres frémir.

—Mais voilà! continua Balzajette; il a fait ce sacrifice à ses nouvelles fonctions: l'étudiant a disparu devant le professeur.

Il eût pu continuer longtemps: ni madame Dammauville ni Saniel ne l'écoutaient; mais, pensant à son dîner, il n'allait pas se lancer dans un discours qu'à tout autre moment il n'eût pas manqué de placer; il se leva pour se retirer.

Comme Saniel saluait, madame Dammauville l'arrêta d'un mouvement de main.

—Ne connaissiez-vous pas ce malheureux qui a été assassiné en face? dit-elle en montrant ses fenêtres.

Si grave que fût un aveu, Saniel ne pouvait pas répondre par une négation.

—J'ai été appelé pour constater sa mort, dit-il.

Et il fit quelques pas vers la porte; mais elle le retint encore:

—Étiez-vous en relations avec lui? demanda-telle.

—Je l'avais vu quelquefois.

Balzajette coupa court à cette conversation, oiseuse pour lui:

—Bonsoir, chère madame. Je vous reverrai demain, mais pas le matin, car je pars à six heures pour la campagne et ne reviendrai qu'à midi.

XII

—Avez-vous remarqué comme je lui ai coupé la parole? dit Balzajette dans l'escalier. Si on écoutait les femmes, elles ne vous laisseraient jamais partir. Du diable si je devine pourquoi elle vous a parlé de cet homme assassiné! Et vous, vous en doutez-vous?

—Non.

—Je crois que cet assassinat lui a jusqu'à un certain point détraqué la cervelle; en tout cas, il lui a fait prendre cette maison en horreur.

Il continua ainsi sans que Saniel écoutât ce qu'il disait; en arrivant à la rue Neuve-des-Petits-Champs, Balzajette héla une voiture qui passait vide.

—Vous avez eu la gentillesse de ne pas me mettre en retard, dit-il en serrant la main de son jeune confrère; cependant je vois que je serais obligé de marcher vite pour arriver à mon dîner, et je n'aime pas à m'asseoir à une bonne table sans me sentir en possession de tous mes moyens. Au revoir!

Quel débarras! Ce bavardage donnait le vertige à Saniel.

Il fallait se remettre, se reconnaître, envisager la situation et ce qui pouvait, ce qui devait en advenir.

Elle était simple, cette situation; le cri de madame Dammauville l'avait révélée: lorsque la lumière de la lampe l'avait frappé en plein visage, elle avait retrouvé en lui l'homme qu'elle avait vu tirer les rideaux de Caffié. Si, dans sa stupéfaction, elle s'était d'abord refusée à le croire, ses questions à propos de Caffié, et les explications de Balzajette sur les longs cheveux et la barbe frisée du jeune confrère avaient anéanti ses hésitations et remplacé le doute par l'horreur de la certitude: l'assassin, c'était lui, elle le savait, elle avait vu; et, telle qu'elle venait de se révéler à lui, il ne semblait pas qu'elle fût femme à récuser le témoignage de ses yeux et à laisser ébranler par de simples dénégations la solidité de ses souvenirs, appuyés sur les paroles de Balzajette.

Tout cela était d'une clarté aveuglante qui montrait jusqu'au fond l'abîme ouvert devant lui; mais ce qu'il ne voyait pas, c'était de quelle façon elle allait le pousser dans ce gouffre vertigineux, c'est-à-dire à qui elle révélerait la découverte qu'elle venait de faire; à Philis, à Balzajette, à la justice.

Ce lui fut presque un soulagement de penser que pour ce soir au moins ce ne pourrait pas être à Philis, puisqu'en ce moment même elle devait être chez lui, attendant son retour anxieusement; il y avait en lui une douleur et une révolte à la pensée que, la première, elle pouvait apprendre la vérité. Il ne voulait pas que cela fût, et il l'empêcherait.

Cette préoccupation lui donna un but; il revint rue Louis-le-Grand, pensant plus à Philis qu'à lui-même. Quel désastre quand elle saurait tout! Comment supporterait-elle ce coup et quels sentiments lui inspirerait-il, quel jugement sur celui qu'elle aimait? La pauvre fille! Il s'attendrit sur elle. Lui, il était perdu, et c'était sa faute; il portait la peine de sa maladresse; mais elle, ce serait la peine de son amour qu'elle porterait: quelle blessure pour ce coeur si sensible, pour cette âme haute et fière!

Peut-être allait-il la voir pour la dernière fois; cette heure et plus rien.

Alors il voulut qu'elle fût douce pour elle, et lui laissât un souvenir qui plus tard fût un allègement à sa douleur, un rayon clair et chaud dans son deuil. Il avait été dur en ces derniers temps, fantasque, brutal, inexplicable, et, avec cette sérénité d'humeur qui était sa nature même, elle ne lui en avait pas voulu; quand il la bousculait de sa main lourde, elle avait baisé cette main, en attachant sur lui ses beaux yeux tendres, tout pleins de caresses passionnées. Il fallait qu'elle oubliât cela, et que de leur dernière entrevue elle emportât une impression attendrie qui la soutiendrait.

Que ferait-il bien; pour elle? Il se rappela combien elle avait été heureuse de leurs dîners improvisés au coin du feu six mois auparavant et il voulut lui donner ce même plaisir: il la verrait heureuse encore et, près d'elle, sous son regard, peut-être oublierait-il le lendemain.

Il entra chez le restaurateur qui lui fournissait ses déjeuners, et commanda deux dîners qu'on apporterait chez lui immédiatement.

Il n'eût pas à mettre la clef dans sa serrure: Philis était derrière la porte, écoutant. Quand elle reconnut son pas sur le palier, elle ouvrit.

—Eh bien?

—Ton frère est sauvé.

—Madame Dammauville ira à l'audience?

—Je te promets qu'il est sauvé.

—Par toi?

—Oui, par moi... précisément.

Dans son trouble de joie, elle ne remarqua pas l'accent de ces derniers mots.

—Alors tu me pardonnes?

Il la prit dans ses bras, et l'embrassant avec une émotion grave:

—De tout mon coeur, je te jure!

—Tu vois bien qu'il était écrit que tu irais chez madame Dammauville, malgré toi, malgré tout; c'était providentiel.

—Il est certain que ton amie la Providence ne pouvait pas intervenir plus à propos dans mes affaires.

Cette fois elle ne put pas ne pas être frappée du ton qu'il avait mis dans sa réponse; mais elle s'imagina que c'était uniquement cette allusion à une intervention supérieure qui l'avait contrarié.

—C'était à nous que je pensais, dit-elle, non à toi.

—J'ai bien compris. Mais ne parlons pas de cela; tu es heureuse, je ne veux pas assombrir ta joie; au contraire, j'ai pensé à m'y associer en te faisant une surprise: nous allons dîner ensemble.

—Oh! cher, s'écria-t-elle frissonnante, que tu es gentil!

Mais tout de suite, s'arrêtant:

—Et maman qui attend dans l'inquiétude! Je ne peux pas la laisser se dévorer.

—Écris-lui la bonne nouvelle, en lui disant que tu es retenue par moi, par Nougarède, le premier prétexte venu; je donnerai ta lettre au garçon de Colliot qui va nous monter notre dîner, et il l'enverra par un commissionnaire.

La lettre fut vite faite.

—Maintenant, dit Philis joyeusement, je vais mettre la table; toi, allume le feu; car il nous faut une belle flambée qui pétille dans la cheminée, nous égaie et tienne notre dîner chaud. Qu'est-ce que tu as commandé?

—Je ne sais pas: deux dîners.

—Tant mieux! nous aurons des surprises; nous laisserons les plats couverts devant le feu, et nous les prendrons au hasard; peut-être mangerons-nous le rôti avant l'entrée; mais ce ne sera que plus drôle.

Légère, vive, affairée, elle allait et venait autour de la table, gracieuse et charmante.

Quand le garçon sonna, le couvert était mis; Philis lui donna sa lettre et le renvoya au plus vite, car elle avait hâte d'être en tête à tête avec Saniel.

Alors ils s'assirent à table devant le feu, en face l'un de l'autre.

—Quel bonheur d'être seuls, dit-elle, de pouvoir se parler, se regarder librement!

C'était avec une tendresse qu'elle n'avait jamais vue dans ses yeux qu'il la regardait, une profondeur de contemplation émue qui la bouleversait et l'anéantissait. De temps en temps, de petits cris de bonheur lui échappaient:

—Oh! cher, cher, murmurait-elle.

Cependant elle le connaissait trop bien pour ne pas voir que souvent un nuage de tristesse voilait ces yeux tout pleins d'amour, et que souvent aussi ils étaient sans aucune expression, comme s'ils regardaient en dedans. Tout d'abord elle ne dit rien; mais, à la longue, elle ne put pas toujours imposer silence à l'inquiétude: pourquoi cette mélancolie en un pareil moment?

—Quelle différence entre ce dîner, dit-elle, et ceux de la fin d'octobre! A ce moment, tu étais écrasé par les difficultés les plus dures, en lutte avec les créanciers, menacé de tous les côtés, sans lendemain; et maintenant tout est aplani: plus de créanciers, plus de luttes, les ennuis que je t'imposais ont pris fin, la vie s'ouvre facile et glorieuse, le but que tu poursuivais est atteint, tu n'as plus qu'à marcher droit devant toi, fier et superbe. Et pourtant il y a dans ta physionomie une tristesse qui me tourmente. Qu'as tu? Parle, je t'en prie. A qui te confesseras-tu, si ce n'est à celle qui t'adore.

Il la regarda longuement sans répondre, se demandant si, pour le repos de son coeur, cette confession ne vaudrait pas mieux que le silence, mais le courage lui manqua, l'orgueil ferma ses lèvres.

—Que veux-tu que j'aie? dit-il. Si ma physionomie est chagrine, c'est qu'elle ne traduit pas fidèlement ce que je ressens; car ce que je ressens en ce moment c'est un ineffable sentiment de tendresse pour toi, une inexprimable reconnaissance pour ton amour et pour le bonheur que tu m'as donné. Si j'ai été heureux dans ma vie rude et cahotée, ç'a été par toi; ce que j'ai eu de bon: joie, confiance, espoir, souvenirs, c'est à toi que je l'ai dû; et, si nous ne nous étions pas rencontrés, j'aurais le droit de dire que j'ai été le plus misérable des malheureux. Quoi qu'il arrive de nous, garde ces paroles, ma mignonne, et descends-les au plus profond de ton coeur, où tu les retrouveras un jour quand tu voudras me juger.

—Te juger, moi!

—Tu m'aimes, tu ne me connais pas; mais il viendra une heure où tu voudras justement connaître celui que tu as aimé: alors souviens-toi de cette soirée.

—Elle est trop radieuse pour que je l'oublie.

—Quelle qu'elle soit, rappelle-la toi: c'est chose si fragile et si éphémère que la vie, qu'il est beau de pouvoir la concentrer, la résumer par le souvenir, dans une heure qui la marque et lui donne sa portée: cette heure, c'est celle qui s'écoule en ce moment où je te parle avec cette sincérité émue.

Philis n'était point habituée à ces élans, car dans les rares épanchements auxquels il s'était parfois abandonné, Saniel avait toujours observé une certaine réserve, comme s'il craignait de se livrer et de laisser lire au fond de sa nature. Que de fois l'avait-il raillée lorsqu'elle sentimentalisait, comme il disait, et «chantait sa romance»; et voilà que lui-même la chantait, cette romance d'amour.

Si grand que fût son bonheur à l'écouter, elle ne pouvait pas se défendre cependant d'un étonnement inquiet, et de se demander sous quelle impression mélancolique il se trouvait en ce moment.

Il savait trop bien lire en elle pour ne pas deviner cette inquiétude; alors, ne voulant pas se trahir, il amena un sourire dans ses yeux:

—Tu ne me reconnais pas, n'est-ce pas? dit-il, et je suis sûr que tu te demandes si je ne suis pas malade.

—Oh! cher, ne raille point et ne te raidis pas contre le sentiment qui met une si douce musique sur tes lèvres: heureuse, si heureuse de t'entendre parler ainsi que je voudrais voir ton bonheur égal au mien, dissiper le nuage assombri dont ton regard est voilé. Ne t'abandonneras-tu jamais? A cette heure surtout où tout chante et rit en nous comme autour de nous! Que tu fusses chagrin il y a six mois, rien n'était plus légitime: c'était désespéré que tu aurais pu être en face du lendemain; mais aujourd'hui que te manque-t-il pour être heureux?

—Rien, c'est vrai.

—Ce présent n'est-il pas le matin radieux d'un avenir superbe?

—Que veux-tu! il y a des physionomies chagrines, comme il y en a d'heureuses: la mienne n'est pas la tienne mais ne parlons plus de cela, ni de passé, ni d'avenir: soyons au présent.

Il se leva et, la prenant dans ses bras, il la fit asseoir près de lui sur le divan.

Le tintement de la sonnette de l'entrée fit sursauter Saniel comme s'il avait reçu une forte commotion électrique.

—Tu ne vas pas ouvrir? dit Philis. Qu'on ne nous prenne pas notre soirée.

Mais bientôt une nouvelle sonnerie, plus ferme, le mit sur ses jambes.

—Le mieux est de savoir, dit-il, et il alla ouvrir la porte, laissant Philis dans son cabinet.

Une femme de chambre lui tendit une lettre:

—De la part de madame Dammauville, lui dit-elle; il y a une réponse.

Il la laissa dans le vestibule, éclairé par la porte ouverte sur le palier, et rentra dans son cabinet pour lire la lettre: le rêve n'avait pas duré longtemps, la réalité le ressaisissait de ses mains impitoyables; cette lettre à coup sûr allait annoncer le coup qui le menaçait.

«Si M. le docteur Saniel est libre, je le prie de venir me voir ce soir pour affaire urgente; je l'attendrai jusqu'à dix heures; sinon je compte sur lui demain matin à partir de neuf heures.

A. DAMMAUVILLE».

Il revint dans le vestibule:

—Dites à madame Dammauville que je serai près d'elle dans un quart d'heure.

Quand il rentra dans son cabinet, il trouva Philis debout devant la glace, occupée à mettre son chapeau.

—J'ai entendu, dit-elle. Quel chagrin! Mais je ne peux pas t'en vouloir, puisque c'est pour Florentin que tu me quittes.

Comme elle se dirigeait vers la porte, il l'arrêta:

—Embrasse-moi donc une fois encore.

—Jamais il ne l'avait serrée d'une étreinte aussi longue, aussi passionnée.

XIII

Saniel n'avait pas eu une seconde de doute; ce n'était pas pour l'entretenir de médecine que madame Dammauville l'appelait, c'était pour lui parler de Caffié, et, dans la crise qui venait d'éclater, il devait se dire que c'était peut-être une bonne chance qu'il en fût ainsi: au moins il allait être le premier à savoir ce qu'elle avait décidé, et alors, il pourrait se défendre; rien n'est désespéré tant que la lutte est possible.

A son coup de sonnette donné avec fermeté, la domestique qui avait apporté la lettre ouvrit la porte, et une petite lampe à la main elle lui fit traverser la salle à manger et le salon pour l'introduire dans la chambre de madame Dammauville.

Dès le seuil, un coup d'oeil lui montra que les dispositions de cette chambre étaient changées: le petit lit, sur lequel il avait vu madame Dammauville, était rangé, replié entre les deux fenêtres, et elle était couchée dans un grand lit à baldaquin, avec rideaux d'étoffe sombre; auprès d'elle, elle avait une table assez grande sur laquelle était posée une lampe à abat-jour, des livres, un buvard; une théière et une tasse; sur la blancheur des draps, se détachait un cordon de sonnette plus long qu'ils ne le sont d'ordinaire, de façon à traîner sur son lit, où elle pouvait le prendre sans faire de mouvements; le feu de la cheminée était éteint, mais du poêle mobile rayonnait une chaleur qui disait qu'on l'avait chargé pour la nuit.

Cette chaleur saisit Saniel, qui, par un mouvement machinal, déboutonna son pardessus.

—Si la chaleur vous incommode, veuillez vous débarrasser de votre pardessus, dit madame Dammauville.

Tandis qu'il le déposait, ainsi que son chapeau sur un fauteuil, à côté de la cheminée, il entendit madame Dammauville qui disait à sa femme de chambre:

—Restez dans le salon et prévenez la cuisinière de ne pas se coucher.

Que signifiait cette recommandation? Aurait-elle peur qu'il lui coupât le cou?

—Voulez-vous approcher de mon lit, dit-elle, nous pourrons-nous entretenir sans élever la voix, ce qui est important.

Il prit une chaise et s'assit à une certaine distance du lit, de façon à ne pas se trouver dans le cercle lumineux de la lampe; puis il attendit.

Un moment de silence qu'il trouva terriblement long s'écoula avant qu'elle prît la parole.

—Vous savez, dit-elle enfin, comment le hasard m'a fait voir de cette place— elle montra une des fenêtres de sa chambre—le visage de l'assassin de mon malheureux locataire, M. Caffié.

—Mademoiselle Cormier me l'a raconté, répondit-il du ton de la conversation ordinaire.

—Peut-être vous étonnerez-vous qu'à pareille distance j'aie vu ce visage assez bien pour le retrouver après cinq mois comme si je l'avais encore devant moi.

—Cela, en effet, est extraordinaire.

—Pas pour ceux qui ont la mémoire des physionomies et des attitudes; or, chez moi, cette mémoire a toujours été très développée. J'ai gardé le souvenir de mes camarades d'enfance, et je les revois telles qu'elles étaient à six ans, à dix ans, sans qu'aucune confusion se fasse dans mon esprit.

—Les impressions de l'enfance sont généralement vives et persistantes.

—Cette persistance ne s'applique pas qu'à mes impressions de jeunesse: aujourd'hui, je n'oublie pas ou ne confonds pas plus une physionomie qu'autrefois. Peut-être, si j'avais eu de nombreuses relations et si j'avais vu tous les jours une grande quantité de gens, cette confusion se serait-elle établie, mais ce n'est pas mon cas, la fragilité de ma santé m'a imposé une vie retirée, et il n'est personne avec qui j'ai eu des rapports, même passagers, dont mes yeux ne se souviennent. Quand je pense à quelqu'un, ce n'est pas tout d'abord son nom que j'évoque, c'est sa physionomie. Toutes les fois que j'ai été au Sénat ou à la Chambre, je n'ai pas eu à demander le nom des députés ou des sénateurs qui parlaient; quand j'avais vu leur portrait, je les reconnaissais sûrement. Si j'entre dans ces détails, c'est qu'ils ont une grande importance comme vous allez le voir.

Il n'avait pas besoin qu'elle lui signalât cette importance, il ne la comprenait que trop.

—Enfin, je suis ainsi, reprit-elle; il n'est donc pas étonnant que la physionomie et l'allure de l'homme qui a tiré les rideaux dans le cabinet de M. Caffié ne soient pas sortis de ma mémoire; vous l'admettez, n'est-ce pas?

—Puisque vous me consultez, je dois vous dire que les opérations de la mémoire ne sont pas aussi simples qu'on l'imagine dans le monde, elles comprennent trois choses: la conservation de certains états, leur reproduction et leur localisation dans le passé, qui doivent être réunies pour constituer la mémoire parfaite. Or, cette réunion n'a pas toujours lieu, et souvent la troisième manque.

—Je ne saisis pas bien; quelle est, je vous prie, cette troisième chose?

—La reconnaissance.

—Eh bien! je puis vous affirmer que dans le cas qui m'occupe, elle ne manque pas.

L'action s'engageant de cette façon, il était d'une importance capitale pour Saniel de jeter des doutes dans l'esprit de madame Dammauville et de l'amener à croire que cette mémoire dont elle se montrait sûre n'était peut-être pas aussi solide, aussi parfaite qu'elle l'imaginait.

—C'est que précisément, dit-il, cette troisième chose est la plus délicate et la plus complexe des trois, puisqu'elle suppose, outre l'état de conscience principal, des états secondaires variables en nombre et en degré qui, groupés autour de lui, le déterminent.

Madame Dammauville resta un moment silencieuse et Saniel vit qu'elle faisait effort pour tendre son esprit sur ces paroles obscures:

—Je ne comprends pas, dit-elle enfin.

C'était justement ce qu'il voulait; cependant, comme il n'eût pas été adroit de laisser croire qu'il cherchait à la tromper ou à l'étourdir, il crut qu'il pourrait être un peu plus précis:

—Je veux demander, reprit-il, si vous avez la certitude que dans le mécanisme de la vision et celui de la reconnaissance qui est une vision dans le temps, il ne s'est glissé aucune confusion.

Elle respira, satisfaite évidemment de sortir de ces subtilités qui la troublaient.

—C'est justement parce que j'admets la possibilité de cette confusion, au moins en partie, que je vous ai appelé, dit-elle, pour que vous l'établissiez.

Saniel devait paraître ne pas comprendre:

—Moi, madame.

—Vous-même. Il y a quelques heures, lorsque vous êtes venu avec M. Balzajette, vous n'avez pas pu ne pas remarquer que je vous examinais d'une façon peu naturelle. Avant qu'on allumât les lampes, et quand vous tourniez le dos au jour, je cherchais où je vous avais déjà vu, mais sans y arriver. J'étais certaine de trouver en vous des points de ressemblance avec une physionomie que je connaissais, mais le nom à mettre sur cette physionomie m'échappait. Lorsque vous êtes rentré et que je vous ai mieux vu à la clarté des lampes, mes souvenirs se sont précisés; j'ai soulevé l'abat-jour, la lumière vous a frappé en plein et alors vos yeux si caractéristiques, en même temps qu'une violente contraction de votre visage, m'ont crié ce nom: cette physionomie, ces yeux, ce visage appartenaient à l'homme que, de cette place,—elle montra la fenêtre,—j'ai vu tirer les rideaux de M. Caffié.

Saniel ne broncha pas.

—Voilà une ressemblance qui serait fâcheuse pour moi, dit-il, si votre mémoire était fidèle.

—Je me dis qu'elle pouvait ne pas l'être, et après un premier mouvement de surprise qui m'avait arraché un cri, je me confirmai dans cette pensée en constatant que vous ne portiez pas les grands cheveux et la longue barbe blonde qu'avait l'homme qui avait tiré les rideaux; mais à ce moment même M. Balzajette parla de cette barbe et de ces cheveux que vous aviez fait couper; je fus anéantie; cependant j'eus la force de vous demander si vous aviez été en relation avec M. Caffié. Vous vous rappelez votre réponse?

—Parfaitement.

—Après votre départ, je restai dans une angoisse cruelle: c'était vous que j'avais vu tirer les rideaux; et ce ne pouvait pas être vous. Je cherchai ce que je devais faire: avertir la justice, vous demander un entretien. Longtemps je balançai ma résolution. Enfin, je décidai l'entretien. Je vous écrivis.

—Je me suis rendu à votre appel; mais j'avoue que je ne sais que répondre à cette étrange communication; vous croyez reconnaître en moi l'homme qui a tiré les rideaux.

—Je vous reconnais.

—Alors que voulez-vous que je dise: ce n'est pas une consultation que vous me demandez?

Elle crut comprendre le sens de cette réplique et deviner son but:

—Ce n'est pas de moi qu'il s'agit, répondit-elle, ni de mon état moral ni de mon état mental, c'est de vous: mes yeux, ma mémoire, ma conscience portent contre vous une accusation effroyable: je ne peux croire ni mes yeux ni ma mémoire, je récuse ma conscience, et je vous demande de réduire à néant cette accusation.

—Et comment, madame?...

—Oh! pas par des protestations.

—... Comment voulez-vous qu'un homme dans ma position s'abaisse à discuter des accusations qui reposent sur une hallucination...

—Croyez-vous que je sois hallucinée? Si oui, appelez demain un de vos confrères en consultation; s'il le croit comme vous, je me soumettrai; si non, je resterai convaincue que j'ai vu, bien vu, et j'agirai en conséquence.

—Si vous avez bien vu, madame, et je suis prêt à vous le concéder, c'est qu'il y a de par le monde quelqu'un qui est mon sosie; ces ressemblances extraordinaires existent, vous le savez.

—Je me le suis dit; et c'est précisément cette idée qui m'a fait vous écrire; j'ai voulu vous donner l'occasion de prouver que vous ne pouviez pas être cet homme.

—Vous conviendrez qu'il m'est difficile d'admettre une discussion sur une pareille accusation.

—On peut se trouver accusé par un concours de circonstances fatales et n'en être pas moins innocent, témoin ce malheureux garçon emprisonné depuis cinq mois pour un crime dont il n'est pas coupable; et je pars de votre innocence comme de la sienne pour vous demander de démontrer que les charges qui s'élèvent contre vous sont fausses.

—Il n'y a pas de charges contre moi.

—Il peut ne pas y en avoir; cela dépend de vous. Ainsi vos cheveux et votre barbe pouvaient être déjà coupés au moment de l'assassinat: alors il est bien certain que l'homme que j'ai vu n'était pas vous, et que je suis une hallucinée. L'étaient-ils ou ne l'étaient-ils pas?

—Ils ne l'étaient pas; c'est, il y a quelques jours, pour obtenir la guérison d'une maladie contagieuse que je les ai fait couper.

—Il se peut, continua-t-elle, sans paraître touchée de cette explication, que le jour de l'assassinat à l'heure où je vous ai vu, vous ayez été quelque part occupé de façon à prouver que vous ne pouviez pas, à la même heure, vous trouver rue Sainte-Anne, et que j'ai été le jouet d'une hallucination; enfin il se peut encore qu'à ce moment votre situation n'ait pas été celle d'un homme aux abois, poussé fatalement au crime par la misère ou l'ambition, et que, conséquemment, vous n'aviez pas intérêt à commettre ce crime d'un désespéré. Que sais-je? Vingt autres moyens de défense peuvent être entre vos mains.

—Vous citiez l'exemple de ce pauvre garçon qui est emprisonné bien qu'innocent, ne me serait-il pas applicable, si vous ne reconnaissiez pas l'erreur de vos yeux ou de votre mémoire: ne serait-il pas condamné sans votre témoignage; ne le serais-je pas, si je n'en trouve pas un qui réduise à néant votre accusation; et je ne vois pas à qui demander ce témoignage. Avez-vous pensé à l'infamie dont va me couvrir une pareille accusation. Que je la repousse, et je la repousserai, ne m'aura-t-elle pas déshonoré, perdu à jamais.

—C'est justement parce que j'y ai pensé que je vous ai appelé, afin que par une explication que vous deviez me donner, me semblait-il, vous m'empêchiez de communiquer à la justice cette accusation. Cette explication vous ne me la donnez pas, je ne dois plus penser qu'à celui dont l'innocence est prouvée pour moi, et prendre sa défense contre celui dont la culpabilité ne l'est pas moins; demain, j'aurai prévenu la justice.

—Vous ne ferez pas cela.

—Mon devoir m'y oblige, et quoi qu'il en dût advenir, j'ai toujours obéi à mon devoir: pour moi, dans cette horrible affaire, il y a un innocent et un coupable en cause; je me range du côté de l'innocent.

—Je puis vous prouver que c'est par une aberration de vision...

—Vous le prouverez à la justice: elle appréciera.

Il se leva violemment; elle posa la main sur le cordon de sonnette; ils se regardèrent un moment et ce que leurs lèvres n'exprimèrent point, leurs yeux se le dirent:—Je ne te crains pas, mes précautions sont prises.—Cette sonnette ne te sauvera pas.

Enfin, il prit la parole d'une voix rauque et frémissante:

—A vous la responsabilité de ce qui va arriver, madame.

—Je l'accepte devant Dieu, dit-elle avec une fermeté calme. Défendez-vous.

Il alla au fauteuil sur lequel il avait déposé son pardessus, et se baissant pour le prendre, sans-bruit il tourna la clef du poêle.

En même temps madame Dammauville tirait le cordon de sonnette; la femme de chambre ouvrit la porte du salon.

—Reconduisez M. le docteur Saniel.

XIV

En rentrant Saniel se laissa tomber atterré sur son divan, et, sans même allumer une bougie, il resta là, anéanti.

Ce qui était effroyable, c'était la rapidité avec laquelle il avait condamné à mort cette pauvre femme et, sans hésitation, l'avait exécutée: pour qu'il fût sauvé, il fallait qu'elle mourût: elle mourrait. Cette fois, l'idée n'avait pas tourné et dévié comme pour Caffié, allant d'une contradiction à une autre, le faisant passer par des étapes successives qui lui avaient donné l'accoutumance; n'y a-t-il donc que le premier crime qui coûte, et, dans la route où il était entré, irait-il jusqu'au bout en semant les cadavres derrière lui?

Un frisson le secoua de la tête aux pieds en pensant que cette victime pouvait n'être pas la dernière qu'exigerait son salut. Quand elle l'avait menacé de prévenir la justice, il n'avait cru que cette menace: si elle parlait, il était perdu; il lui avait fermé la bouche. Mais, cette bouche, ne s'était-elle pas déjà ouverte avant qu'il la fermât; déjà n'avait-elle pas parlé? Avant de se décider à cet entretien, elle avait pu tout raconter à des personnes de son entourage, qui, entre le moment où il était sorti avec Balzajette et celui où il était revenu, lui auraient fait visite ou qu'elle aurait mandées près d'elle pour les consulter. Alors celles-là étaient donc aussi condamnées à mort?

Crime inutile, ou série de crimes.

L'horreur qui le souleva fut si forte qu'il pensa à courir rue Sainte-Anne; il réveillerait la maison endormie, se ferait ouvrir les portes, casserait les carreaux des fenêtres, la sauverait; mais, depuis qu'il était sorti jusqu'à ce moment, l'acide carbonique et l'oxyde de carbone avaient eu le temps de produire l'asphyxie, et certainement il arriverait après la mort, ou bien, s'il la trouvait encore en vie, c'est qu'on se serait aperçu que la clef du poêle avait été tournée, et en survenant ainsi sans raison, il se trahissait aussi sûrement que par un aveu.

Après tout, il était possible qu'on eût vu que la clef était tournée, et même les probabilités étaient pour que cela fût; alors elle était sauvée et lui perdu: le hasard aurait décidé entre eux.

C'était une solution comme une autre, et qui avait cela de bon qu'elle lui échappait: advienne que pourra. Il y a des moments où le naufragé, fatigué de nager, ne sachant de quel côté se diriger, sans phare, sans direction, à bout de forces et d'espérance, fait la planche et se laisse ballotter, jouet du flot, pour se reposer et attendre une éclaircie,—c'était son cas, il n'avait qu'à attendre; tout le reste serait agitation stérile et dangereuse.

Il n'allait pas recommencer la folie de vouloir prévoir et savoir comme pour Caffié;—il saurait toujours assez tôt, quel que fût le résultat, trop tôt.

Se relevant, il alluma une bougie et se mit à marcher par son appartement, tournant sur lui-même, allant, revenant comme une bête de ménagerie; puis l'idée lui vint qu'au-dessous de lui on devait entendre ses pas; sans doute, on remarquerait cette marche agitée, on s'en étonnerait, on lui chercherait des explications, et, dans sa situation, il fallait qu'il veillât à ne donner prise à aucune remarque qui ne s'expliquât pas d'elle-même, naturellement; or, il n'est pas naturel qu'on se promène la nuit, à pas saccadés, au lieu de dormir honnêtement dans son lit. Il ôta ses bottines et, comme il ne pouvait pas rester assis, il recommença son tournoiement, le cou enfoncé dans les épaules, le dos tendu, les bras ballants.

Mais aussi pourquoi lui avait-elle parlé de doubles bourrelets aux portes et aux fenêtres, de tentures aux murs, d'épais rideaux? C'était elle qui lui avait ainsi suggéré l'idée de la clef du poêle, qui ne lui serait pas venue spontanément. S'il admettait l'influence du hasard, il y en avait une là, à coup sûr, bien caractéristique, qui, jusqu'à un certain point le dégageait.

La nuit se passa à agiter ces pensées; tantôt il trouvait que l'heure ne marchait pas, que le matin n'arriverait jamais, tantôt, au contraire, qu'elle lui échappait avec une rapidité stupéfiante; par moments, la sueur lui tombait du front sur les mains; dans d'autres, il se sentait glacé.

Quand l'aube commença à blanchir les vitres, il revint s'asseoir accablé et frissonnant sur le divan et, s'étant appuyé à un coussin, il y retrouva le parfum de Philis; alors, enfonçant sa tête dedans, il resta là immobile et le sommeil le prit.

Un coup de sonnette le réveilla, effaré, effrayé, il se trouva debout sans savoir où il était. Le jour, s'était fait; des voitures roulaient dans la rue. Un second coup de sonnette retentit, plus fort, plus précipité. Il alla ouvrir; grelottant, et reconnut la femme de chambre qui, la veille, lui avait apporté la lettre de madame Dammauville. Il n'eut pas besoin de l'interroger: le hasard s'était rangé de son côté. Son regard se troubla; ce fut sans la voir qu'il entendit la femme de chambre expliquer ce qui l'amenait.

—Elle avait été chez M. Balzajette, mais il venait de partir pour la campagne, elle alors était accourue: sa maîtresse était presque froide dans son lit, ne parlant pas, ne respirant pas, le visage rosé cependant.

—Je vais avec vous.

Il n'avait pas besoin d'en apprendre davantage cette coloration rosée, qui se remarque dans les asphyxies par l'oxyde de carbone, l'avait fixé. Cependant, en chemin, marchant vite près d'elle dans les rues encore désertes, il l'interrogea sur ce qui s'était passé après son départ:

—Il ne s'était rien passé; elle avait causé dans la cuisine avec la cuisinière qui, vers minuit, était montée à sa chambre au cinquième, et elle s'était alors couchée dans un cabinet attenant à la chambre de sa maîtresse. La nuit, elle n'avait rien entendu; le matin, au jour levant, elle avait trouvé sa maîtresse dans l'état qu'elle venait de dire, et tout de suite elle avait couru chez M. Balzajette.

Continuant son interrogatoire, il voulut savoir ce que madame Dammauville avait fait depuis la consultation avec M. Balzajette.

—Elle avait dîné comme à l'ordinaire, mais moins qu'à l'ordinaire, ne mangeant presque rien; puis elle avait reçu la visite d'une de ses amies qui n'était restée que quelques minutes, partant en voyage.

C'était bien là ce qu'il redoutait: madame Dammauville avait pu s'ouvrir à cette amie. S'il en était ainsi, son crime ne servirait donc à rien; jusqu'où l'entraînerait-il?

Au bout de quelques instants, et d'un ton qu'il s'efforça de rendre indifférent, il demanda quelle était cette amie.

—Une camarade d'enfance, madame Thézard, demeurant rue des Capucines, n° 9; la femme d'un consul.

Jusqu'à la maison de la rue Sainte-Anne, il se répéta ce nom et cette adresse, qu'il ne pouvait pas écrire et que sa tête bouleversée ne devait pas oublier, car c'était de là maintenant, que partirait le danger, si madame Dammauville avait parlé.

Depuis longtemps il était habitué au spectacle de la mort, mais, quand il se trouva en face de cette femme étendue sur son lit, comme si elle dormait, une contraction le secoua.

—Donnez-moi un miroir et une bougie, dit-il à la femme de chambre et à la cuisinière, qui se trouvaient à la porte du salon sans oser entrer.

Tandis qu'elles cherchaient, l'une ce miroir, l'autre cette bougie, il alla au poêle: la clef était restée telle qu'il l'avait tournée la veille; il l'ouvrit et revint au lit.

Son examen ne fut pas long: elle avait succombé à une asphyxie, causée par les vapeurs de charbon. Le mauvais tirage provenait-il de la construction du poêle ou d'une défectuosité de la cheminée? Ce serait ce que l'enquête déciderait; pour lui, il ne pouvait que constater la mort.

En le quittant la veille, Philis, inquiète, lui avait dit qu'elle viendrait le lendemain matin, de bonne heure, savoir ce que madame Dammauville voulait. Quand il lui apprit qu'elle était morte, ce fut une prostration désespérée: alors Florentin était perdu.

Il s'efforça de la rassurer, mais sans y parvenir; elle avait mis trop d'espérance dans ce témoignage pour accepter la catastrophe qui le leur enlevait.

Nougarède ne l'accepta pas davantage, et chez lui la déception se compliqua d'un regret: s'il avait procédé autrement et suivi la marche régulière, ce témoignage serait aujourd'hui acquis à Florentin.

Cependant il s'efforça de rassurer Philis: en somme, l'accusation ne s'appuyait que sur le bouton et la lutte qui l'avait arraché. Saniel détruirait cette hypothèse: il fallait compter sur lui.

Saniel redevint donc, comme il l'avait été jusqu'à l'intervention de madame Dammauville, la suprême espérance de Philis et de madame Cormier, et, pour les relever, il exagéra lui-même l'influence qu'il reconnaissait à son intervention:

—Quand j'aurai démontré qu'il n'y a pas eu de lutte, l'hypothèse du bouton arraché s'écroulera toute seule.

—Et si elle se maintient debout, comment et avec quoi l'abattrons-nous?

Il se fût montré tel qu'il était autrefois, qu'elle eût partagé la confiance qu'il tâchait de lui inspirer; mais depuis la mort de madame Dammauville, de si grands changements s'étaient faits en lui qu'elle ne pouvait pas ne pas s'en inquiéter. Évidemment c'était la disparition de madame Dammauville qui avait rendu son humeur sombre et son caractère irritable au point qu'on ne pouvait pas lui faire une objection: il voyait les dangers de la situation que cette disparition avait créés pour Florentin, et, avec sa générosité ordinaire, il se reprochait de n'avoir pas consenti à soigner madame Dammauville plus tôt; il l'eût certainement sauvée, puisqu'il avait commencé par demander la suppression de ce poêle, et Florentin eût été sauvé aussi.

Enfin le jour de l'audience arriva, sans que Saniel eût entendu parler de madame Thézard, ce qui prouvait que madame Dammauville n'avait rien dit à son amie. Depuis six mois que l'assassinat était passé, l'affaire avait perdu de son intérêt pour le public parisien; en province on en parlait encore, mais à Paris elle était escomptée depuis longtemps déjà: un clerc qui coupe le cou à son patron pour le voler, cela manque de romanesque; pas de femme, pas de mystère. Aussi le président, qui aimait les belles salles, avait-il eu l'ennui de ne pas se voir assailli de demandes: sa salle était pleine, elle n'était pas trop pleine.

Saniel aurait voulu que Philis restât auprès de madame Cormier; mais elle avait tenu, malgré ses observations et ses prières, à venir à l'audience: il fallait qu'elle fût là, que Florentin la vît, prît courage dans ses yeux; il se défendrait mieux s'il se sentait soutenu.

Il se défendit mal, ou tout au moins mollement, sans conviction, en homme qui s'abandonne parce qu'il sait d'avance que tout ce qu'il dira sera inutile.

Jusqu'à la déposition de Saniel, les témoins qui défilèrent furent assez insignifiants et ne révélèrent rien qui ne fût connu; seul Valérius, par ses prétentions au secret professionnel, qu'il développa longuement, amusa l'auditoire. Cette déposition, Saniel la fit brève et précise, se contentant de répéter son rapport; mais alors Nougarède se leva et pria le président de demander au témoin de s'expliquer sur la lutte qui aurait eu lieu entre la victime et son assassin; et le président, qui avait commencé par argumenter, dut, devant l'insistance de la défense, se décider à poser cette question. Alors Saniel, longuement, expliqua comment, de la position du cadavre dans le fauteuil et de son état, il résultait la preuve scientifique que cette lutte ne s'était pas produite.

—C'est une opinion, dit le président sèchement; MM. les jurés apprécieront.

—Parfaitement, répliqua Nougarède, et je me réserve de faire sentir à MM. les jurés le poids qu'elle emprunte à l'autorité de celui qui l'a formulée.

Cette phrase à effet était destinée à infirmer à l'avance les contradictions que l'accusation devait, croyait-il, soulever contre ce témoignage; mais ces contradictions ne se produisirent point, et Saniel put aller prendre prendre place à côté de Philis sans être rappelé à la barre pour soutenir son opinion contre un médecin dont l'autorité scientifique serait opposée à la sienne.

A défaut de madame Dammauville, Nougarède avait fait citer la concierge de la rue Sainte-Anne, ainsi que la femme de chambre et la cuisinière, qui avaient entendu leur maîtresse dire que l'homme qui avait tiré les rideaux de Caffié ne ressemblait pas au portrait de Florentin; mais ce n'étaient que des on-dit répétés par des gens sans importance, qui ne pouvaient pas produire l'effet du coup de théâtre sur lequel il avait basé sa défense.

Quand l'avocat général prononça son réquisitoire, on comprit pourquoi l'opinion de Saniel sur l'absence de lutte n'avait pas été contredite; bien que l'accusation crût à cette lutte, elle voulait bien l'abandonner un moment, n'ayant pas besoin de cette hypothèse pour prouver que le bouton n'avait pas été arraché en tombant d'une échelle: il l'avait été dans l'acte même de l'assassinat, dans l'effort fait pour couper le cou de la victime qui avait violemment tendu le bras droit et, par la secousse imprimée à la bretelle, arraché ce bouton. L'effet de la déposition de Saniel fut donc détruit, et celui, beaucoup moins fort, produit par les témoignages des servantes de madame Dammauville le fut de même quand l'avocat général démontra que ces on-dit se tournaient contre l'accusé; elle avait vu, racontait-on, un homme aux cheveux longs, et à la barbe frisée tirer les rideaux; eh bien! est-ce que ce signalement ne s'appliquait pas à l'accusé? A la vérité, on rapportait qu'elle n'avait pas retrouvé celui-ci dans un portrait publié par un journal illustré. Eh bien! c'est que ce portrait n'était pas ressemblant. D'ailleurs, était-il vraisemblable d'admettre qu'une femme du caractère de madame Dammauville n'eût pas averti la justice, si elle avait cru son témoignage important et décisif? La preuve qu'elle l'avait elle-même reconnu insignifiant était dans ce fait qu'elle l'avait tu.

La plaidoirie de Nougarède, si éloquente qu'elle eût été, n'avait pas détruit ces deux arguments, pas plus qu'elle n'avait effacé l'impression produite par la déposition de l'homme d'affaires relative au vol des quarante-cinq francs, et ç'avait été un verdict affirmatif, écartant la préméditation et admettant les circonstances atténuantes, que le jury avait rapporté.

En entendant l'arrêt qui condamnait Florentin à vingt ans de travaux forcés, Philis, suffoquée, s'était cramponnée au bras de Saniel; mais il ne put pas s'occuper d'elle comme il aurait voulu, car Brigard, qui était venu à l'audience pour assister au triomphe de son disciple, venait de l'aborder:

—Recevez mes félicitations pour votre déposition, mon cher; c'est un acte de courage qui vous honore. Si ce pauvre garçon avait pu être sauvé, il l'était par vous: vous avez beau dire, vous êtes l'homme de la conscience.

FIN DE LA DEUXIÈME PARTIE

TROISIÈME PARTIE

I

Pendant ses premières années de séjour, à Paris, Saniel avait publié dans une revue de jeunes, du quartier Latin, un article sur la *Pharmacie de Shakespeare*: le poison d'*Hamlet*, celui de *Roméo et Juliette*; et bien que, depuis son choix pour la médecine, il ne lût plus guère que des livres de science, il avait dû à ce moment étudier le théâtre de son auteur; de cette étude il lui était resté dans la mémoire une phrase qui, pendant dix ans, ne lui était jamais revenue sur les lèvres, et qui tout à coup s'était imposée à son souvenir avec la persistance exaspérante d'un air entendu autrefois et qu'on répète,—celle de Macbeth: «Macbeth a tué le sommeil, le sommeil, innocent, mort de la vie de chaque jour, bain du travail douloureux, baume des âmes blessées.»

C'est que cette phrase était la traduction d'un état particulier qu'il traversait: lui aussi l'avait perdu, «ce sommeil innocent, bain du travail douloureux, baume des âmes blessées.» Jamais il n'avait été grand dormeur, en cela au moins qu'il s'était imposé l'habitude, dure au commencement, moins pénible en continuant, de ne passer que quelques heures au lit; mais ces quelques heures, il les employait bien, dormant comme les fatigués, poings fermés, sans rêves et sans réveils: le côté où il se couchait était celui où il ouvrait les yeux, et la pensée qui occupait son esprit le soir, celle qu'il retrouvait la première le matin, n'ayant point été chassée par d'autres, pas plus que par des rêves.

Après la mort de Caffié, ce sommeil tranquille et réparateur avait continué aussi calme, aussi solide; mais voilà que tout à coup, après celle de madame Dammauville, il s'était trouvé interrompu.

Tout d'abord, il ne s'en était pas tourmenté: il ne dormait pas, tant mieux! il travaillerait davantage. Mais on ne peut pas plus toujours travailler qu'on ne peut rester toujours sans manger. Saniel savait mieux que personne que la vie de tout organe se compose de périodes alternatives de repos et d'activité: l'une pendant laquelle l'organe renouvelle sa provision de matériaux nutritifs, l'autre pendant laquelle il consomme ces matériaux dans le développement de forces vives, et il n'imaginait pas qu'il pourrait travailler indéfiniment sans dormir: seulement il croyait qu'après des journées de vingt heures de travail, écrasé de fatigue, il aurait malgré tout quatre heures de sommeil complet, celui que Shakespeare appelait le bain du travail douloureux.

Il ne les avait pas eues, ces quatre heures, et la loi qui veut que tout état d'excitation prolongée amène un épuisement, que doit réparer un repos fonctionnel, s'était trouvée faussée pour lui. Quand, après ses longues journées de travail, vers une heure ou deux heures du matin, alors que tous les bruits de la vie avaient cessé dans la maison comme dans la rue, et que la lassitude se traduisait par l'inertie des muscles qui laissaient la tête s'abaisser sur la poitrine et les paupières sur ses yeux brouillés, il allait se mettre au lit, marchant avec précaution, se déshabillant lentement et sans secousse, il s'endormait sans retard dans ses draps. Mais presque aussitôt, bien souvent, il se réveillait en sursaut, suffoqué, couvert de sueur, dans un état d'anxiété extrême, l'esprit agité par des hallucinations qu'il ne chassait pas tout de suite. Alors, c'en était fait pour longtemps de son sommeil, malgré le besoin général qu'il en avait; ou bien si, après s'être tourné et retourné sur son lit, il parvenait à se rendormir, ce n'était jamais du sommeil complet et profond qui était le sien autrefois; quelques régions de son cerveau veillaient et, si leur excitation n'amenait pas le réveil brusque, elles produisaient des rêves plus pénibles pour lui, car il s'en rendait compte, il les suivait, les examinait sans pouvoir se détacher d'eux, s'en débarrasser, se réveiller tout à fait, leur jouet, leur victime: et ils étaient affreux, ces rêves, toujours les mêmes, ne quittant madame Dammauville que pour le ramener à Caffié. N'était-ce pas curieux que Caffié, qui jusqu'alors avait été complètement effacé de son souvenir, mort comme il l'était réellement, s'était trouvé ressuscité par madame Dammauville et cela la nuit seulement, spectre de l'ombre que le jour dissipait?

Croyant que l'une des causes de cette excitabilité du cerveau pouvait bien être le travail d'esprit qu'il lui imposait à doses excessives, à l'heure précisément où il aurait fallu ne pas prolonger cette excitabilité et, au contraire, l'engourdir, il avait décidé de changer un système lui ayant si mal réussi: au lieu d'un travail intellectuel, il se livrerait à un travail matériel, qui, par l'épuisement des fonctions musculaires, lui procurerait le sommeil des pauvres gens qui ont peiné toute la journée, manoeuvres ou terrassiers, charretiers ou bûcherons, et comme il ne pouvait pas rouler la brouette ou fendre le bois, il s'était mis, tous les soirs après son dîner, à marcher droit devant lui au pas accéléré, faisant ses sept ou huit lieues avant de rentrer: il aurait bien raison, à coup sûr, de ce cerveau rétif.

Le travail corporel n'avait pas mieux réussi que le travail spirituel; il avait pu se donner la fatigue des terrassiers et des bûcherons, non leur sommeil. Se mettant au lit les jambes brisées, les pieds endoloris, affaissé par sa longue marche précipitée, il avait les mêmes réveils sursautés, les mêmes rêves douloureux qui l'affolaient et l'épuisaient. Décidément la fatigue du corps ne valait pas mieux que celle du cerveau. Et même elle valait moins. Devant sa table, plongé dans ses livres, ou dans son laboratoire courbé sur son microscope, il s'absorbait dans la tâche entreprise et, par la force d'une volonté longuement exercée et soumise à l'obéissance, il parvenait à maintenir sa pensée appliquée sur le sujet imposé, sans distraction comme sans rêveries; le temps passait. Mais quand il marchait par les rues de Paris, sur les routes désertes de la banlieue, à travers les champs ou dans les bois, le long de la Seine ou de la Marne, sa pensée libre courait où elle voulait; il ne lui commandait pas; elle était la maîtresse, et toujours elle le ramenait à madame Dammauville, à Caffié, à Florentin: il semblait que l'échauffement de la marche mettait en pression son cerveau comme la chaudière d'une machine, qui alors l'entraînait, sans frein possible, sans direction, vertigineusement. Quand il rentrait en cet état, après plusieurs heures de cette excitabilité cérébrale, comment eût-il trouvé le sommeil tranquille et réparateur, complet et profond, des pauvres gens qui n'ont fait travailler que leurs muscles?

N'ayant jamais été malade, il n'avait jamais eu à s'examiner ni à se traiter: bonne pour les autres, inutile pour lui, la médecine! Avec une machine organisée comme la sienne, il n'aurait à craindre que les accidents, et, jusque-là, ils lui avaient été épargnés; en vrai fils de paysans qu'il était, il avait victorieusement résisté à la vie de Paris comme au surmenage de l'esprit. Mais le moment était venu de se livrer à cet examen, et d'essayer un traitement qui lui rendît le repos: il n'était point un médecin sceptique, et il croyait bons pour lui les remèdes qu'il avait ordonnés aux autres.

Le malheur était qu'il ne constatait en lui aucune des causes qui déterminent l'insomnie: il n'avait ni méningite, ni encéphalite, ni rien qui annonçât une tumeur cérébrale; il n'était point anémique; il mangeait; il ne souffrait pas de névralgies ni d'aucune affection aiguë ou chronique qui accompagne généralement l'absence du sommeil; il ne buvait ni café ni alcool, et, sans cet état de surexcitabilité des centres encéphaliques, il eût pu dire qu'il était en bonne santé, un peu amaigri seulement, mais voilà tout.

C'était cette excitation qu'il devait guérir, et comme il y a des remèdes classiques contre l'insomnie, il avait employé celui qui, semblait-il, devait convenir à son état; mais le bromure de potassium, malgré ses propriétés hypnotiques, n'avait pas produit plus d'effet que le surmenage intellectuel ou physique. Son inefficacité reconnue, il l'avait remplacé par le chloral; mais le chloral, qui après quelques jours d'usage devait créer une disposition particulière au sommeil, avait échoué tout comme le bromure de potassium. Alors il avait essayé les injections de morphine.

Ce n'était point sans une certaine inquiétude qu'il en était arrivé à ce troisième essai, les deux premiers ayant si mal réussi, et, puisqu'il est acquis que le chloral produit un sommeil plus calme que la morphine, il semblait qu'il devait échouer encore; cependant il avait dormi sans être tourmenté par les réveils et les rêves qui faisaient l'épouvante de ses nuits si courtes; et le lendemain il avait dormi encore.

Mais il connaissait trop bien les effets que produit l'usage prolongé de ces injections, pour les continuer au delà de ce qui était strictement indispensable;

il avait donc voulu les interrompre: le sommeil l'avait de nouveau abandonné. Il les avait reprises; puis, bientôt, comme les doses primitives perdaient de leur efficacité, il les avait graduellement augmentées. Au bout d'un certain temps, ce qu'il devait craindre et ce qu'il craignait s'était réalisé: sa maigreur avait augmenté; il avait perdu l'appétit, la force musculaire en même temps que l'énergie morale; son visage pâle avait commencé à prendre l'expression si caractéristique des morphinomanes.

Alors il s'était arrêté épouvanté.

Qu'il continuât, il devenait, en effet, un morphinomane dans un temps donné, et l'apathie dans laquelle il tombait l'empêchait de résister au besoin d'absorber de nouvelles doses de poison, besoin aussi impérieux, aussi irrésistible dans le morphinisme que l'est celui de l'alcool pour l'alcoolique, et plus terrible par ses effets: la perversion des facultés intellectuelles, la perte de la volonté, de la mémoire, du jugement, la paralysie ou la manie qui conduit au suicide.

Qu'il ne continuât point, et ces nuits sans sommeil ou ces sommeils agités qui l'avaient affolé reprenaient, et à la suite revenait cette surexcitabilité du cerveau qui, en troublant la nutrition de la masse encéphalique, pouvait être le prélude de quelque affection cérébrale grave.

D'un côté, la manie par le morphinisme; de l'autre, la démence par l'excitabilité constante et désordonnée du cerveau: voilà ce qui l'attendait.

Entre un résultat fatalement certain et un qui n'était que possible, il n'avait pas à hésiter: il fallait renoncer à la morphine; et ce choix s'imposait avec d'autant plus de force que, si la morphine assurait à peu près le sommeil des nuits, elle ne donnait nullement la tranquillité des jours,—au contraire.

Quand il avait commencé à user de ce remède, c'était seulement pendant la nuit qu'il tombait sous l'influence de certaines idées; le jour, en s'appliquant au travail et en maintenant par un effort de volonté son application tendue, il échappait à ces idées: il était l'homme qu'il avait toujours été, maître de sa force et de sa pensée. Mais l'action de la morphine n'avait pas tardé à affaiblir cette volonté jusque-là toute-puissante, si bien que, quand ces idées avaient durant le jour traversé son travail, il n'avait plus eu l'énergie nécessaire pour les chasser. Il essayait de les secouer: c'était vainement; elles ne se laissaient point détacher de son cerveau, auquel elles se collaient et qu'elles envahissaient avec une expansion foisonnante.

C'est qu'en vérité ces deux cadavres le gênaient horriblement. N'était-ce pas exaspérant, pour un homme qui en avait tant vu et dépecé, qu'il n'y en eût que deux qui fussent toujours devant ses yeux, même fermés,—celui de ce vieux coquin et celui de cette malheureuse femme? Pour ne pas compliquer cette impression d'une autre qui l'humiliait, il s'était débarrassé des liasses de billets de banque pris chez Caffié en les envoyant «comme restitution» au directeur de l'Assistance publique; mais cela avait été sans effet appréciable.

La pensée aussi de Florentin l'obsédait, et, s'il voyait Caffié affaissé dans son fauteuil inondé de sang, madame Dammauville immobile et rose sur son lit, il ne lui était pas moins cruel de voir Florentin dans l'entrepont du transport qui bientôt allait l'emporter à la Nouvelle-Calédonie.

Les idées qu'il avait émises chez Crozat sur la conscience, et celles qu'il avait expliquées à Philis, à propos du remords, étaient toujours les siennes; mais, enfin, il n'en était pas moins certain que ces deux morts et ce condamné pesaient d'un poids terriblement lourd sur lui, effrayants, étouffants comme l'éphialte du cauchemar: ce n'était ni de son éducation ni de son milieu d'avoir ces cadavres derrière soi et, devant, cette victime.

Mais où ses idées d'autrefois avaient été bouleversées, depuis que ces morts avaient saisi sa vie, c'était dans sa confiance en sa force.

L'homme fort qu'il s'était cru, celui qui marche droit à son but, sans souci de rien ni de personne, ne regardant que devant soi et jamais derrière, maître de son esprit comme de son coeur et de son bras, n'était pas du tout celui qu'avait révélé la réalité.

Faible, au contraire, il avait été dans l'action, et plus faible encore après.

Et ce n'était pas seulement une humiliation dans le présent qu'il éprouvait à reconnaître cette faiblesse, c'était aussi une inquiétude pour l'avenir: car, s'il n'avait pas cette force qu'il s'était attribuée avant d'en avoir éprouvé la puissance, il devait, si ses croyances étaient vraies, succomber un jour avec les faibles.

Évidemment, s'il avait été tout à fait fort, il n'aurait pas compliqué sa vie d'un amour: les forts vont seuls, parce qu'ils n'ont besoin de personne; et lui avait besoin d'une femme, si grand besoin que c'était par elle seule, près d'elle, quand il la regardait, quand il l'écoutait, qu'il éprouvait un peu de calme.

Pour cela, était-il donc faible et lâche? Non peut-être; mais simplement humain.

II

Précisément parce qu'il éprouvait du calme auprès de Philis, Saniel eût voulu qu'elle ne le quittât point.

Mais, si heureuse qu'elle fût, dans sa douleur, de voir qu'au lieu de s'éloigner d'elle—ce qu'un autre moins généreux eût fait peut-être—il cherchait à s'en rapprocher chaque jour davantage, elle ne pouvait pas abandonner ses leçons et son travail, qui étaient leur vie même, pour donner tout son temps à son amour, pas plus qu'elle ne pouvait laisser toujours seule sa mère accablée de chagrin, qui jamais autant que maintenant n'avait eu besoin d'être relevée et soutenue.

Elle ne passait pas un jour sans venir le voir; mais, malgré l'envie qu'elle en avait, elle ne pouvait pas rester avec lui aussi longtemps qu'elle aurait voulu et que lui-même demandait. Quand elle se levait pour partir et qu'il la retenait, elle ne partait point, mais ce n'étaient jamais que quelques minutes de gagnées: elles étaient courtes, et bientôt arrivait l'heure où, après s'y être reprise dix fois, il fallait qu'elle le quittât.

En tout temps, ces séparations avaient été pour elle des désespoirs, dont l'appréhension dès le moment de l'arrivée la paralysait; mais maintenant elles lui étaient plus cruelles encore. Autrefois, quand elle le quittait, elle le voyait bien souvent déjà plongé dans son travail avant qu'elle eût tiré la porte; maintenant, au contraire, il la conduisait dans le vestibule, la retenait, ne la laissait descendre l'escalier que quand elle s'était arrachée à son étreinte, après qu'elle lui avait promis et répété de venir le lendemain de bonne heure, et de rester plus longtemps avec lui. Autrefois aussi, elle était tranquille lorsqu'elle s'éloignait, n'ayant pas à se préoccuper de sa santé, ni à se demander comment elle le retrouverait: solide et vaillant comme à l'ordinaire, aussi sain de corps que d'esprit, cela était certain. Au contraire, maintenant elle avait l'inquiétude de chercher à prévoir, chaque fois qu'elle arrivait, comment il serait: la tristesse, la mélancolie, l'abattement persisteraient-ils encore ce jour-là; son amaigrissement, sa pâleur auraient-ils augmenté? C'était son souci, son angoisse de tâcher de deviner les causes des changements qui s'étaient faits en lui, et qui se traduisaient si manifestement en tout, dans ses sentiments comme dans sa personne. N'était-ce pas extraordinaire vraiment qu'il fût plus sombre ou plus inquiet, maintenant que sa vie était assurée, qu'au temps si dur où elle était menacée sans qu'il sût jamais ce que serait son lendemain? La position que son ambition poursuivait, il l'avait conquise; l'argent nécessaire à ses besoins, il le gagnait; ses expériences avaient donné des résultats plus beaux que ceux qu'il pouvait espérer, il en convenait lui-même; les études qu'il venait de publier sur ces expériences étaient vivement discutées, louées par les uns, contestées par les autres; il semblait qu'il eût atteint son but, et il était chagrin, mécontent, malheureux, plus tourmenté qu'alors qu'il s'épuisait en efforts, sans autre soutien que sa volonté. Enfin quand, effrayée de le voir ainsi, elle l'interrogeait sur ce qu'il éprouvait, il se fâchait et lui répondait brutalement:

—Malade? Pourquoi veux-tu que je sois malade? Ne suis-je pas plus en état que personne de savoir ce que j'ai? Je me suis surmené, voilà tout; et, comme ma vie de privations ne me permettait pas de réparer mes forces, je suis arrivé à l'anémie; ce n'est pas bien grave, il me semble. Il est étrange vraiment que tu ailles chercher des explications extraordinaires à ce qui est naturel et en quelque sorte obligé: compte les dents des polytechniciens et regarde leurs cheveux après leurs examens, tu me diras ce que tu en penses. Pourquoi veux-tu qu'il en soit autrement de moi? On ne se dépense pas impunément, ce serait trop beau; tout se paye en ce monde. Il n'y a que les bourgeois qui gagnent leur fortune en tapant des cartes ou des dominos sur des tables de café et en faisant rouler des billes de billard; ce qui leur permet d'être aimables et bien entripaillés.

Elle devait croire qu'il avait raison et voyait clair dans son état; pourtant elle ne pouvait pas ne pas se tourmenter. Elle ne connaissait rien à la médecine, ne savait pas ce que c'était que le surmenage et l'anémie qui en résultait, cependant elle trouvait que cette anémie ne suffisait pas pour tout expliquer, pas plus ses brusqueries d'humeur et ses accès de colère à propos de rien, que ses élans de tendresse, ses défaillances et ses abattements, ses préoccupations et ses absences.

Par cela même qu'elle l'observait de près, elle avait très bien remarqué l'effet qu'elle produisait sur lui, et comment, par sa seule présence, elle égayait cette humeur sombre et relevait cet accablement à la seule condition de ne pas lui adresser des questions maladroites sur certains sujets qu'elle n'était pas encore arrivée à déterminer, mais qu'elle espérait bien éviter. Aussi aurait-elle voulu ne pas le quitter et s'ingéniait-elle à faire naître des occasions qui lui permissent de venir le voir jusqu'à deux fois par jour, le matin en allant à ses leçons; l'après-midi ou le soir, sous un prétexte quelconque: il se montrait si heureux lorsqu'elle lui faisait une de ces surprises!

Un soir, tard, elle sonna à sa porte d'une main que la joie rendait nerveuse.

—Je viens pour jusqu'à demain, dit-elle d'une voix triomphante.

Elle s'attendait à ce qu'il allait répondre à sa joie, par une étreinte de bonheur; il n'en fut rien.

—Est-ce que tu as à sortir?

—Pas du tout; ce n'est pas à moi que je pense, c'est à ta mère.

—Crois-tu donc que je l'aurais laissée seule dans l'état de faiblesse nerveuse et morale qui est le sien maintenant, ayant peur de tout? Il nous est arrivé une cousine de la province qui va coucher dans mon lit, et j'en ai profité bien vite pour dire que je resterais à la pension. Et me voilà.

Malgré l'envie qu'il en avait eue plus d'une fois, jamais il n'avait osé demander qu'elle lui donnât une nuit; le jour, il ne se trahissait que par son humeur chagrine ou fantasque; mais la nuit, avec le sommeil halluciné, qui était le sien, ne se trahirait-il pas par quelque parole grave qui lui échapperait?

Cependant, puisqu'elle était venue, il y avait impossibilité à la renvoyer; il ne le pouvait ni pour elle, ni pour lui. Quel prétexte trouver pour dire: «Va-t'en; je ne veux pas de toi»? Justement il la voulait: il voulait la regarder, l'écouter, entendre sa voix, qui berçait et engourdissait ses angoisses, la sentir près de lui, rien que pour l'avoir là et n'être pas face à face avec ses pensées.

A la dérobée, elle l'examinait, se demandant la cause de ce singulier accueil, debout dans le cabinet où elle était entrée à sa suite, n'osant se débarrasser de son chapeau. Comment son arrivée produisait-elle un effet si différent de celui sur lequel elle comptait en accourant heureuse et légère?

—Tu ne retires pas ton chapeau? dit-il.

—Je me demandais si tu n'avais pas à travailler.

—Pourquoi te demandais-tu cela?

—De peur de te déranger.

—Quelle rage as-tu de te demander toujours quelque chose? s'écria-t-il violemment. Que cherches-tu en moi? Qui t'étonne? Pourquoi me dérangerais-tu? En quoi? Voyons, parle une bonne fois: explique-toi.

Le temps était loin où ces explosions la stupéfiaient; mais elles la peinaient toujours, et chaque fois qu'elles éclataient, davantage: comme il était irritable, inquiet! Mais elle ne laissait plus voir sa peine et sa surprise.

—J'ai encore été maladroite à m'expliquer, dit-elle! Que veux-tu? je suis ainsi; pardonne-moi.

Ce seul mot: «Pardonne-moi!» était pour lui plus cruel que tous les reproches, car il savait bien qu'il n'avait rien à lui pardonner, puisqu'elle était la victime, et qu'il était, lui, le coupable. Ne serait-il donc jamais maître de ces emportements aussi imprudents qu'injustes?

Il la prit dans son bras, en la faisant asseoir près de lui:

—C'est à toi, de pardonner.

Autant il avait été brutal, autant il se fit tendre et caressant; il était fou de s'imaginer qu'elle pouvait avoir des soupçons, et le plus sûr moyen d'en faire naître était, précisément, de montrer de la peur qu'elle en eût; se trahir par ces maladresses était aussi grave que de laisser échapper une plainte ou un aveu pendant son sommeil.

D'ailleurs pour cette nuit il avait trouvé un moyen qui, en réalité, n'était guère difficile, de ne pas s'exposer à parler en dormant: c'était de ne pas dormir; quand le sommeil le prendrait, il ferait en sorte de se tenir éveillé. Après avoir passé tant de nuits sans fermer les yeux, il les tiendrait bien ouverts cette nuit toute entière, sans doute.

Mais il se trompait; quand il entendit la respiration calme et régulière de Philis, et que sur son épaule, où elle avait appuyé sa tête, il sentit la douce chaleur qui se dégageait d'elle le pénétrer, dans l'immobilité qu'il s'était imposée, sans s'en apercevoir, se croyant loin du sommeil et bien convaincu dès lors qu'il n'avait aucun effort à faire pour n'y pas succomber, tout à coup, il s'endormit.

Quand il s'éveilla, un rayon de soleil pâle emplissait un des coins de la chambre; accoudée sur le traversin, Philis le regardait.

Il fit un brusque mouvement et se jeta en arrière.

—Qu'est-ce qu'il y a? s'écria-t-il. Qu'ai-je dit?

Instantanément son visage pâlit, ses lèvres frémirent; il sentit son coeur battre tumultueusement et sa gorge serrée par une constriction douloureuse.

—Mais il n'y a rien, répondit-elle en le regardant tendrement, tu n'as rien dit.

Au fait pourquoi aurait-il parlé? Il n'y avait pas de raisons pour cela, si ce n'est sa peur même de se trahir: dans ses sommeils troublés, sous l'effroi de ses hallucinations, il avait pu gémir, crier, parler, mais il ne savait pas si réellement il avait jamais crié ou parlé, personne ne s'étant jamais trouvé près de lui pour l'observer et l'entendre. D'ailleurs, ce n'était pas d'un de ces sommeils agités qu'il venait de s'éveiller; au moins rien en lui ne révélait qu'il eût été agité. Malgré son trouble et sa frayeur, ces réflexions s'étaient faites instantanément dans son esprit, et son visage s'était détendu.

—Quelle heure est-il?

—Bientôt six heures.

—Six heures!

—N'entends-tu pas les voitures rouler dans la rue? Les pierrots piaillent.

Il devait être à peu près une heure lorsque ses yeux s'étaient clos; il avait donc dormi cinq heures, et d'un sommeil profond, complet, celui qu'il avait si longtemps poursuivi sans l'obtenir, «le baume des âmes affligées, le bain du travail douloureux», et il sortait de ce bain, calme, reposé, rajeuni, le corps dispos, l'esprit tranquille, en tout l'homme qu'il était autrefois en ses années de jeunesse heureuse, et non celui de ces derniers temps effroyablement durs.

Un soupir gonfla sa poitrine libre.

—Ah! si je t'avais toujours, murmura-t-il, s'adressant ces paroles à lui-même autant qu'à elle.

Et il attacha sur elle un long regard dans lequel brillait un sourire ému; puis, lui passant un bras autour des épaules, il l'attira contre lui.

—Chère petite femme!

Jamais elle n'avait senti une tendresse si profonde, si vibrante, dans sa voix; jamais elle n'avait pu, comme en entendant ces trois mots, mesurer la grandeur de l'amour qu'elle lui inspirait, et même il semblait que c'était comme la déclaration d'un amour nouveau.

La serrant passionnément, il répétait:

—Chère petite femme!

Éperdue, elle ne répondait rien, anéantie dans son bonheur.

Tout à coup il l'écarta doucement, et, la regardant avec son même sourire:

—Ce mot ne te dit rien?

—Il me dit que tu m'aimes.

—Et c'est tout?

—Que puis-je souhaiter de plus? Tu le dis, je le sens, tu me donnes la plus grande joie que je puisse rêver.

—Elle te suffit?

—Elle me suffirait si elle ne devait pas être interrompue: mais c'est là le malheur de notre vie que nous devions nous séparer au moment où les liens qui nous unissent sont le plus fortement tendus.

—Pourquoi nous séparer?

—Hélas! Et maman? Et la vie?

—Si tu ne quittais pas ta mère; si tu n'avais plus à prendre souci de ta vie.

Elle le regarda, sans oser l'interroger, ne trahissant la marche de sa pensée que par un frémissement que malgré ses efforts elle ne parvenait pas à comprimer.

—J'entends: si tu devenais ma femme.

—Oh! mon bien-aimé!

—Ne le veux-tu point?

Elle se jeta dans ses bras, défaillante; mais après un court instant, elle se redressa.

—Hélas! murmura-t-elle, c'est impossible.

—Pourquoi impossible?

—Ne me le demande pas, ne m'oblige pas à le dire.

—Mais, au contraire, je veux que tu le dises.

Elle détourna la tête et, d'une voix à peine perceptible, dans un souffle étouffé:

—Mon frère...

—C'est beaucoup pour ton frère que je veux ce mariage.

Puis, tout de suite, se reprenant:

—Me crois-tu homme à subir les sots préjugés du monde?

III

Saniel n'avait pas attendu ce jour pour reconnaître l'influence salutaire que Philis,—par sa seule présence, exerçait sur lui. Cependant, l'idée de la prendre pour femme ne s'était jamais imposée à son esprit: il était si peu fait, croyait-il, pour le mariage; il se sentait si peu mari; jusqu'à ces derniers temps, il avait eu si peu besoin d'un intérieur!

C'était tout à coup que cette idée lui était venue et l'avait frappé fortement, au moins autant par le calme qu'il sentait en lui, que par le charme qui se dégageait d'elle, la santé, le bonheur, la gaieté et la vie.

—Ah! si je t'avais toujours!

Ce mot qui lui avait échappé caractérisait la situation,—ce qui lui manquait et ce qu'il espérait.

Ce n'était pas seulement le calme corporel qu'elle lui donnait par une affinité mystérieuse à laquelle sa médecine n'entendait rien, mais dont il ne sentait pas moins toute la force; c'était encore le calme moral.

Il avait des devoirs envers elle, et terriblement lourds, envers sa mère, envers Florentin.

Pour celui-là, il avait fait ce qu'il pouvait, et même plus qu'il ne pouvait, devenant tout à coup solliciteur, assiégeant les gens, importun, osant tout pour adoucir son sort et empêcher son embarquement, ce à quoi jusqu'à présent il était parvenu, en attendant mieux.

Mais ce n'était vraiment pas là tout ce qu'il leur devait: Florentin n'en était pas moins emprisonné avec des misérables; madame Cormier, tombée dans un morne désespoir, s'affaiblissait chaque jour, et Philis, malgré son ressort et sa vaillance, se courbait écrasée sous le poids de l'injuste fatalité.

Combien la situation changeait s'il l'épousait,—et pour eux, et pour lui!

Quel soulagement! De là son cri: «C'est beaucoup pour ton frère que je veux ce mariage»; au moins il aurait fait le possible pour racheter, dans la mesure des moyens humains, ce qu'il avait été impuissant à empêcher.

Quand Philis fut un peu remise de son trouble de joie, elle l'interrogea:

—Quand s'était-il décidé à ce mariage?

Il ne voulut pas mentir et répondit que c'était à l'instant que la pensée lui en était venue, assez précise, assez forte pour donner un corps aux idées qui depuis plusieurs mois flottaient en lui vaguement.

—Au moins as-tu bien réfléchi? demanda-t-elle craintivement, n'as-tu pas cédé à un entraînement d'amour?

—Valait-il mieux céder à un calcul longuement raisonné? Je t'épouse parce que je t'aime, et aussi parce que je suis certain que, sans toi, je ne peux pas être heureux: franchement, je reconnais que j'ai besoin de toi, de ta tendresse, de ton amour, de ta force de caractère, de ton égalité d'humeur, de ta foi invincible dans l'espérance, qui pour moi, tel que je suis organisé, valent la plus belle dot.

—C'est que justement je n'ai pas la moindre dot à t'apporter. Je pouvais bien, quand tu étais aux abois, désespéré et écrasé, demander à devenir la femme du pauvre médecin de village que tu allais être; mais aujourd'hui, dans ta position, surtout dans celle que tu occuperas avant peu, la pauvre petite Philis est-elle digne de toi? Tu me fais aujourd'hui la plus grande joie que je peux goûter, celle à laquelle je ne rêvais qu'en me disant que ce serait folie d'en espérer la réalisation; mais justement cela me donne la force de te demander de réfléchir, et de voir si tu ne regretteras jamais ce moment d'entraînement qui me rend si heureuse.

—J'ai réfléchi, et ce que tu me dis en ce moment prouve, mieux que tout, que je ne me suis pas trompé; c'est une femme qui m'aime que je veux, tu es cette femme-là.

—Plus que je ne peux le dire en ce moment, étourdie par le bonheur, mais pas plus que je ne te le prouverai dans la continuité de notre amour.

—D'ailleurs, chère petite, ne te fais pas d'illusions sur les splendeurs de cette position dont tu parles; il est plus que probable qu'elles ne se réaliseront jamais, car je ne suis pas un homme d'argent et ne ferai rien pour en gagner; à moins qu'il ne vienne tout seul...

—Il viendra.

—Ce n'est pas le but que je poursuivrai: celui que je voulais, je l'ai en grande partie obtenu; si maintenant je gagnais de l'argent et me créais une riche clientèle, la jalousie de mes confrères me ferait manquer ou attendre trop longtemps ce que je veux encore et ce que mon ambition préfère à la fortune. Pour le moment cette position sera donc modeste: mes quatre mille francs de traitement d'agrégé, ce que je gagnerai au bureau central, en attendant que je sois en titre médecin d'hôpital, et en plus cinq cents francs par mois que mon éditeur me propose pour des travaux et une revue de bactériologie, nous donneront environ une douzaine de mille francs, et il est à croire que pendant assez longtemps nous devrons nous contenter de cela.

—Pour moi, c'est la fortune.

—Pour moi aussi; mais je n'ai pas moins tenu à t'avertir.

—Et pour quand veux-tu notre mariage?

—Tout de suite, aussitôt après les délais exigés par la loi, et aussi après que je me serai installé dans un nouvel appartement, car tu ne peux pas entrer, ma femme dans celui-ci, où on t'a vue venir si souvent: cela te blesserait de passer devant le concierge et me gênerait d'y passer avec toi. J'espère que je trouverai facilement, et tu voudras bien, je le pense, n'être pas plus exigeante que moi.

—Oh! cher!

—D'ailleurs, nous ne ferons pas cette fois la folie de nous mettre à la discrétion des tapissiers: la première a coûté assez cher.

Il dit ces derniers mots avec une énergie farouche; mais tout de suite il continua:

—Que nous faut-il, d'ailleurs? Un salon pour les clients, s'il en vient; un cabinet pour moi, une pièce qui me servira de laboratoire; une chambre pour nous, une pour ta mère...

—Tu veux...

—Mais sans doute! Croyais-tu donc que je te demanderais de te séparer d'elle?

Elle lui prit la main et, la lui baisant avec un élan passionné:

—Oh! le plus cher, le plus généreux des hommes.

—Ne parlons pas de cela, dit-il avec une gêne évidente. Dans l'état de prostration morale où est ta mère, ce serait la tuer que de la laisser seule; le médecin ne le permettrait pas: elle a besoin de toi, la pauvre femme, et je te promets de t'aider à adoucir sa douleur. Précisément parce qu'elle n'a pas ta force de résistance; nous devrons nous occuper d'elle beaucoup. Nous lui organiserons un intérieur pour lui plaire, où elle ne soit pas tristement; et, bien que je n'aie pas une nature très tendre, je tâcherai de lui remplacer celui dont elle est séparée: ce sera du bonheur pour elle si elle te voit heureuse.

Longuement il s'étendit sur ce qu'il voulait, éprouvant un sentiment de satisfaction à parler de ce qu'il ferait pour madame Cormier, en qui en ce moment il voyait bien plus la mère de Florentin que celle de Philis.

—Crois-tu que nous lui ferons oublier? disait-il de temps en temps.

—Oublier, non; ni elle ni moi n'oublierons jamais; mais enfin il est certain que notre chagrin se noiera dans notre bonheur; et, ce bonheur, nous te le devrons. Oh! comme tu seras adoré, respecté, béni.

Adoré, respecté! Tout bas il se répétait ces paroles. On pouvait donc être heureux à faire des heureux. Il avait eu si peu l'occasion, jusqu'à ce jour, de s'occuper des autres, que c'était là en quelque sorte la révélation d'un sentiment qu'il s'étonnait d'éprouver, mais qui, pour être nouveau, n'en était que plus doux pour lui.

Il voulut se donner la satisfaction d'en goûter toute la douceur.

—Où vas-tu ce matin? demanda-t-il.

—Je retourne à la pension faire travailler mes élèves, qui font leurs compositions pour les prix; c'est cette circonstance qui m'a fourni un prétexte à donner pour y coucher: il faut des beaux sous-verres pour emporter chez les parents aux vacances.

—Eh bien, pendant que tu seras à ta pension, ce matin même, j'irai chez ta mère. Le procédé de demande en mariage que nous venons d'employer est peut-être original et conforme aux lois de la nature,—si la nature admet le mariage, ce que j'ignore, mais il ne l'est pas certainement à celles du monde, et maintenant il convient que j'adresse cette demande à ta mère.

—Quelle joie tu vas lui faire!

—Je l'espère bien.

—C'est égal, je voudrais être là pour jouir de son bonheur. Imagine-toi que maman a la manie du mariage; elle passe son temps à marier les gens qu'elle connaît ou même ne connaît pas; elle ne lit de romans que pour le mariage de la fin, heureuse s'il a lieu, désespérée s'il manque; et elle était convaincue, la pauvre femme,—comme moi d'ailleurs—que je mourrais dans la peau jaunie d'une vieille fille. Enfin, ce soir elle aura le bonheur de m'annoncer ta visite et ta demande. Pour cette visite, ne la fais qu'après midi, n'est-ce pas? parce qu'à ce moment notre cousine sera partie.

Saniel employa sa matinée à chercher l'appartement qu'il voulait, et, comme il n'avait pas d'autres exigences que celles d'une distribution appropriée à ses besoins, il en trouva un dans une rue déserte du quartier des Invalides, qu'il arrêta. Peut-être ce quartier n'était-il guère à portée de la clientèle; mais aurait-il jamais de la clientèle? En tout cas, s'il lui en arrivait une, ce ne serait plus celle d'Auvergne, et celle-là pourrait venir le chercher aux Invalides!

Ce fut vers une heure qu'il monta aux Batignolles, où il trouva madame Cormier en train de mettre de l'ordre dans son petit logement, après le départ de la cousine. Comme toujours, lorsqu'il venait, elle lui jeta, en le voyant entrer, un regard de curiosité anxieuse dont il ne connaissait que trop la signification: Qu'avait-on obtenu pour Florentin? ne partirait-il pas?

—Ce n'est pas de lui que j'ai à vous parler aujourd'hui, dit-il sans prononcer de nom, ce qui était inutile.

Le visage de madame Cormier exprima une déception douloureuse.

—C'est de mademoiselle Philis...

—Est-ce que vous la trouvez malade? s'écria madame Cormier, qui n'admettait que des malheurs.

—Pas du tout; c'est d'elle et de moi. Ne vous inquiétez pas: j'espère que ce que j'ai à vous dire ne sera pas une cause de chagrin pour vous.

—Il faut me pardonner si je vois partout des sujets de crainte; nous avons été si effroyablement éprouvés, si injustement!

Il lui coupa la parole, car ses plaintes n'étaient pas pour lui plaire:

—Depuis longtemps, dit-il vivement, mademoiselle Philis m'a inspiré un profond sentiment d'estime et de tendresse: je n'ai pas pu la voir si courageuse, si vaillante dans l'adversité, si décidée dans la vie, si bonne avec vous, si charmante en tout, sans l'aimer, et je viens vous demander de me la donner pour femme.

Aux premiers mots de Saniel, les mains de madame Cormier avaient été agitées d'un tremblement qui avait été en augmentant:

—Est-ce possible? murmura-t-elle en fondant en larmes. A ma fille un si grand bonheur! à nous un tel honneur, à nous, à nous!

—Je l'aime.

—Pardonnez-moi si l'émotion m'emporte au delà des convenances, mais je perds la tête. Nous sommes si malheureuses, que notre âme est faible contre la joie. Je ne devrais pas parler ainsi, peut-être; mais, d'autre part, il me semble que je serais indigne du bonheur que vous nous apportez, si je ne vous répondais pas franchement. Peut-être aussi devrais-je cacher les sentiments de ma fille; mais, pour la même raison je ne peux pas ne pas vous dire que cette estime, que cette tendresse dont vous parlez, elle les partage; il y a longtemps que je l'ai deviné, bien qu'elle ne me l'ait jamais avoué; votre demande ne peut donc être accueillie qu'avec bonheur par la mère comme par la fille.

Cela avait été dit à mots entrecoupés, jetés évidemment par un coeur débordant, mais tout à coup son visage s'attrista:

—Je viens de vous parler, reprit-elle, dans la sincérité de mon âme; emportée dans un élan de joie que je ne croyais pas pouvoir éprouver encore. Mais la réflexion doit nous faire revenir en arrière. Vous êtes jeune, je ne le suis plus, et mon âge me fait un devoir de ne pas céder à l'entraînement. Nous sommes des malheureux, vous le savez mieux que personne; des parias écrasés. Vous, vous êtes un heureux de ce monde; bientôt vous serez un riche, un glorieux; est-il sage que vous embarrassiez votre vie d'une femme qui est dans la position de ma fille?

A quelques mots près, c'était la réponse de Philis, il fit à la mère celle qu'il avait faite à la fille.

Ce n'est pas pour vous que je parle, continua madame Cormier; je ne me permettrais pas de vous donner des conseils; c'est en me plaçant seulement au point de vue de ma fille, au mien, sa mère, qui dois avec l'expérience de mon âge, veiller à son avenir. Est-il certain que dans les luttes de la vie vous n'aurez jamais à souffrir de ce mariage, non parce que ma fille ne vous rendra pas heureux,—de ce côté, je suis tranquille,—mais parce que la situation que la fatalité nous a faite vous pèsera et vous entravera? Je connais ma fille, sa délicatesse, sa susceptibilité inquiète,—celle des malheureux,—sa fierté: celle des irréprochables; ce serait là pour elle une blessure qui ferait succéder le malheur au bonheur, car elle ne supporterait pas le mépris.

—Si cela est dans la nature humaine, ce n'est pas dans la mienne; je vous en donne ma parole.

—Vous pensez bien que je ne demande qu'à vous croire; je n'ai parlé ainsi que parce que je le devais.

Elle revint et d'un bond, à la joie de ce mariage: c'était donc vrai qu'il y avait des hommes, en ce monde, assez clairvoyants pour reconnaître les qualités d'une fille pauvre et ne lui demander que ces qualités?

Il expliqua comment il entendait organiser leur vie et, quand elle comprit qu'elle avait sa place entre eux, elle s'écria en joignant les mains:

—Oh! mon Dieu, qui m'avez pris mon fils, que vous êtes bon de m'en rendre un!

IV

Il ne demandait pas mieux que d'être un fils pour cette pauvre femme; en réalité il vaudrait bien ce malheureux garçon, mou et incapable. Que lui fallait-il, à cette affamée de maternité? Un fils à aimer. Elle le trouverait dans son gendre. En voyant sa fille heureuse, comment, pourquoi ne serait-elle pas heureuse elle-même?

Il pouvait se dire que personne n'était moins que lui disposé à l'infatuation; aussi n'était-ce que justice de reconnaître qu'il réparait dans la mesure du possible la fatalité dont elles avaient été victimes.

Évidemment elles seraient heureuses,—la mère comme la soeur,—et, quoi qu'en pensât Philis, encore sous le coup du chagrin, elles oublieraient. Elles lui devraient cette consolation. Pour lui, c'était quelque chose, c'était même beaucoup.

Il y avait longtemps qu'il n'avait travaillé avec la sérénité qui le soutint ce jour-là, et quand le soir, inquiet comme toujours de sa nuit, il se coucha, il s'endormit aussi tranquillement que si Philis avait appuyé sur son épaule sa tête charmante, dont il aurait respiré le parfum.

Décidément, faire des heureux était encore ce qu'il y avait de meilleur au monde, et, lorsqu'on pouvait se donner cette satisfaction, il n'y avait pas à craindre qu'on fût malheureux soi-même: quand on crée pour les autres une atmosphère de bonheur, on en profite en même temps que les autres.

Il attendait Philis avec impatience, car elle allait lui apporter certainement un écho de la joie de sa mère, et c'était une récompense qu'on lui devait bien.

Sans doute, elle arriva heureuse, souriante, toute pénétrée de tendresse; mais il l'observait de trop près pour ne pas voir qu'il y avait en elle comme une arrière-pensée, quelque chose qui l'embarrassait et qu'elle ne disait pas.

Il n'était pas en disposition d'admettre qu'elle pouvait se cacher de lui et ne pas tout lui dire.

Tout de suite il la questionna:

—Que me caches-tu?

—Comment peux-tu supposer que je te cacherais quelque chose?

—Enfin qu'as-tu? Tu comprends, n'est-ce pas, qu'il ne peut rien se passer en toi que je ne lise dans tes yeux? Eh bien, tes yeux parlent quand tes lèvres se taisent.

—C'est que j'ai une demande à t'adresser, une prière.

—Pourquoi ne la dis-tu pas?

—Parce que je n'ose.

—Il me semble cependant que je ne montre pas des dispositions qui puissent te faire croire que je te refuse rien.

—C'est justement de là que vient mon embarras et ma réserve: j'ai peur de te peiner au moment où je voudrais te prouver tout ce qu'il y a de gratitude et d'amour dans mon coeur.

—Si tu dois me peiner, le mieux est de ne pas me faire attendre.

Elle hésita; puis, devant un geste impatient, elle se décida.

—Je voulais te demander comment tu entends que se fera notre mariage?

Il la regarda surpris.

—Mais comme tous les mariages!

—Tous? dit-elle en insistant.

—Est-ce qu'il en est qui se font d'une façon différente des autres?

—Mais oui.

—Tu sais que je ne comprends rien à cette manière d'interroger en énigmes; si tu veux faire allusion à un usage mondain que je ne connaisse pas, dis-le franchement: cela n'est pas pour me blesser, puisque je suis le premier à avouer que je n'en connais aucun. Que veux-tu?

Elle sentait l'irritation croître, et pourtant elle ne pouvait se décider.

—J'ai mal commencé, reprit-elle; j'aurais dû te dire tout d'abord que tu trouveras toujours en moi une femme respectueuse de tes idées et de tes croyances, qui ne se permettra jamais de les juger, encore moins de chercher à les combattre ou les modifier: cela, tu le sens, n'est-ce pas, ne serait ni de ma nature, ni de mon amour?

—Conclus, dit-il impatiemment.

—Je pense donc; dit-elle avec une hésitation embarrassée et craintive, que tu n'admettras pas que je manque de respect à tes idées en te demandant que notre mariage se fasse à l'église.

—Mais c'était mon intention.

—Vrai! s'écria-t-elle, oh! cher, et moi qui avais si grande crainte de te blesser!

—Pourquoi veux-tu que cela me blesse? dit-il en souriant.

—Tu consens à aller à confesse?

Instantanément le sourire qui était dans ses yeux et sur ses lèvres fut remplacé par un éclair de fureur.

—Et pourquoi n'irais-je pas à confesse? s'écria-t-il.

—Mais...

—Tu supposes que je puis avoir peur de me confesser Pourquoi supposes-tu cela? Dis-le, ce pourquoi.

Il la regardait avec des yeux qui la perçaient jusqu'au coeur, comme s'ils voulaient fouiller en elle.

Stupéfaite de cet accès de fureur qui éclatait sans que rien l'eût fait prévoir, puisqu'il venait de répondre en souriant à la demande du mariage religieux qu'elle avait cru si dangereuse, elle ne trouvait rien à dire, ne comprenant pas en quoi ce simple mot «à confesse» avait pu l'exaspérer ainsi. Et cependant elle ne pouvait pas s'y tromper, c'était bien celui-là et non un autre qui l'avait mis dans cet état.

Il continuait de l'examiner; alors elle voulut essayer de s'expliquer:

—Je n'ai supposé qu'une chose, dit-elle, c'est que je pouvais te blesser en te demandant un acte en contradiction avec tes croyances.

La colère folle qui venait de l'emporter si maladroitement commençait à perdre de sa violence initiale: un mot ajouté à ce qui lui avait échappé serait un aveu. Ne se débarrasserait-il donc jamais, même alors que son esprit se trouvait dans les meilleures conditions, de l'idée fixe qui l'obsédait? Un homme comme lui pouvait avoir de la répugnance pour se confesser, mais il ne devait pas admettre l'idée qu'on supposât qu'il avait peur de cette confession: pourquoi peur?

—Ne parlons plus de cela, dit-il; surtout n'y pensons plus.

—Permets-moi un seul mot, répondit-elle. J'aurais été dans la situation de tout le monde, que je ne t'aurais rien demandé; les idées que je peux avoir au fond du coeur se seraient inclinées devant les tiennes, je t'aime assez pour cela; mais pour toi, pour ton avenir, pour ton honneur, tu ne dois pas paraître te marier en cachette, honteusement, avec une paria.

—Sois tranquille; je sens comme toi, plus que toi, la nécessité pour nous des cérémonies consacrées.

Elle ne tarda pas à comprendre que dans cette voie il allait beaucoup plus loin qu'elle.

Pour ne pas rester sous l'impression fâcheuse qu'aurait pu avoir le mot malencontreux d'où était partie cette explosion, il lui proposa de visiter l'appartement qu'il avait arrêté la veille, et tout de suite ils allèrent rue d'Estrée.

Pour la première fois, ils marchaient franchement la tête haute, côte à côte, dans les rues de Paris, sans craindre des rencontres: quel orgueil pour elle! Son mari! c'était au bras de son mari qu'elle s'appuyait! Quand ils traversèrent les Tuileries, elle fut presque surprise qu'on ne se retournât pas pour les voir passer; volontiers elle eût crié à ces indifférents, à ces ignorants: «C'est lui! Mères qui couvez si tendrement vos enfants d'un regard ému, c'est lui qui vous les guérira; enfants qui embrassez vos mères, c'est lui qui les conservera longtemps à votre affection.»

Dans les dispositions où elle était, elle ne pouvait que trouver admirable ce qu'il avait choisi: admirable la rue, admirable la maison, admirable l'appartement.

Comme il comprenait trois chambres à coucher donnant sur une terrasse où il logerait les bêtes destinées à ses expériences, Saniel voulut qu'elle décidât laquelle de ces chambres elle choisissait; puisqu'elle devait la partager avec lui, elle voulut prendre la plus belle, mais il n'accepta point cet arrangement.

—C'était entre les deux petites que je te demandais de choisir, dit-il; la grande et la belle doit être réservée à ta mère, qui, ne pouvant pas sortir, a besoin plus que nous d'espace, d'air et de lumière.

Comment n'eût-elle pas été transportée de reconnaissance en le trouvant en toutes choses, les petites comme les grandes, si parfaitement bon, plein de prévenance, de délicatesse, de générosité? Jamais elle ne l'aimerait assez pour s'élever jusqu'à lui.

Par une chance heureuse, les pièces principales, le salon et le cabinet se trouvaient à peu près de même dimension que celles de la rue Louis-le-Grand; il n'y aurait donc rien ou presque rien à changer à l'ameublement; si les rideaux n'allaient pas tout à fait bien, on tricherait un peu. Pour les autres pièces, peu importait; on se contenterait de ce qu'on avait, en le complétant avec le mobilier de la rue des Moines: ce n'était pas du présent qu'ils devaient prendre souci, c'était de l'avenir; plus tard, on verrait.

Ce bavardage féminin, coupé d'effusions et d'élans passionnés, charmait Saniel, qui avait oublié l'incident de la confession, sa colère aussi bien que son obsession, ne pensant qu'à Philis, ne voyant qu'elle, ravi par sa gaieté, sa vivacité, remué dans tout son être par les tendres caresses de ses beaux yeux sombres.

Comment ne serait-il pas heureux avec cette femme délicieuse, qui avait pris tant d'empire sur lui, et qui l'aimait si ardemment? Une inspiration inconsciente ne l'aurait pas poussé au mariage, que la raison et le calcul devraient l'y amener. Pour lui, un seul danger, désormais,—la solitude,—elle l'en préservait; avec son entrain, sa belle humeur, sa vaillance, son amour, elle ne le laisserait pas retourner à ses pensées; le travail ferait le reste.

Après la question de l'ameublement, ils réglèrent celle du mariage lui-même, c'est-à-dire de la cérémonie; et ce fut alors qu'elle eut l'étonnement de voir en lui des idées et des exigences qu'elle ne soupçonnait pas, et qui étaient même la négation de ce qu'elle avait cru jusqu'à ce jour.

La toilette avait été décidée,—robe de taille aussi simple que possible qu'elle ferait elle-même comme toutes ses robes,—et ils étaient arrivés aux témoins.

—Nous n'avons plus de relations, dit Philis.

—Vous en aviez autrefois; ton père avait des amis, des camarades.

—Je ne suis plus la fille de mon père, je suis la soeur de mon frère; je n'oserai pas leur demander d'être témoin de mon mariage.

—C'est justement parce que tu es la soeur de ton frère qu'ils ne peuvent pas te refuser: ce serait une cruauté doublée d'une grossièreté! La cruauté passe, mais la grossièreté! Parmi les gens de talent, quel était le meilleur camarade de ton père?

—Cintrat.

—Est-ce que ce n'est pas un bohème, un ivrogne?

—Mon père le regardait comme le plus grand peintre de notre temps, le plus original...

—Il ne s'agit pas du talent, mais du nom; je suis sûr qu'il n'est pas seulement décoré. Ton père avait bien d'autres amis, plus incontestablement arrivés, plus bourgeoisement, si tu veux?

—Glorient.

—Le membre de l'Institut, parfait?

—Casparis, le statuaire.

—Académicien aussi. C'est ce qu'il nous faut, et tous deux archi-décorés. Inutile de chercher plus loin; tu iras les inviter, tu diras qui je suis: professeur agrégé à l'École de médecine, médecin des hôpitaux; je te promets qu'ils accepteront. Pour moi, je prendrai mon vieux maître, Carbonneau, en ce moment président de l'Académie de médecine, et Claudet, l'ancien ministre, qui en sa qualité de député de mon département, ne pourra pas se dérober plus que les autres; et ça nous donnera des témoins décoratifs qui feront bien dans les journaux.

Ce ne fut pas seulement dans les journaux qu'ils firent bien, ce fut aussi dans l'église Sainte-Marie des Batignolles quand on les vit en tête du cortège défiler sur le tapis qui, dans la nef un peu sombre, montait de la rue jusqu'à l'autel.

—Glorient! Casparis! Carbonneau! Claudet! Les arts, la science, la politique. A moins d'avoir des diplomates, on ne pouvait espérer des boutonnières plus fleuries.

Il fallut la beauté et le charme de la mariée pour qu'elle ne fût pas éclipsée par ces glorieux témoins; mais quand on la vit passer au bras de Glorient, si libre dans sa modestie, si rayonnante de grâce, des exclamations d'admiration ou de sympathie l'accompagnèrent jusqu'au sanctuaire.

Pendant qu'à l'autel le prêtre célébrait la messe, dehors, devant la grille, un homme, vêtu d'un costume en velours marron et coiffé d'un feutre cabossé, se promenait en fumant une bouffarde: c'était M. le comte de Brigard, à qui ses principes interdisaient, aussi bien aux mariages qu'aux enterrements, l'entrée des églises et qui péripatétisait sur le trottoir avec ses disciples, en attendant la sortie, pour féliciter le marié. Quand elle eut lieu, il coupa le cortège et, prenant la main de Saniel, il la lui serra chaleureusement, en le séparant de sa femme:

—C'est bien, c'est noble, dit-il; c'est la situation qui a fait ce mariage sans elle inutile. J'ai compris; pour cela je l'excuse; je fais plus, je l'applaudis. Mon cher, vous êtes un homme.

Et comme c'était un mercredi, le soir, à la parlotte chez Crozat, il revint publiquement sur cette approbation qui, dans les conditions où elle avait été donnée, ne suffisait pas à sa conscience.

—Messieurs, nous avons assisté aujourd'hui à un grand acte réparateur, le mariage de notre ami Saniel avec la soeur de ce pauvre garçon, victime d'une injustice qui crie vengeance. Un soir, dans cette même salle, j'ai parlé de Saniel légèrement, quelques-uns de vous s'en souviennent peut-être, malgré le temps écoulé; je tiens à lui en faire publiquement réparation, aujourd'hui qu'il s'est affirmé homme de devoir et de conscience, se mettant bravement au-dessus des faiblesses sociales.

—N'est-ce pas une faiblesse sociale, dit Glady, d'avoir pris pour les témoins de cet acte réparateur des personnages qui semblent n'avoir été choisis que pour le côté décoratif de leurs situations oficielles?

—Profonde ironie, au contraire! dit Brigard, en assurant son feutre, leçon puissante et féconde que celle gui fait concourir à la démolition des préjugés ceux-là mêmes qui en sont les défenseurs professionnels! Saniel est un homme.

V

Le dimanche qui suivit son mariage, Philis éprouva une surprise à laquelle elle réfléchit longtemps, sans lui trouver une explication satisfaisante.

Comme elle s'habillait, Saniel entra dans sa chambre:

—Que comptes-tu faire aujourd'hui?

—Ce que je fais tous les jours.

—Tu ne vas pas à la messe?

Elle le regarda étonnée, n'étant pas maîtresse de son premier mouvement, et, comme toujours lorsqu'elle paraissait vouloir lire en lui, il montra de la mauvaise humeur.

—En quoi ma question est-elle extraordinaire? dit-il.

—La messe n'est pas précisément le sujet habituel de tes préoccupations, il me semble.

—Elle peut le devenir exceptionnellement quand je pense aux autres, et c'est le cas: n'allais-tu pas à la messe quelquefois?

—Quand je pouvais.

—Eh bien, tu peux aujourd'hui si tu veux; voilà ce que j'avais à te dire: et j'ai cru que cela devait être dit. Je n'ai pas oublié la promesse que tu m'as faite d'être respectueuse de mes idées et de mes croyances: je veux te rendre la pareille, c'est bien simple.

—Tout ce qui est bon et généreux te paraît simple.

—Alors?

—Je vais y aller tout de suite.

—Comment! tout de suite? il n'est pas huit heures. Va plutôt à la grand'messe, c'est plus convenable.

Convenable! Quel mot étrange dans sa bouche! Ce n'était pas par respect pour les convenances qu'elle allait quelquefois à la messe, et plus souvent en ces derniers temps qu'autrefois, mais parce qu'il y avait en elle un fond de sentiments religieux et de piété un peu vague, que les malheurs de Florentin avaient avivés.

—J'irai à la grand'messe, dit-elle sans rien laisser paraître de ce que ce mot avait suggéré en elle, et en continuant de s'habiller.

—C'est cette robe que tu vas mettre? demanda-t-il en montrant celle qui était posée sur une chaise.

—Mais oui; à moins qu'elle ne te déplaise.

—Je la trouve un peu simple.

En effet, elle était d'une simplicité extrême, faite d'une étoffe à bas prix, ne valant que par l'originalité de façon que Philis lui avait donnée en la taillant elle-même.

—N'oublie pas, continua-t-il, que Saint-François-Xavier n'est pas une église de besoigneux; quand on est charmante comme toi, on se fait partout remarquer: on voudra savoir qui tu es.

—Tu as raison; je vais prendre ma robe de distribution de prix.

—C'est cela, et ton chapeau fermé, n'est-ce pas? plutôt qu'un chapeau rond; la première impression produite doit être la bonne.

Ce mélange de préoccupation religieuse et mondaine n'était-il pas tout à fait surprenant chez lui? Elle l'avait donc bien mal connu jusqu'à ce jour? Après tout, peut-être n'était-ce qu'une exception: au départ, il avait voulu lui donner un conseil qu'il jugeait sage.

Mais ces exigences pour la toilette se répétèrent.

Bien qu'avant le mariage elle n'eût fait que passer dans la vie de Saniel, elle la connaissait assez cependant pour savoir qu'elle était rigoureusement employée au travail, sans rien donner de son temps aux distractions ou même simplement aux relations mondaines; et elle avait cru que les choses continueraient ainsi; marié, il travaillerait comme avant de l'être. Pour le travail, elle avait raisonné juste, faux pour les distractions ou plutôt les relations. Peu de temps après leur mariage, l'un de leurs témoins, l'ancien ministre Claudet avait rattrapé un bon portefeuille et, Saniel l'ayant guéri d'une névralgie faciale juste à point pour qu'il pût faire les courses et mener les négociations qui avaient abouti à sa nomination, il s'était pris d'une belle amitié pour ce jeune médecin à qui il devait son ministère: c'était un homme bon à avoir sous la main, que celui qui faisait ces miracles et vous permettait d'aller ou de ne pas aller à la Chambre selon les circonstances; sans compter qu'il vous enlevait à la main une douleur dont seuls peuvent parler ceux qui l'ont éprouvée. Étant donné le caractère de Saniel et ses habitudes, il semblait que cette amitié ne devait guère avoir d'influence sur lui: médecin, non courtisan; mais il s'était trouvé que le médecin et le courtisan n'avaient fait qu'une seule et même personne, et que Saniel était devenu le commensal du ministère; il n'y avait pas de réunions, pas de fêtes sans qu'il y fût invité, et toutes il les acceptait, pour lui aussi bien que pour sa femme.

Quel étonnement quand elle l'avait vu tout quitter pour aller s'asseoir à la table du ministre ou figurer dans ses salons, et aussi quand les observations à propos de la robe de la messe avaient recommencé pour celles des dîners et des soirées!

Tout d'abord la robe du mariage avait été appropriée à ces exigences par un habile décolletage; mais elle ne pouvait pas toujours aller: il avait fallu l'orner, la modifier, en faire avec une seule trois ou quatre, ce qui n'était pas facile; si ingénieuse qu'elle fût pour ces arrangements, quelques mètres de tulle et de gaze ne lui fournissaient pas des combinaisons indéfinies.

D'ailleurs, elles ne lui suffisaient point; il les trouvait trop simples et voulait des dentelles, du jais, des fleurs, du brillant, du clinquant, ce qu'il voyait aux autres femmes.

Comment le contenter avec les faibles ressources dont elle disposait? Elle avait apporté dans son ménage une économie d'avare; Joseph, congédié, était remplacé par une bonne qui faisait tout, l'appartement, la cuisine et même un peu de blanchissage; cette cuisine était d'une simplicité de pauvres gens; mais ces petites économies, gagnées d'un côté, fondaient vite d'un autre, dans les toilettes, dans les voitures qu'il fallait prendre, bon gré, mal gré, trop souvent.

Alors elle avait voulu se remettre au travail, non des leçons, ce qui n'était plus possible, mais des menus, qui lui donneraient une centaine de francs par mois assez facilement. Il n'y avait pas consenti, et, comme elle insistait doucement, il s'était fâché:

—Cela ne serait pas digne de toi; je ne veux pas qu'on dise que ma femme descend à ces besognes.

Il lui avait seulement permis la peinture; puisque autrefois elle avait peint dans l'atelier de son père pour s'amuser, et qu'elle n'avait renoncé aux tableaux, quand elle avait dû gagner sa vie, que parce que le temps lui manquait pour travailler honnêtement; elle pouvait s'y remettre, maintenant qu'elle n'était plus poussée par la tâche quotidienne; si le métier était honteux, l'art pouvait être honorable; qu'elle eût du talent, il en serait heureux, même glorieux; qu'elle vendît ses tableaux, ce serait une originalité qui ferait parler d'elle dans le monde.

Le salon avait été en partie transformé en atelier et elle avait essayé quelques petits tableaux qui, pour n'avoir aucune prétention au grand art, étaient cependant agréables, faciles, enlevés avec un chic brillant qui plaisait. Glorient, à qui elle les avait montrés, les avait trouvés «gentils comme tout», et il en avait fait acheter deux par son marchand, qui en avait commandé d'autres, à un prix doux, il est vrai, très doux même, mais enfin, pour elle, beaucoup au-dessus de ce qu'elle attendait.

Avec le courage et la constance que les femmes apportent à ce qui leur plaît, elle eût volontiers travaillé du matin au soir; mais les relations que Saniel s'était créées ne lui en laissaient pas la liberté. Par cela seul qu'il était assidu chez Claudet, on l'avait invité ailleurs, et comme au lieu de se dérober à ces invitations il les avait recherchées, il en était résulté pour elle des obligations mondaines qui lui dévoraient son temps; tous les jours elle avait une ou plusieurs visites à faire: elle devait aller aux enterrements, aux mariages, se montrer aux ventes de charité; elle-même avait son jour, et pendant trois heures il lui fallait écouter des papotages féminins sans intérêt pour elle.

Et lui, quel plaisir pouvait-il prendre à endosser un habit, quand il était las après une journée bien employée, pour s'en aller dans un salon, lui fils de paysan, resté paysan par tant de côtés, lui qui autrefois ne comprenait rien à la vie mondaine et n'avait pour elle que du mépris, la trouvant aussi ennuyeuse que ridicule.

Elle avait cherché à deviner la cause de ce changement, et quand, avec adresse, avec légèreté, d'une façon détournée, elle l'avait amené à s'expliquer là-dessus, elle n'en avait tiré qu'une réponse, qui pour elle n'en était pas une:

—Il faut être du monde.

Pourquoi donc tenait-il tant à être du monde? était-ce pour elle, parce qu'elle était la soeur d'un forçat, qu'il voulait l'imposer partout et la faire admettre la tête haute? Cela, elle l'eût jusqu'à un certain point compris, bien que ce rôle qu'il lui faisait jouer fût le plus cruel qu'on pût lui donner, et précisément le contraire de celui qu'elle aurait pris si elle avait été libre.

Mais il n'y avait pas que cela dans ce besoin d'être du monde. Lui, pour l'avoir épousée, n'était pas le frère d'un forçat, et cependant, en l'observant de près, on pouvait croire que ce qu'il demandait à ces relations et aux personnages dans de hautes situations qu'il recherchait, c'était une part de leur importance, de leur considération, de leur honneur, comme s'il voulait s'en couvrir. Il n'avait besoin cependant ni de cette importance, ni de cette considération, ni de cet honneur, et n'avait rien à leur prendre en se frottant à eux. Il était quelqu'un par lui-même. La place qu'il s'était faite était digne de son mérite. Son nom était honoré. On enviait son avenir.

Et pourtant, comme s'il ne sentait pas cela, il recherchait de petites satisfactions indignes d'une ambition sérieuse et d'une valeur incontestée; n'avait-elle pas eu la surprise, un soir que, par une belle nuit, ils s'en revenaient à pied, de lui entendre dire qu'on venait de lui proposer la décoration d'une république espagnole. Bien qu'elle eût appris à veiller sur ses paroles, une exclamation lui avait échappé:

—Qu'est-ce que tu ferais de ça?

—Je n'ai pas pu la refuser.

Non seulement il n'avait pas refusé celle-là, mais encore il en avait accepté d'autres: des bleues, des vertes, des jaunes, des tricolores aussi; il en avait porté à la boutonnière, autour du cou, et en plaque sur son habit. Quel bien pouvaient lui faire ces décorations qui l'amoindrissaient; et comment un homme de son mérite avait-il hâte d'obtenir la Légion d'honneur avant qu'elle lui tombât naturellement lorsqu'elle serait mûre pour lui?

Il y avait là des étonnements, des obscurités, des non-sens qui faisaient travailler son esprit lorsque, assise toute seule devant son chevalet, elle peignait, pendant qu'à côté d'elle, dans son laboratoire, il poursuivait ses expériences ou que dans son cabinet il écrivait un article pour sa Revue.

Mais ce n'était pas sans résistance qu'elle se laissait aller ainsi à le juger: on ne juge pas ceux qu'on aime, et elle l'aimait. N'était-ce pas manquer de respect à son amour que de ne pas l'admirer en tout? Quand ces idées la tourmentaient, elle abandonnait son chevalet et, se levant, elle allait le trouver là où il était: près de lui, elles se dissipaient. Les premières fois, pour ne pas le déranger, elle était entrée sur la pointe des pieds, marchant à pas étouffés, et elle s'était penchée sur son épaule, l'embrassant avant qu'il l'eût vue ou entendue; mais alors il avait trahi un tel effarement, une telle peur, qu'elle avait renoncé à cette manière de l'aborder.

—Pourquoi m'arrives-tu ainsi sur le dos? Que cherches-tu? Que veux-tu?

Pour cela, cependant, elle n'avait point cessé de venir le voir; mais elle avait procédé autrement; au lieu de le surprendre, elle avait annoncé son arrivée, claquant le pêne de la porte, traînant les pieds; et au lieu de l'accueillir d'une façon inquiète, il l'avait alors reçue avec une joie franche.

—Tu ne travailles plus?

—Je viens te voir un peu.

—Eh bien, reste là, ne t'en retourne pas tout de suite; je ne suis jamais si heureux, je ne travaille jamais si bien que lorsque je t'ai près de moi.

Cela était vrai, elle le voyait et le sentait; par cela seul qu'elle était près de lui, qu'elle parlât ou ne parlât point, rien que par sa présence il était heureux.

Encore fallait-il qu'elle ne parût pas le regarder trop attentivement, avec l'intention manifeste de l'observer; car, cela ayant eu lieu dans les premiers temps de leur mariage, il s'était emporté et fâché comme lorsqu'elle avait eu la maladresse de lui tomber sur le dos à l'improviste:

-Pourquoi m'examines-tu ainsi? Que cherches-tu en moi?

Elle se l'était tenu pour dit et, lorsqu'elle restait ainsi près de lui elle s'observait pour garder une attitude discrète qui ne le fâchât point: pas de regards curieux, pas de questions, il était content. Cependant, comme cette attitude n'était pas toujours commode, elle lui demandait de l'aider, et après lui elle revoyait en secondes des épreuves, ou bien elle lui mettait au net des dessins un peu grossiers qu'il faisait lui-même pour ses recherches microscopiques: alors le temps passait vite. S'il avait voulu rester ainsi et, dans cette douce intimité, laisser passer les heures de la soirée, sans parler de sortir, comme elle eut été heureuse! Mais il n'oubliait jamais l'heure:

—Allons, disait-il en s'interrompant, il faut sortir.

Elle n'avait jamais osé demander les raisons vraies de ce «il faut».

VI

Si elle n'osait pas lui adresser franchement cette question: «Pourquoi faut-il sortir?» pas plus celle-là que les autres, d'ailleurs: «Pourquoi est-il convenable que je me fasse voir à la messe?—Pourquoi dois-je porter des toilettes qui nous ruinent?—Pourquoi acceptes-tu des décorations sans valeur à tes yeux?—Pourquoi recherches-tu la compagnie de gens qui n'ont d'autre mérite que celui qu'ils tirent de leur situation officielle ou de leur fortune?—Pourquoi nous imposons-nous des devoirs mondains qui nous ennuient autant l'un que l'autre, au lieu de rester en tête à tête dans une tendre et intelligente intimité qui nous est aussi douce à l'un qu'à l'autre?» elle ne pouvait pas ne pas se les adresser à elle-même.

Elles eussent toutes appartenu à cet ordre d'idées, qu'elle eût sans doute trouvé à les expliquer: disposition de caractère; exigences d'une ambition pressée de réaliser ses désirs; susceptibilité ou fierté ombrageuse; mais il y en avait d'autres qui reposaient sur des observations ou des souvenirs n'ayant avec celles-là aucun rapport,—au moins lui semblait-il.

Elle eût commencé à connaître son mari le lendemain de son mariage, qu'elle aurait pu croire qu'il avait toujours été tel qu'il se révélait à elle; mais ce n'était pas là son cas et l'homme qu'elle avait aimé ressemblait si peu à celui dont elle était devenue la femme, qu'on aurait pu croire qu'ils faisaient deux.

A la vérité, ce n'était point le mariage qui avait amené dans son humeur les changements qui la frappaient; mais ils n'en étaient pas moins caractéristiques par cela qu'ils remontaient à une époque antérieure à ce mariage.

Comment ils avaient commencé, elle se le rappelait avec une netteté qui ne laissait place ni au doute ni à l'hésitation: c'était au moment où les poursuites de ses créanciers l'avaient mis en relation avec Caffié. Pour la première fois, lui, toujours si ferme qu'elle le croyait au-dessus de la faiblesse, avait eu un moment de découragement en annonçant qu'il allait peut-être être obligé de quitter Paris; mais ce découragement n'avait rien des colères ou des défaillances qu'elle avait trouvées en lui plus tard: c'était la juste douleur d'un homme qui voit son avenir brisé, rien de plus. La seule surprise qu'elle eût alors éprouvé avait été causée par l'idée d'étrangler Caffié et de prendre dans sa caisse l'argent qu'il lui fallait pour se tirer d'affaire, et aussi parce qu'il lui avait dit—comme conséquence de cet acte—du remords chez l'homme intelligent, qui n'a jamais à supporter les reproches de sa conscience, puisque pour lui la conscience n'existe pas. Mais c'était là évidemment une simple théorie philosophique, non un trait de caractère; un mot de plaisanterie ou un argument de discussion.

Débarrassé de ses créanciers avec l'argent gagné à Monaco, il avait repris son calme, travaillant plus que jamais, passant ses concours, et, quand il était dans les conditions les mieux faites pour se montrer nerveux, violent, injuste, brutal, restant, au contraire, l'homme qu'il avait toujours été depuis qu'elle le connaissait. Puis, tout à coup, peu de temps avant que Florentin passât aux assises, avaient éclaté ces bizarreries d'humeur, ces colères, ces inquiétudes pour elle inexplicables, se manifestant précisément au moment même où, par l'intervention de madame Dammauville, on pouvait espérer que Florentin allait être sauvé. Elle n'avait pas oublié la colère furieuse avec laquelle il avait repoussé sa demande de voir madame Dammauville, sans que rien expliquât et justifiât cet accès: il l'avait chassée durement, il voulait rompre, et, avant d'en avoir été témoin, elle n'imaginait pas qu'on pût mettre une pareille violence dans l'exaspération; puis à cette scène en avait succédé une autre, tout opposée, qui ne l'avait pas moins frappée, quand, dans leur dîner au coin du feu, il avait laissé paraître une si profonde désolation en lui recommandant de garder le souvenir de cette soirée le jour où elle voudrait le juger, et en lui annonçant d'une façon en quelque sorte prophétique qu'une heure viendrait où elle voudrait connaître celui qu'elle aimait.

Et voilà que cette heure, dont elle avait rejeté bien loin la pensée, avait sonné; voilà qu'elle cherchait à combiner les éléments de ce jugement qui, alors, lui paraissait criminel, et, maintenant, s'imposait à ses préoccupations quoi qu'elle fît pour le repousser.

Que de fois lui était revenu ce souvenir, à ce point qu'on pouvait dire qu'il ne l'avait pas quittée, doux et douloureux en même temps, et moins doux, plus douloureux à mesure que de nouveaux sujets d'inquiétude s'étaient ajoutés les uns aux autres, en insistant sur l'impression mystérieuse et troublante qui lui en était restée!

Le juger! Pourquoi voulait-il qu'elle le jugeât? Et sur quoi?

Et cependant, ce n'était pas là, chez lui, une parole insignifiante, mais bien la constatation d'un état particulier de sa conscience, qui, plusieurs fois depuis, s'était affirmé. N'était-ce pas, en effet, à cet ordre d'idées qu'appartenait le cri qui lui avait échappé dans la nuit où, se réveillant tout à coup, il avait demandé avec émoi, avec effroi: «Qu'ai-je dit?» Et aussi au même qu'appartenait encore la colère qui l'avait emporté lorsque, à propos de leur mariage religieux, elle avait parlé de la confession: «Pourquoi admets-tu que je puisse avoir peur d'aller à confesse?»

Comment imaginait-il qu'elle pouvait admettre chez lui l'idée de cette peur? Jamais elle ne s'était présentée à son esprit jusqu'à ce moment; et, si maintenant le souvenir de son étonnement lui revenait, c'était parce que d'autres petits faits, s'ajoutant les uns aux autres avec le temps écoulé, l'évoquaient.

Combien nombreux et significatifs étaient-ils, ces faits: son constant souci de se voir observé par elle; son irritation quand il pouvait supposer qu'elle pensait à l'interroger; ses accès d'emportement quand, par mégarde ou maladresse, par oubli, ou simplement par hasard, elle lui adressait une question sur certains sujets, et aussitôt les retours de tendresse qui suivaient, si brusques qu'ils paraissaient plutôt voulus en vue d'un but déterminé que naturels et spontanés.

Elle avait été longtemps à admettre le calcul sous les douces paroles qui la rendaient si heureuse; mais, à la fin, il avait bien fallu qu'elle ouvrît les yeux à l'évidence et vît qu'elles étaient, chez lui, la conséquence de la même et constante préoccupation,—celle de ne pas se livrer.

De là à se demander ce qu'il ne voulait pas livrer, il n'y avait qu'un pas.

Cependant, si court qu'il fût, elle avait longtemps résisté à la curiosité qui la poussait: c'était son devoir de femme aimante et dévouée de ne pas chercher au delà de ce qu'on lui montrait, et ce devoir était en parfait accord avec les dispositions de son amour; mais la force même des choses vues l'avait emporté sur la volonté et la raison: elle pouvait ne pas appliquer son esprit à chercher ce qui l'angoissait, elle ne pouvait pas fermer ses yeux et ses oreilles à ce qui les frappait.

Et, ce qui les frappait, c'étaient les mêmes observations, tournant toujours dans le même cercle, s'appliquant aux mêmes sujets et aux mêmes personnes:

Le nom de Caffié l'agaçait;

Celui de madame Dammauville le fâchait ou le troublait;

Celui de Florentin le rendait positivement malheureux.

Pour ceux de Caffié et de madame Dammauville, elle avait pu empêcher qu'ils ne fussent prononcés, lorsqu'elle avait vu l'effet qu'ils produisaient infailliblement.

Mais, pour celui de Florentin, elle ne pouvait pas faire, pas plus qu'elle ne voulait, qu'il en fût ainsi: comment aurait-elle dit à sa mère de ne jamais prononcer le nom de celui qui occupait constamment leur pensée; comment elle-même l'aurait elle arrêté sur ses lèvres?

Malgré les démarches et les sollicitations de Saniel, appuyées de celles de Nougarède, Florentin avait été embarqué pour la Nouvelle-Calédonie, d'où il écrivait aussi souvent qu'il le pouvait: ses lettres avaient raconté ses tortures dans le bagne du transport où il avait été enfermé dans sa traversée, et depuis elles n'étaient qu'une longue plainte qui se continuait de l'une à l'autre comme un récit sans fin, roulant toujours sur le même sujet: ses souffrances matérielles, son humiliation, ses dégoûts au milieu des misérables dont il était le compagnon, son découragement.

Quand ces lettres arrivaient, c'était, chez la mère et la sœur, une désolation qui emplissait la maison de pleurs pendant plusieurs jours; et alors il se fâchait de cette douleur que ni l'une ni l'autre ne pouvait dissimuler.

—Que feriez-vous, s'il était mort? disait-il à Philis?

—Ne serait-il pas moins à plaindre?

—Enfin, il reviendra!

—Dans quel état?

—Sommes-nous maîtres de la fatalité?

—Nous pleurons; nous ne nous plaignons pas.

Mais lui se plaignait des visages éplorés qui l'entouraient, des larmes qu'on lui cachait, des soupirs qu'on étouffait. D'ordinaire, il était doux et affectueux avec sa belle-mère, d'une prévenance et d'une déférence qui, par certains côtés, avaient même quelque chose d'affecté, comme si c'était par volonté plutôt que par sentiment naturel qu'il fût ainsi; mais alors il oubliait cette douceur et c'était durement qu'il la traitait, si injustement que plus d'une fois madame Cormier n'avait pas pu ne pas s'en plaindre à sa fille:

—Comment ton mari, qui est si bon avec moi, devient-il si impitoyable quand il s'agit de Florentin? On dirait que notre chagrin fait sur lui l'effet d'un reproche que nous lui adresserions.

Un jour que les choses avaient été plus loin que de coutume, elle avait eu le courage de s'en expliquer avec lui.

—Pardonnez-nous de vous imposer l'ennui de notre chagrin, lui dit-elle: quand je me plains de tout, des hommes et des choses, vous devez bien penser que vous êtes excepté, vous qui avez tout fait pour le sauver.

Mais ces quelques mots, qui, croyait-elle; devaient calmer l'irritation de son gendre, l'avaient, au contraire, exaspéré; il était parti furieux.

—Je ne comprends rien à ton mari, avait-elle dit à sa fille. Ne m'expliqueras-tu pas ce qu'il a?

Comment eût elle donné à sa mère cette explication qu'elle ne pouvait se donner à elle-même? Arrivée devant un abîme insondable, elle n'osait même pas se pencher au-dessus pour regarder au fond, et, au lieu d'aller de l'avant dans la voie où elle s'était engagée malgré elle, elle faisait effort pour revenir en arrière, ou tout au moins pour s'arrêter.

Il était ainsi. Eh bien, à cela elle ne pouvait rien. A quoi bon chercher pourquoi il était ainsi, et ce qui se trouvait sous ce qu'il prenait tant de soins à cacher? Ce ne pouvait être là qu'une curiosité coupable dont un jour ou l'autre elle serait punie.

A tourner et retourner continuellement ces pensées, elle avait perdu son entrain, sa force de résistance aux coups du sort, comme aux contrariétés de la vie, qui la faisaient autrefois si vaillante; le ressort si vigoureux en elle s'était affaissé sous le poids trop lourd qui le chargeait, et ses yeux souriants exprimaient maintenant plus souvent l'anxiété que le bonheur et la confiance.

Si attentive qu'elle fût à s'observer, elle n'avait pas pu cacher ces changements à Saniel, car ils se manifestaient en tout: sur sa physionomie autrefois ouverte et qui maintenant portait l'empreinte de la douleur enfermée, dans son attitude concentrée, dans ses silences et ses distractions.

Qu'avait-elle? Il l'avait interrogée: elle n'avait rien répondu qui fût pour lui un éclaircissement, autrement que par la prudence même qu'elle mettait dans ses réponses. Il l'avait examinée en médecin, et n'avait rien trouvé qui indiquât un état maladif, et qui, par conséquent, justifiât ses changements.

Si elle ne voulait pas répondre à ses questions,—et il avait la preuve qu'elle ne voulait pas; si, d'autre part, elle n'était pas malade, et il avait la conviction qu'elle ne l'était pas,—il fallait qu'il se passât en elle quelque chose de grave, pour que la femme en qui il lisait si facilement naguère fût devenue l'énigme troublante qui l'inquiétait.

Et quelle chose, si ce n'était celle dont il portait lui-même le poids écrasant sur ses épaules qui fléchissaient? Elle avait deviné; elle avait compris, sinon tout, au moins une partie de la vérité!

Quelle situation extraordinaire que la sienne et bien faite, en vérité, pour dérouter sa raison.

Rien à craindre des autres, tout de soi: la justice, la loi, le monde, de tous les côtés on le laisse tranquille; on ne lui demande rien: ce qui était dû a été payé; mais lui, par une aberration maladive, va réveiller les morts qui dorment dans leur tombe d'où personne ne pense à les tirer, et en fait des spectres qu'il est seul à voir, seul à entendre.

Et il s'était cru fort. Fou qu'il était, et plus encore ignorant, d'avoir pris une pareille charge quand, par l'exercice de sa volonté il ne s'était pas mis en état de la porter! Vouloir! Mais il n'avait pas appris à vouloir, pas plus qu'à se servir de ce frein que le cerveau fait manoeuvrer, de sorte qu'il en était de lui comme des animaux inférieurs chez qui les mouvements réflexes s'accentuent par l'ablation du cerveau.

VII

Le calme relatif que Saniel avait éprouvé depuis son mariage, c'était à Philis qu'il le devait, à la force, à la confiance, à la paix qu'il puisait en elle. Philis sans force, sans confiance, sans paix intérieure, telle qu'il la voyait maintenant, ne pouvait lui donner ce qu'elle n'avait plus, et il revenait aux temps bouleversés qui avaient précédé son mariage, avec les mêmes agitations désordonnées et stériles, les mêmes angoisses, le même affolement. Les belles relations, la considération mondaine, le succès, les décorations, les honneurs, c'était bon pour les autres; mais, pour son repos, il fallait la tranquillité et la sérénité de sa femme, sa bonne santé morale qui passaient en lui lorsqu'elle dormait sur son épaule; alors, pas de brusques réveils, pas d'insomnies: au bruit de sa douce respiration, il se rassurait et les spectres restaient dans leur tombe.

Mais que cette respiration fût agitée, qu'il ne sentît plus en elle cette tranquillité et cette sérénité, qu'il la vît faible, inquiète, il n'en était plus ainsi: c'était sa fièvre qu'elle lui donnait, non son sommeil.

—Tu ne dors pas? Pourquoi ne dors-tu pas?

—Et toi?

Il fallait qu'il sût.

Il avait recommencé ses questions, mais elle s'était toujours défendue, dérobée plutôt, sans qu'il pût rien tirer d'elle, arrêté qu'il était par la peur de se livrer, ce qui semblait facile au point où l'on devait croire qu'elle était arrivée; un mot maladroit, une insistance trop appuyée faisaient en elle la lumière.

Aussi affectait-il de ne parler que comme médecin lorsqu'il l'interrogeait, et de ne chercher en elle que des explications médicales à son état: Si tu ne dors pas, c'est que tu es souffrante; quelle est cette souffrance? D'où provient-elle?

N'ayant pas de raisons à donner pour la justifier, puisqu'elle n'osait même pas parler de son frère, elle la niait obstinément.

—Mais je n'ai rien, répétait-elle; je t'assure que je n'ai rien. Que veux-tu que j'aie?

—C'est ce que je te demande.

—Alors, moi, je te demande: «Que veux-tu que je te cache?»

Il ne pouvait pas avouer qu'il la soupçonnait de vouloir lui cacher quelque chose.

—Tu t'observes mal.

—Je n'y puis rien.

—Je te forcerai à t'observer mieux et à parler.

—Et comment?

—En t'endormant.

La menace était si terrible, qu'elle la jeta hors d'elle-même.

—Ne fais pas cela! s'écria-t-elle.

—Pourquoi ne le ferais-je pas?

Ils se regardèrent quelques instants en silence, aussi épouvantés l'un que l'autre: elle de la menace, lui de l'aveu qu'il venait d'arracher; mais montrer cette épouvante était, de son côté, en lâcher un autre plus grave encore.

—Pourquoi ne chercherais-je pas, par tous les moyens, à découvrir en toi les causes de ces malaises qui se dérobent à mon examen comme au tien; pour cela, le somnambulisme provoqué nous en offre un excellent.

—Mais puisque je ne suis pas malade, essaya-t-elle, que te dirai-je de plus endormie que ce que je te dis éveillée?

—Nous verrons.

—C'est une expérience que je te demande de ne pas tenter: essayerais-tu un poison sur moi?

—Le somnambulisme n'est pas un poison.

—Qui sait?

—Ceux qui l'ont manié.

—Tu n'es pas de ceux-là.

—Encore en sais-je assez pour que tu ne coures aucun danger entre mes mains.

Elle crut qu'il lui ouvrait une porte pour s'échapper.

—C'est égal, j'aurai trop grand peur; si jamais tu veux que je parle en état de somnambulisme provoqué, demande à celui de tes confrères en qui tu as confiance de m'endormir.

Devant un confrère, elle était certaine qu'il ne lui serait pas posé de questions dangereuses.

Il comprit qu'elle voulait encore se dérober.

—Peur de quoi? dit-il. Peur que je t'interroge sur le passé, sur ce qu'a été ta vie avant que nous nous connaissions, et te demande une confession qui serait une blessure pour mon amour.

—Oh! Victor, s'écria-t-elle éperdue, quelle blessure plus cruelle au mien pouvais-tu faire que celle de ces paroles: ma confession! Mais elle tient dans deux mots: je t'aime, je n'ai jamais aimé que toi; je n'aimerai jamais que toi; de passé, je n'en ai point: ma vie a commencé avec mon amour.

Il ne pouvait pas la presser davantage sans montrer l'importance qu'il attachait à cet interrogatoire:

—Je n'insiste pas, dit-il; c'était un moyen comme un autre, meilleur qu'un autre; tu n'en veux pas, n'en parlons plus.

Mais il avait cédé trop vite pour qu'elle pût espérer qu'il renonçait à son projet, et elle resta sous le coup d'une frayeur stupéfiante. Que dirait-elle s'il la faisait parler? Tout n'était-il pas possible, alors qu'elle ne savait même pas quelles pensées se cachaient au fond de son cerveau et qu'elle ignorait entièrement ce qu'était ce somnambulisme provoqué dont elle était menacée.

A cette époque, les travaux de l'*École de Nancy* sur le sommeil, l'hypnotisme et la suggestion n'avaient pas encore été publiés, ou tout au moins le livre qui leur a servi de point de départ n'était pas connu, et elle ne savait rien des procédés qu'on peut employer pour provoquer le sommeil hypnotique, en étant restée à ce qu'elle avait lu, sans y prêter grande attention d'ailleurs, sur Cagliostro. Aussitôt que son mari fut parti, elle chercha dans la bibliothèque les livres qui pouvaient l'éclairer; mais le dictionnaire qu'elle trouva ne fournit à sa curiosité que des renseignements obscurs ou confus au milieu desquels elle se noya; le seul point précis qui la frappa fut la formule à employer pour provoquer le sommeil; faire regarder au sujet qu'on veut endormir un objet brillant placé à 15 ou 20 centimètres au-dessus de ses yeux; si cela était vrai, elle n'avait pas à craindre d'être jamais endormie.

Cependant elle ne se laissa pas rassurer, et comme à quelques jours de là elle se trouva dans un dîner à côté d'un confrère de son mari, qui, elle le savait, s'occupait de somnambulisme, elle eut le courage de vaincre sa timidité habituelle en tout ce qui touchait à la médecine, pour l'interroger:

—Est-ce qu'il n'y a que les personnes malades de certaines maladies qui peuvent être mises en état de somnambulisme?

—C'était une croyance autrefois admise par le public et par beaucoup de médecins qu'on ne pouvait provoquer le somnambulisme que chez les sujets atteints d'hystérie, de nervosisme, mais il y avait là une erreur: le somnambulisme artificiel s'obtient chez un grand nombre de sujets parfaitement sains.

—Conserve-t-on sa volonté dans le sommeil?

—Le sujet ne conserve de spontanéité et de volonté que ce que veut bien lui en laisser son hypnotiseur, qui, à son gré peut le rendre triste, gai, colère, tendre et jouer de son âme comme d'un instrument[1].

Note 1: (retour) H. Beaunis: *Le Somnambulisme provoqué.*

—Mais c'est effroyable.

—Curieux au moins; il est certain qu'il y a une paralysie locale de telle ou telle cellule dont l'étude deviendra le point de départ de découvertes intéressantes.

—Une fois réveillé, le sujet se rappelle-t-il ce qu'il a dit pendant son sommeil?

—On n'est pas d'accord là-dessus: les uns sont pour l'affirmative, les autres pour la négative; quant à moi, je crois que le souvenir tient pour beaucoup au degré de sommeil du sujet: sommeil léger, il y a souvenir; sommeil profond, le sujet ne se rappelle ni ce qu'il a dit, ni ce qu'il a entendu, ni ce qu'il a fait.

Elle eût voulu continuer, et son interlocuteur, heureux de parler de ce qui l'occupait, l'eût volontiers suivie, mais elle vit son mari placé à l'autre bout de la table les regarder à plusieurs reprises, et de peur qu'il ne devinât le sujet de leur entretien, elle en resta là.

Ce qu'elle venait d'apprendre lui paraissait effroyable, son cri le disait; mais enfin, tant qu'elle ne se laisserait pas hypnotiser, elle n'avait rien à craindre; et s'en tenant à ce qu'elle avait lu, elle se promettait de ne jamais accepter qu'il la plaçât dans des conditions où il pourrait l'endormir: c'était pendant le sommeil que la volonté de l'hypnotiseur se substituait à celle du sujet, non pendant la veille.

S'appuyant sur cette croyance et aussi sur ce qu'il ne lui avait plus reparlé de l'endormir, elle se rassura: n'était-ce pas la marque qu'il acceptait la résistance qu'elle lui avait opposée et renonçait à son idée de somnambulisme provoqué?

Mais elle se trompait.

Une nuit qu'elle s'était couchée à son heure habituelle, tandis qu'il restait à travailler, elle s'éveilla brusquement et le vit debout près d'elle, la regardant avec des yeux dont la fixité l'effraya.

—Qu'y a-t-il? demanda-telle; que veux-tu?

—Il n'y a rien, je ne veux rien; je me couche.

Malgré l'étrangeté du regard qui l'avait frappée, elle n'insista pas: les questions ne lui auraient rien appris; et d'ailleurs, maintenant qu'il ne se mettait plus au lit en même temps qu'elle, il n'y avait rien d'extraordinaire dans son attitude.

Mais à quelques jours de là elle se réveilla encore dans la nuit sous une impression de gêne, et elle le vit penché sur elle, comme s'il voulait l'envelopper de ses deux bras.

Cette fois, si effrayée qu'elle fût, elle eut la force de ne rien dire; mais son angoisse n'en fut que plus intense: voulait-il donc l'hypnotiser pendant qu'elle dormait? Était-ce possible? Alors le dictionnaire l'avait donc trompée?

Exact au moment de sa publication, ce dictionnaire ne l'était plus quant aux procédés à employer pour amener le sommeil; c'était, en effet, pendant qu'elle dormait que, par des passes, Saniel cherchait à transformer en artificiel son sommeil naturel. Réussirait-il? Il n'en savait rien, puisque l'expérience était neuve; mais enfin il la risquait.

La première fois, au lieu de la mettre en état de somnambulisme, il l'avait réveillée; la seconde, il n'avait pas mieux réussi; la troisième, quand il vit qu'après un certain temps elle n'ouvrait pas les yeux, il supposa qu'elle était endormie. Pour s'en assurer il lui leva un bras, qui resta en l'air jusqu'à ce qu'il l'abaissât sur le lit. Puis, lui prenant les deux mains, il les fit tourner, et retirant les siennes, l'impulsion qu'il avait donnée continua jusqu'à ce qu'il l'arrêtât: sa physionomie avait une expression de calme et de tranquillité qu'on ne voyait plus en elle depuis longtemps: elle était la jolie Philis d'autrefois, au visage enjoué.

—Demain, je t'endormirai à la même heure, dit-il, et tu parleras.

Le lendemain, en effet, il l'endormit, et plus facilement encore; mais, quand il l'interrogea, elle résista.

—Non, dit-elle, je ne parlerai pas, c'est horrible, je ne veux pas, je ne peux pas!

Il insista, elle se défendit.

—Eh bien, soit, dit-il, pas aujourd'hui, demain, mais demain je veux que tu parles et que tu ne me résistes pas; je veux!

S'il n'avait pas insisté, c'était non seulement parce qu'il savait qu'il fallait une accoutumance pour la soumettre à sa volonté sans qu'elle pût se défendre, mais encore parce qu'il ignorait si elle garderait ou ne garderait pas, éveillée, le souvenir de ce qui s'était passé dans son sommeil,—ce qui était un point capital.

Le lendemain, elle fut ce qu'elle était la veille, et rien n'indiquait qu'elle eût conscience de son sommeil provoqué, pas plus que de ce qu'elle avait dit dans ce sommeil; il pouvait donc continuer.

Cette fois, elle s'endormit plus vite encore, plus facilement, et sa physionomie prit de nouveau l'expression de tranquillité reposée qu'il avait vue la veille. Allait-elle répondre? et, si elle y consentait, parlerait-elle sincèrement, sans chercher à atténuer ou fausser la vérité? L'émotion faisait trembler sa voix lorsqu'il lui posa sa première question, c'était sa vie, son repos, leur bonheur à tous deux qui se décidait.

—Où souffres-tu? demanda-t-il.

—Je ne souffre pas.

—Cependant tu es agitée, sombre quelquefois ou bien inquiète; tu dors mal. Qui te tourmente?

—J'ai peur.

—Peur de quoi? De qui?

—De toi!...

Il frissonna.

—Peur de moi! Crois-tu donc que je puisse te faire mal?...

—Non!...

Son coeur serré se détendit:

—Alors pourquoi as-tu peur?

—Parce qu'il se passe en toi des choses qui m'épouvantent.

—Quelles choses? Il faut les préciser.

—Les changements qui se sont faits dans ton humeur, ton caractère, tes habitudes.

—En quoi ces changements peuvent-ils t'inquiéter?

—En cela qu'ils sont les indices d'une situation grave.

—Quelle situation?

—Je ne sais pas; je ne l'ai jamais précisée.

—Pourquoi ne l'as-tu pas précisée?

—Parce que j'ai eu peur; alors j'ai fermé les yeux pour ne pas voir.

—Voir quoi?

—L'explication de tout ce qui est mystère dans ta vie.

—Quand as-tu remarqué du mystère dans ma vie?

—Au moment de la mort de Caffié; et avant, quand tu m'avais dit que tu le tuerais sans aucun remords.

—Sais-tu qui a tué Caffié?

—Non.

Son soulagement fut si grand que, pendant quelques instants, il oublia de continuer son interrogatoire; puis il reprit:

—Et après?

—Un peu avant la mort de madame Dammauville, quand tu es devenu irritable et furieux à propos de rien; quand tu m'as chassée parce que tu ne voulais pas voir madame Dammauville; quand, le soir qui a précédé sa mort, tu t'es montré si tendre et m'as demandé de ne pas te juger sans me rappeler cette heure.

—Cependant, tu m'as jugé.

—Jamais. Quand l'inquiétude me poussait, mon amour m'arrêtait.

—Qui provoquait cette inquiétude en dehors de ces faits?

—Ta manière d'être depuis notre mariage: tes accès de colère et de tendresse, ta peur d'être observé, ton agitation la nuit, tes plaintes...

—J'ai parlé? s'écria-t-il.

—Jamais distinctement; mais tu gémis souvent, tu te plains, tu prononces des mots entrecoupés et sans suite, inintelligibles...

L'angoisse avait été violente; quand il fut remis, il continua:

—Qu'est-ce qui t'a encore inquiétée dans cette manière d'être?

—Ton constant souci de ne pas te livrer...

—Livrer quoi?...

—Je ne sais pas...

—Et encore?

—La colère que tu ressens, ou l'embarras, quand on prononce le nom de Caffié, celui de madame Dammauville, celui de Florentin...

—Et tu conclus de ma colère à entendre ces trois noms?...

—Rien... j'ai peur!...

VIII

Cette confession le bouleversa, car si elle n'allait pas au delà de ce qu'il avait craint, elle révélait cependant une situation terrible.

Clairement, à livre ouvert, il avait lu en elle: si elle ne savait pas tout, elle n'avait plus qu'un pas à faire pour arriver à la vérité, et si elle ne l'avait pas fait, c'était parce que son amour l'avait retenue: moins solide cet amour, moins grand, elle n'eût certainement pas résisté aux preuves qui de tous côtés la pressaient.

Mais pour que cette résistance se fût maintenue jusqu'à ce jour, il n'en fallait pas conclure que la lutte se continuerait ainsi et qu'un coup plus violent, une preuve plus forte que les autres ne lui ouvriraient pas les yeux malgré elle.

Il ne fallait pour cela qu'une imprudence, une maladresse de sa part, et, par malheur, il n'en était plus à les compter.

Instruit par ce qu'il venait d'apprendre, il lui était facile, il est vrai, en s'observant sévèrement, d'éviter les sujets dangereux, ceux qu'elle venait de lui signaler; mais s'il pouvait le jour veiller sur ses paroles et sur ses regards, ne rien dire ou ne rien laisser paraître qui fût une accusation, ne pas confirmer les soupçons contre lesquels elle se débattait, il ne pouvait rien la nuit.

Il n'avait pas parlé, et c'était un poids terriblement lourd qu'elle lui avait ôté de dessus le coeur, en répondant négativement à sa question, mais il avait gémi, il s'était plaint, il avait prononcé des mots entrecoupés, sans suite, inintelligibles, et là se trouvait le danger.

Que fallait-il pour que ces soupirs et ces gémissements, ces mots entrecoupés et inintelligibles devinssent distincts et prissent un sens? Un rien, un hasard, puisque ses dispositions cérébrales actuelles le mettaient jusqu'à un certain point en état de somnambulisme. Ces dispositions étaient-elles congénitales chez lui, ou acquises? Il n'en savait rien. Et avant les nuits agitées qui avaient suivi la mort de madame Dammauville et la condamnation de Florentin, il n'avait jamais eu l'idée qu'il pouvait parler dans son sommeil; mais, maintenant, il avait la preuve que les craintes vagues qui le tourmentaient à ce sujet n'étaient que trop fondées: il parlait, et si les paroles qui lui échappaient n'étaient pas en ce moment compréhensibles, elles pouvaient le devenir.

Sans avoir fait une étude particulière du sommeil, spontané ou provoqué, il savait que chez les somnambules naturels le sommeil hypnotique est facile à produire, et qu'en s'entretenant avec un sujet qui parle en dormant, on peut facilement l'hypnotiser. Sans doute il n'avait pas cela à craindre de Philis; mais le possible, c'était qu'une nuit où il laisserait échapper des mots incohérents, elle ne pût pas résister à la tentation d'engager avec lui une conversation et de l'amener à confesser ce qu'elle voulait savoir, ce que l'amour qu'elle éprouvait pour son frère la poussait à vouloir apprendre. Si ce cas se présentait, lequel, de l'amour pour le frère ou de l'amour pour le mari, l'emporterait? Si elle l'interrogeait, que ne dirait-il pas?

Pour la première fois il se demanda s'il avait eu raison de se marier, et si, au contraire, il n'avait pas commis une imprudence folle d'introduire une femme dans une vie tourmentée comme la sienne. A cette femme il avait demandé le calme, et c'était l'épouvante que maintenant elle lui apportait.

A la vérité, il n'y avait que la nuit qu'elle fût dangereuse, et s'il trouvait moyen de faire chambre à part, il n'aurait rien à craindre d'elle le jour, à condition de se tenir sur une défensive rigoureuse l'aimant comme elle l'aimait, elle résisterait à la curiosité qui l'entraînait... si l'inquiétude la poussait, son amour la retiendrait, ainsi qu'elle le disait elle-même; peu à peu cette inquiétude et cette curiosité, n'étant plus surexcitées, s'apaiseraient, et ils pourraient revoir les douces journées qui avaient suivi leur mariage.

Mais, dans les conditions présentes, ce moyen était difficile à trouver, car, proposer à Philis de faire deux chambres, c'était avouer qu'il avait peur d'elle, et par conséquent lui donner un nouveau mystère à étudier. Il chercha, et partant de l'idée qu'il fallait que la proposition des deux chambres vînt de Philis elle-même, il arriva à une combinaison qui, semblait-il, pouvait réaliser ce qu'il voulait.

Ignorant qu'elle avait été hypnotisée et ne se souvenant pas qu'elle avait parlé, Philis restait toujours, sans doute, sous la crainte d'être endormie; qu'il l'en menaçât de nouveau, et certainement elle chercherait à se défendre en lui échappant.

Ce fut ce qui arriva: quand, le lendemain même, il lui dit que décidément il voulait l'endormir pour savoir ce qui se passait en elle, elle montra le même effroi que la première fois.

—Tout ce que tu m'as demandé, tout ce que tu as désiré, dit-elle en s'efforçant de se contenir, je l'ai voulu comme toi et avec toi; mais cela, je ne l'accepterai jamais.

—Comme ta résistance est folle, je ne m'y arrêterai pas.

—Tu ne m'endormiras pas malgré moi.

—Parfaitement.

—Ce n'est pas possible.

Sans répondre, il alla prendre un livre dans sa bibliothèque et, l'ayant feuilleté, il lut:

«Peut-on faire passer une personne endormie, sans la réveiller, du sommeil naturel au sommeil hypnotique? La chose est possible, au moins pour certains sujets.»

Puis lui tendant le livre:

—Tu vois que pour t'endormir artificiellement je n'ai qu'à profiter du moment où tu dors naturellement; c'est bien simple.

—Ce serait odieux.

—Des mots.

Il l'avait jetée dans une frayeur qui, toute la nuit, la tint éveillée, enfiévrée, et comme lui-même ne dormit pas de peur de parler, il sentit qu'elle ferait tout pour n'être pas endormie. Mais n'avait-il pas été trop loin; et par cette menace n'allait-il pas la pousser à quelque acte désespéré: si elle se sauvait, si elle l'abandonnait? Que deviendrait-il sans elle? N'était-elle pas toute sa vie? Mais il se rassura en se disant qu'elle l'aimait trop pour qu'une séparation fût jamais possible. Après avoir cherché, elle viendrait sans doute d'elle-même à l'idée qu'il voulait qu'elle eût.

En effet, quand il rentra, le soir, elle lui dit que sa mère n'était pas en bonne santé et qu'elle le priait de l'examiner. De cet examen il résulta que madame Cormier était dans son état ordinaire; cependant elle se plaignait d'étouffements; dans la journée elle avait craint une syncope.

—Si tu voulais, dit-elle, je coucherais auprès de maman; j'ai peur de ne pas l'entendre cette nuit, si elle est souffrante.

Il commença par refuser, puis il consentit à cet arrangement; et, pour l'en remercier, elle resta avec lui dans son cabinet, affectueuse pleine de tendresse et de caresses, jusqu'au moment où il passa dans sa chambre.

Il était donc libre de dormir ou de ne pas dormir; qu'il gémît, qu'il parlât, elle ne l'entendrait point puisqu'il n'y avait pas de porte de communication entre sa chambre et celle de sa belle-mère; sa voix, à coup sûr, ne passerait pas à travers la cloison.

Qui lui eût dit, la nuit où il s'était décidé au mariage, qu'il en arriverait là: à avoir peur, à se cacher de celle qui lui avait rendu le calme du sommeil; et cela par sa faute, par un enchaînement d'imprudences et de maladresses, comme s'il était écrit qu'en tout ce serait à lui seul qu'il devrait ses souffrances, et que s'il succombait jamais dans le tourbillon qui l'entraînait, ce serait par son fait, de sa propre main. Enfin, en attendant, il avait assuré la tranquillité de ses nuits, et pour plus de précautions, bien qu'il n'eût pas à craindre que Philis entrât dans sa chambre pendant son sommeil pour le surprendre, elle qui n'osait pas regarder en face ce que le soupçon lui montrait, il ferma sa porte au verrou. Sans doute Philis ne pourrait pas toujours coucher auprès de sa mère; mais d'ici là il chercherait un moyen pour faire franchement chambre à part; et sûrement il en trouverait un dans l'arsenal de la médecine.

Ces soucis et de pareilles craintes n'étaient pas de nature à le disposer au sommeil, aussi s'agita-t-il longtemps dans une insomnie nerveuse exaspérante; comme la nuit était chaude, il crut qu'un peu de fraîcheur le calmerait et il ouvrit sa fenêtre; si cette fraîcheur ne le calma pas, au moins l'endormit-elle.

Obligée d'improviser un lit dans la chambre de sa mère, Philis l'avait placé contre la cloison qui la séparait de son mari, et cela sans intention préconçue, simplement, par hasard, parce que c'était la seule place où elle pût mettre ce lit. Au milieu de la nuit un bruit insolite la réveilla: elle s'assit pour écouter et se reconnaître; il semblait que ce bruit venait de la chambre de son mari; inquiète, elle appliqua son oreille contre la cloison; elle ne s'était pas trompée c'étaient des gémissements étouffés, des plaintes qui se répétaient à des intervalles assez rapprochés.

Avec précaution, mais vivement cependant, elle descendit de son lit, et comme l'aube avait déjà blanchi les vitres, elle put sortir adroitement et sans bruit. Arrivée à la porte de la chambre de son mari, elle écouta; elle ne s'était pas trompée: c'étaient bien des plaintes, mais plus fortes, plus douloureuses que celles qu'elle avait si souvent entendues la nuit. Elle voulut entrer, la porte résista, fermée évidemment à l'intérieur par le pène ou le verrou. Une frayeur vague la glaça. Que se passait-il? Il fallait savoir, courir près de lui, lui porter secours. Elle pensa à frapper, à secouer la porte; mais, puisqu'il n'avait pas répondu lorsqu'elle avait essayé d'ouvrir, c'est qu'il n'entendait pas ou ne voulait pas entendre. Alors l'idée lui vint d'aller sur la terrasse; de là elle verrait ce qui se passait, et, s'il le fallait, elle casserait un carreau pour entrer.

Elle trouva la fenêtre ouverte et l'aperçut sur le lit, la tête tournée vers elle, dormant; elle s'arrêta, se demandant si elle devait passer le seuil et l'éveiller.

A ce moment il prononça, les lèvres fermées, quelques mots plus distincts que ceux qui lui avaient tant de fois échappé:

—Philis... pardonne.

Il rêvait d'elle; pauvre ami, que voulait-il donc qu'elle lui pardonnât? de l'avoir menacée de l'endormir, sans doute.

Dans l'entrebâillement de la fenêtre, elle avança la tête sans entrer dans la chambre, tout attendrie de cette marque d'amour, pour lui donner un regard avant de retourner près de sa mère; mais en apercevant son visage que la lumière blanche du matin frappait en plein, elle fut effrayée: il exprimait la plus violente douleur, ce visage aux traits convulsés, l'angoisse en même temps que l'horreur. Certainement il était malade. Elle devait le réveiller. Au moment où elle faisait un pas pour aller à lui, il recommença à parler:

—Ton frère... ou moi.

Elle s'arrêta foudroyée, puis, instinctivement, elle recula et se cramponna à la fenêtre du vestibule pour ne pas tomber, se répétant les deux mots qu'elle venait d'entendre, ne comprenant pas, ne voulant pas comprendre.

Au lieu de revenir près de sa mère, elle entra chancelante, se tenant au mur, dans le salon et se laissa tomber sur un fauteuil, anéantie, écrasée.

—Ton frère, ou moi!

C'était donc la vérité, l'épouvantable vérité, qu'elle n'avait jamais voulu voir.

Elle resta là jusqu'à ce que les bruits du matin l'eussent avertie qu'on allait la surprendre, alors elle revint près de sa mère qui s'éveilla.

—Je sors, dit-elle, je rentrerai à huit heures et demie ou neuf heures.

—Mais ton mari ne te verra pas avant de partir pour l'hôpital.

—Tu lui diras que je suis sortie.

Ce fut à neuf heures et demie qu'elle revint. Madame Cormier achevait de s'habiller.

—Enfin, te voilà, dit-elle.

Mais au visage de sa fille, elle vit qu'il se passait quelque chose de menaçant:

—Mon Dieu! qu'y a-t-il? demanda-t-elle tremblante.

—Une chose grave, très grave, mais irréparable par malheur: nous allons sortir d'ici pour n'y jamais revenir.

—Ton mari...

—Il faut ne jamais me parler de lui; c'est la prière que je t'adresse.

—Hélas! je comprends. Ce que j'avais prévu, ce que je lui avais dit se réalise: tu ne peux pas supporter le mépris qu'à cause de ton frère il fait retomber sur nous.

—Nous devons être désormais étrangers l'un à l'autre, et c'est pour cela que nous quittons cette maison.

—Mon Dieu, à mon âge, traîner mes os...

—J'ai arrêté un logement aux Ternes; une voiture de déménagement va venir prendre les meubles qui nous appartiennent, ceux que nous avons apportés ici, ceux-là seulement. Pour le concierge, nous partons à la campagne. Pour Joséphine, tu n'as pas à craindre de questions indiscrètes, je viens de lui donner son jour de sortie.

—Mais de l'argent?

—Il me reste deux cents francs de la vente de mon dernier tableau, c'est assez pour l'heure présente; avant qu'ils soient épuisés, j'en aurai fait et vendu un autre; ne t'inquiète pas, nous ne manquerons de rien.

Tout cela était dit d'un ton saccadé, mais résolu.

Un coup de sonnette les interrompit. C'étaient les déménageurs.

—Veille à ce qu'on n'emporte que ce qui nous appartient, dit Philis; pendant qu'ils chargeront leur voiture, j'écrirai dans le salon.

Au bout d'une heure, la voiture était chargée. Madame Cormier entra dans le salon pour en prévenir sa fille.

—J'ai fini, dit Philis.

Ayant enfermé sa lettre dans une enveloppe, elle la disposa en belle vue sur le bureau de Saniel.

—Maintenant partons, dit-elle.

Et comme sa mère soupirait en marchant difficilement:

—Appuie-toi sur moi, pauvre maman, tu sais bien que je suis forte.

IX

Saniel ne devait revenir qu'assez tard dans l'après-midi. Quand il rentra, en ouvrant la porte avec sa clef, comme toujours, il fut surpris de ne pas voir sa femme accourir au devant de lui pour l'embrasser.

—Elle travaille, se dit-il, elle ne m'a pas entendu.

Il passa dans le salon, convaincu qu'il allait la trouver devant son chevalet: mais il ne la vit point et le chevalet lui-même n'était plus à sa place habituelle, ni là, ni autre part, d'ailleurs.

Il frappa à la porte de la chambre de madame Cormier, on ne répondit pas; ayant frappé plus fort et attendu un moment, il entra; la chambre était vide plus de lit, plus de meubles, personne.

Il regarda autour de lui, stupéfait, puis, revenant vivement dans le vestibule, il appela:

—Philis!... Philis!

On ne répondit pas: il courut à la cuisine, personne; il vint dans son cabinet, personne non plus mais comme il regardait autour de lui, la lettre de Philis, placée sur son bureau, lui sauta au coeur; il se jeta dessus, et d'une main tremblante l'ouvrit:

«Je suis partie pour ne plus revenir. Mon désespoir et mon dégoût de la vie sont tels, que sans ma mère et sans le pauvre être qui est là-bas, je me serais tuée; mais malgré l'horreur de ma situation, il m'a fallu réfléchir, et je n'ai pas voulu aggraver par une faiblesse le mal qui s'est fait autour de moi. Ma mère n'est plus jeune, elle est malade et elle a cruellement souffert; non seulement je lui dois d'adoucir sa vieillesse par ma présence, par le soutien matériel et moral que je puis lui donner, mais il faut qu'elle garde la confiance que je suis là pour la remplacer et ouvrir mes bras à son fils, à mon frère. C'est bien le moins que je puisse faire pour eux de l'attendre courageusement; et si pesante, si terrible, si effroyable que soit désormais ma vie, je la supporterai pour que le malheureux, le paria que le sort implacable a terrassé, trouve en revenant, un foyer, une maison, une amie. Ce sera là mon unique but, ma raison d'être, et afin de me sauver des lâchetés, de la lassitude, ma pensée ira toujours en avant vers l'heure où me sera rendu celui dont je veux faire mon enfant et que mon amour doit sauver et guérir. Je sais que de longues années me séparent de ce jour, et que mon coeur brisé ne pourra jamais, avant qu'il se lève, avoir un moment de repos; mais j'emploierai ce temps à travailler pour lui, pour le frère, pour l'enfant, pour l'être chéri qui m'arrivera vieilli, désespéré, et je veux qu'il puisse croire encore à quelque chose de bon, qu'il n'imagine pas que tout est injuste et infâme dans ce monde, car il me reviendra accablé par vingt ans de honte, de honte dégradante, imméritée. Comment les aura-t-il supportés, ces vingt ans? Quels efforts ne me faudra-t-il pas faire pour lui prouver qu'il ne doit pas s'abandonner à la désespérance, et que la vie offre parfois le remède, la compassion aux plus profondes, aux plus injustes douleurs humaines! Comment lui faire croire cela? Comment amener son pauvre coeur fermé à la confiance, à l'épanchement, aux pleurs qui seuls pourront le soulager? Enfin Dieu qui m'a tant éprouvée, viendra sans doute à mon aide et m'inspirera les paroles consolatrices, me montrera le chemin à suivre et me donnera la force de la persévérance; n'ai-je pas déjà à le bénir d'être seule au monde en dehors de la maman et du frère, de ceux qui ne me trahiront pas? Je n'ai point d'enfants de mes entrailles, et je suis sauvée de la terreur de voir une âme grandir pour le mal, une intelligence m'échapper et aller vers l'infamie ou le déshonneur. Je me retire donc comme je suis venue: pauvre fille j'étais, pauvre femme je m'en vais. J'ai repris les vêtements et les objets personnels que j'avais apportés dans le logis commun, aucun de ceux acquis de l'argent commun, et je vous interdis de rien changer à ma volonté en ce qui touche cette question matérielle, pas plus qu'à ma résolution de vous fuir. Rien ne peut plus nous réunir jamais; rien ne nous réunira, aucune considération, aucune nécessité. Je repousse le passé, ce passé coupable dont la responsabilité pèse si lourdement sur ma conscience, et je voudrais perdre la mémoire d'un temps détesté. Il me serait impossible d'accepter la lutte, ni des supplications s'il vous convenait d'en faire. J'ai tranché nos liens, et nous serons désormais aussi loin l'un de l'autre que si l'un de nous était mort, plus loin encore. N'ayez donc aucun scrupule à me laisser seule en face d'une nouvelle vie, d'un recommencement qui peut paraître difficile et pénible à quiconque n'est pas à ma place. Les épreuves d'autrefois m'auront été bonnes, puisqu'elles m'ont aguerrie aux difficultés du travail; la désolation d'aujourd'hui me soutiendra, en ce sens que, ayant souffert tout ce qu'on peut souffrir, je n'ai plus à craindre quelque catastrophe décourageante qui m'arrêterait dans mes résolutions. Pour ne pas vous compromettre et redevenir mieux moi-même, je reprendrai mon nom de famille,—nom déshonoré, mais que je porterai sans honte. Je vivrai obscurément, absorbée par le travail et m'appliquant à oublier jusqu'à votre existence: faites de même. Vous trouverez peut-être que je suis dure, si vous songez au passé; cependant ce n'est pas une désertion égoïste que ce départ; je ne vous suis plus bonne à rien, et le repos dont vous avez besoin vous fuirait désormais près de moi. Au contraire, cherchez l'oubli comme je vais le chercher moi-même. Si vous parvenez à effacer de votre vie le temps pendant lequel je l'ai traversée, vous arriverez peut-être à éloigner le reste et à reconquérir un peu du calme d'autrefois. Je ne peux plus me rappeler que je vous ai aimé, car ma situation a cela de particulier que je ne garde même pas le refuge du souvenir; à mon âge, il faut que je reste sans passé comme sans avenir; ce qui fait la consolation des malheureux me manque avec tout. Je ne puis pas sortir de mon accablement pour essayer de retrouver une heure où la vie se soit montrée douce pour moi; ces heures-là, au contraire, me font frémir et je me les reproche comme un crime. Ainsi, de quelque côté que je me retourne, je ne trouve que la douleur et les regrets poignants; tout est flétri, déshonoré pour moi.»

Il avait lu cette lettre écrite d'un trait, d'une seule poussée, debout au milieu de son cabinet; arrivé à la fin, vaguement il regarda autour de lui; son fauteuil était un peu écarté de son bureau: il se laissa tomber dessus et resta là, anéanti, gardant la lettre dans sa main crispée:

—Seul!

C'était une après-midi d'octobre, sombre et boueuse; dans la rue des Saints-Pères, le long des maisons qui cachent l'hôpital de la Charité, des coupés étaient rangés, attendant, et leur file se prolongeait jusque sur le boulevard Saint-Germain, où les cochers, descendus de leur siège, causaient en gens qui sont habitués à se rencontrer. Du porche à colonnes prétentieuses et lourdes qui fait le coin de la rue et du boulevard, vers quatre heures et demie, dans l'obscurité qui commençait, on vit sortir des hommes à la tournure grave et aux vêtements sombres,—les membres de l'Académie de médecine,—qui, la séance du mardi levée, regagnaient leurs voitures: les uns, ceux-là étaient seuls, vivement, pour partir grand train; les autres, ceux-là étaient accompagnés, avec d'habiles lenteurs, s'arrêtant pour aborder aimablement un journaliste et lui recommander leur communication de ce jour, ou bien continuant avec un confrère non académicien l'entretien commencé dans la salle des pas-perdus; c'était la Bourse aux consultations qui s'achevait, l'originalité la plus amusante de ce lieu pour ceux qui savent regarder ou sont au courant des petites intrigues électorales qu'on joue là. Tous les membres de l'Académie n'ont pas, en effet, une longue liste de malades chez qui courir; mais tous ont une voix à donner, et ce sont ceux-là que les candidats entourent, en tâchant de les gagner.... On a déjà une riche clientèle, mais on n'est pas encore de l'Académie; on manoeuvre donc pour y arriver: avec le chirurgien, on arrange, aux frais des clients qui ont la foi, une consultation pour aller voir un panaris superficiel; avec le médecin, on en arrange une pour visiter une migraineuse. On espère que, le jour du vote venu, l'académicien ne refusera pas sa voix à un confrère qui, par des consultations de cette importance, vous fait gagner mille ou quinze cents francs par an, vous envoie du gibier de sa chasse, sa loge à l'Opéra, son coupon des Français; et qu'en galant homme qu'il est, il aura la reconnaissance de l'estomac ou du porte-monnaie.

Un des académiciens, qui parut le dernier au haut des marches, était un homme de grande taille, mais voûté, au visage creux et blême, qu'éclairaient deux yeux bleu pâle d'une expression étrange, dure et désolée à la fois; il s'avançait seul, et à sa démarche lourde, à son pas traînant, on pouvait se demander s'il avait soixante ans, tandis que, par d'autres côtés il gardait encore une certaine jeunesse,—Saniel, vieilli de vingt ans.

Sans que personne échangeât un signe de tête ou un serrement de main avec lui, il descendit sur le trottoir, et, le remontant, il vint jusqu'au boulevard, où il ouvrit la portière d'un coupé dont l'intérieur montrait l'installation complète d'une bibliothèque ambulante: tablette pour écrire, avec papier, encrier et lampe, poches, soufflets tous pleins de livres et de brochures.

Au moment où il allait monter, une voix l'arrêta:

—Cher maître!

Il se retourna; c'était un de ses anciens internes, médecin depuis peu dans la banlieue, du côté de Gentilly, qui accourait.

—Qu'est-ce qu'il y a? demanda Saniel.

—Je voudrais vous prier de venir m'assister dans un cas d'éclampsie très curieux, où votre intervention peut être décisive.

—Où?

—A la Maison-Blanche, une pauvre femme.... Quel jour pourrez-vous me donner?

—Il y a urgence?

—Oui.

—Tout de suite alors; montez avec moi, après avoir donné des explications à mon cocher.

Mais à ce moment, un homme à cheveux blancs, vêtu de velours marron, coiffé d'un feutre cabossé et chaussé de sabots, vint vers eux accompagné de deux jeunes gens avec lesquels il discourait à haute voix en gesticulant: sur leur passage on se retournait pour les regarder, tant était originale, au milieu des gens corrects qui à ce moment passaient par là, la tenue du vieux Brigard, resté des pieds à la tête l'homme d'autrefois.

Il vint à Saniel les deux mains tendues, et Saniel, chapeau bas, l'accueillit avec toutes les marques du respect.

—Enchanté de vous rencontrer, dit Brigard, car j'ai été hier à votre consultation sans vous voir.

—Comment ne m'avez-vous pas prévenu par un mot? Si vous avez besoin de moi, je suis tout à vous.

—Merci, je n'ai pas, par bonheur, besoin de vos conseils, ni pour moi, vous le voyez, ni pour les miens; c'était simplement vous voir que je voulais. Arrivé chez vous avant l'heure, j'ai attendu dans votre salon, puis sont entrées derrière moi plusieurs personnes: une jeune femme qui paraissait cruellement souffrir; une vieille dame qui donnait tous les signes de l'anxiété, enfin un homme agité de mouvements désordonnés qui ne pouvait rester en place. Et moi, les regardant, je me disais que, n'ayant qu'une visite amicale à vous faire, j'allais prolonger l'attente de ces malheureux qui comptaient les minutes; alors je suis parti.

—Puis-je vous demander ce qui me valait l'honneur de cette visite?

Les deux jeunes gens qui accompagnaient Brigard et l'ancien interne de Saniel s'étaient discrètement éloignés de quelques pas.

—Le désir de vous présenter mes félicitations. Quand j'ai appris votre candidature à l'Académie de médecine, je me suis dit: «En voilà un qui n'a aucune chance; il a l'originalité, l'ami Saniel, la force, il a réussi brillamment, et ces qualités-là ne sont pas précisément académiques.» Je me trompais: vous avez enfoncé les portes, ce qui est la seule manière d'entrer dans ces endroits que je comprenne; c'est pour cela que je vous félicite. Et puis j'ai eu des torts envers vous autrefois....

—Des torts, vous?

—Je vous ai accusé de vous croire plus fort que la vie: vous l'étiez en effet; mes compliments! C'est un spectacle réconfortant pour moi de vous suivre.

Après avoir chaleureusement serré les mains de Saniel, il s'éloigna accompagné de ses deux disciples, en prêchant.

Le jeune médecin s'était rapproché de Saniel:

—Voilà un original, dit-il.

—Un homme heureux!

FIN